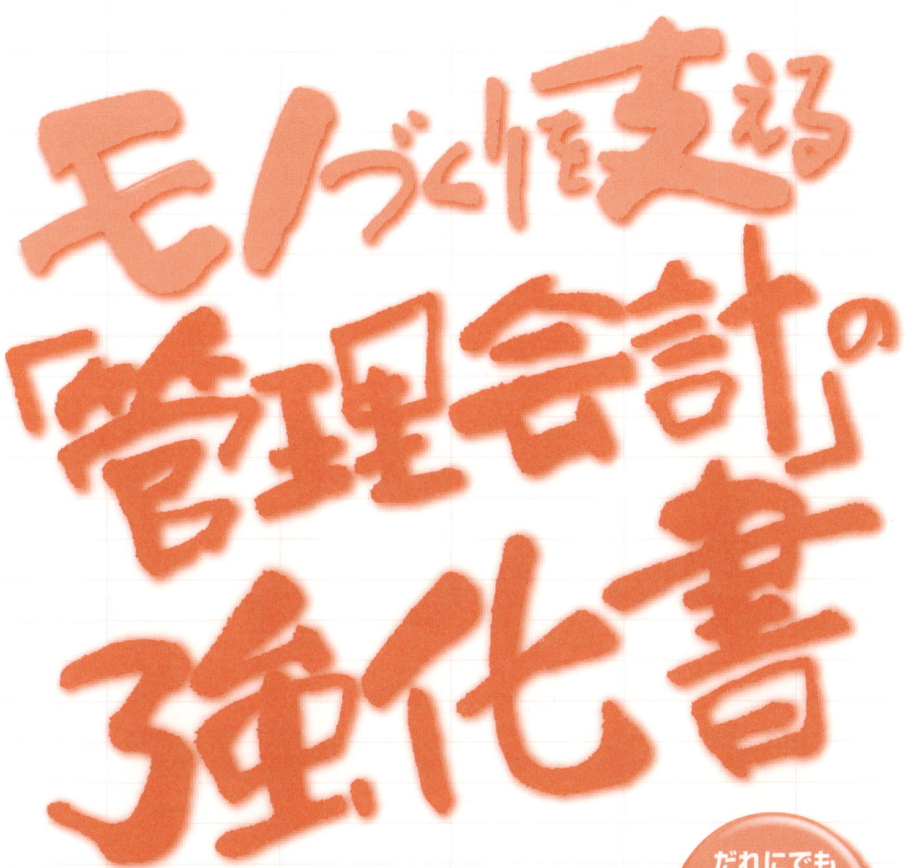

モノづくりを支える「管理会計」の強化書

だれにでも
わかりやすく
やさしく
やくにたつ

技術者こそ読んで欲しい
「お金」と「原価計算」の
基礎知識

吉川 武文 著
Yoshikawa Takefumi

日刊工業新聞社

はじめに

「上司に、もっとコストダウンをやれと言われるが、どう取り組んだらよいのか？」
「不景気が続く会社を立て直すためには、どんなプロジェクトを企画すればよいのか？」
「今やっている 5S やカイゼンや自動化だけで、海外のライバルと戦えるのだろうか？」

製造業を取り巻く昨今の厳しい事業環境の中で、なかなか答えの見つけられない疑問はたくさんあります。答えを探して経営学の本を読んでも、モノ作りの本を読んでも、あまたあるノウハウ本を眺めてみても、どこかしっくりきません。

「何か足りない気がするんだよなぁ。でも一体何が、足りないのだろうか？」

例えば、経営学の本を見ても、モノ作りのあるべき姿は書いてありません。モノ作りの本を読んでも、整理整頓しろとか在庫を持つな、としか書いてありません。でもゼロ在庫などたいていはあり得ない以上、これでは行動指針になりません。そもそも在庫を持っていけないのはなぜなのでしょう？ 全員で整理整頓をやっていて会社は大丈夫なのでしょうか？もちろんいつだって整理整頓が大切なことくらい、私だってよくわかっているつもりではありますが…。

「これじゃあ、来年のリストラを回避できる気がしない！」
「いったいどんな知識があれば、日々の問題解決の道筋が見えるのだろうか…」

結局のところ、会社における全ての活動は「お金」に換算されなければなりません。お金に換算して、やるべきことの優先順位を決めなければ「何が良い／何が悪い」を語れないからです。

「お金の勉強かぁ、我慢して簿記でもやってみるかな」
「でも、やっぱり興味が湧かないなぁ…。何か良い本ないかな？」

　かつて私は、そんな悩みを抱える一人の技術者でした。

技術系の方々のための会計テキスト

　皆さんはじめまして。公認会計士の吉川と申します。今は会計士をやっておりますが、実は私は20年間、日本のモノ作りの最前線で生産技術の開発に従事してきました。日本は「良いものを安く作る」国であり、技術立国です。技術があるからこそ先進国の一角を占め、経済的な繁栄を謳歌してきました。そして「良いものを"安く"作る」ためには原価計算や会計の知識は不可欠なものです。それにも拘らず、私はモノづくりの現場で技術者の方々と一緒に勉強するための使いやすい会計テキストがないことにいつも困惑してきました。

確かに書店に行けば、会計の本は書棚に溢れています。しかしながらたいていのテキストは、専門用語の定義に厳密すぎて、あるいは詳細な会計技術に拘りすぎていて、「重要なこと」と「あまり重要ではないこと」の見分けがつき難くなっているように感じます。その一方で「どうしてそうあらねばならないのか？」という背景を十分に説明していないケースがあり、物足りなさも感じてきました。「モノづくりと会計を繋ぐ会計テキストがどうしても必要だ！」それが会計士であり技術者でもあった私が、このテキストをまとめてみようと思ったきっかけです。ですから主として製造業（メーカー）に従事する技術者の皆さんが会計を理解し、会社で何を目指して日々の技術開発に取り組むべきなのかという手掛かりにして頂く場面を念頭に置き、以下の3点について特に注意しました。

1. 簡単な用語を使うこと

まず用語の正確な定義に拘りすぎて難解な表現になってしまわないように注意しました。例えば手許のキャッシュの説明をするとき、「現金及び現金同等物」と書くのが会計的には正確な表現です。「現金」とは手許現金、普通預金、当座預金などを指す言葉です。これ以外にも「3か月以内に満期日が到来する定期預金」なども事実上の手許現金と見なし得るものですが、それが厳密な意味での現金ではない以上、「現金」ではなく「現金同等物」と呼び習わされます。両者を合わせて「現金及び現金同等物」となる…などとやっていたのでは、煩雑で話の本筋を見失ってしまいそうです。そこでここでは思い切って「お金」と書くことにしました。

手許の「現金及び現金同等物」→手許の「お金」

2. 簡単な数式を使うこと

他方でこのテキストでは数式も簡略化しています。本来、数式の単位について特に正確を期すよう教育を受けてきた自然科学系の技術者であれば、一般的な会計テキストの数式表現には違和感を覚えるかもしれません。

例えば、工場設備の理論的生産能力（設備台数に操業日数と1日の勤務時間を乗じたもの）を求める式は、正確には以下のように書き表されるべきものでしょう。

$$5(台) \times 250(日／年) \times 8(時間／(日・台)) = 10000(時間／年)$$

しかし美しくない数式だなあとは思いながらも、多くの会計テキストと同様、ここでは以下のような簡便な表現を用いることにしました。

$$5台 \times 250日 \times 8時間 = 10000時間$$

3. 日常業務につながるよう配慮すること

　会計には、法律で規定されていて厳密な「制度会計」と呼ばれるものがある一方で、業務上の意思決定や内部管理を目的とする自由な会計「管理会計」もあり、会社の事業の実態に合った会計指標を作っていくことが可能です。このテキストは制度会計を説明するためのものではありません。あくまでも製造業者（メーカー）で働く方々が会計や原価計算のあらましを知り、今日の製造業というビジネスモデルの強みと弱みを理解して、適切な管理会計の仕組みを構築していくという状況を想定しています。

制度会計のテキスト ≠ 管理会計のテキスト

「なぜ」を5回繰り返せ!

　カイゼンの本を読むと「なぜ？」「なぜ？」「なぜ？」と5回は繰り返せとあります。実際のところ会社には、かつて技術者だった私には解決できない「なぜ？」がたくさんありました。

　「なぜ、在庫を削減するべきだと言われるのか？」
　「なぜ、カイゼンや自動化がなかなか成功しないのか？」

「関係者の努力にも拘らず、次々とモノづくりが失敗し、事業が危機に直面するのはなぜなのか？」

こうした私自身の「なぜ？」を踏まえて、技術者の皆さんにおおまかな事象のイメージをつかんで頂く事を最優先しています。もし何か御縁があり、更に深く会計を学ぶことになりました場合には、改めて定義に厳密な「本当の専門書」に当たっていただければ幸いです。

これは決して良書ではないかもしれませんが、製造業に関わる関係者(特に技術者の方々)が理解しておくべき最低限の会計知識とその背景を伝えようと試みるものです。ぜひ一緒に頑張って参りましょう。このテキストが、日本の製造業復活のヒントとなることを願っています。

公認会計士・吉川武文

目　次

はじめに ………………………………………………………………………… i
オリエンテーション　なぜ、工場は閉鎖されたのか？ ……………………… 1

Part 1
世界の会社の共通言語・お金

第1講　製造業の2つの宿命　製造業は固定費業 ……………………………… 9
第2講　コロンブスの成果報告　貸借対照表の成り立ち …………………… 20
　　　　コラム　本当の簿記の始まり ………………………………………… 29
第3講　お金を借りたらタダではすまない　利益目標は資本コスト ……… 30
　　　　コラム　敵対的買収 ………………………………………………… 38
第4講　会社を活かすも殺すも固定資産　財務安全性と固定資産 ………… 39
第5講　私の給料はどこに？　損益計算書に感じる疑問 …………………… 49
　　　　コラム　迫りくる世界同一賃金の波 ………………………………… 61

Part 2
本当にコストダウンになってますか？

第6講　誰だって早く会社を黒字にしたい！　損益分岐点と固定資産 …… 62
第7講　そのコストダウンは順調ですか？　原価差異とPDCA …………… 78
第8講　在庫はお金のかたまりだというけれど　正しい安全在庫の判断 … 93
　　　　コラム　加重平均資本コスト（WACC）の求め方 …………………112
第9講　第三の原価計算？　全部原価計算 vs 直接原価計算 ………………114
　　　　コラム　稼働率と可動率 ……………………………………………128
第10講　期末在庫なんかどうでもよい　在庫回転率のワナ ………………129
　　　　コラム　7つのムダの変化 ……………………………………………144
第11講　会社を迷走させる方法　差額原価と埋没原価 ……………………147
　　　　コラム　今までのコストダウン、これからのコストダウン ………156

Part 3
そのプロジェクトをどう評価する?

第12講	設備投資は決意表明！ 設備投資評価という壮大なはったり	158
第13講	本当は怖い自動化の話 見果てぬ夢「自動化工場」	170
第14講	技術者よ大志を抱け 研究開発という名のビジネス・プロジェクト	181
	コラム 原価企画の担い手	194
第15講	何がカイゼンを駄目にしたのか？ 労務費管理とカイゼン	196
	コラム コストダウンの司令塔	208
第16講	お金が尽きたら会社は終わり 費用の繰延とキャッシュ	209
	コラム 日本のGDPと貿易赤字	218

Part 4
地球の未来と会社の未来

第17講	今度こそ石油がなくなる？ 材料費突出の背景	220
第18講	気候変動という巨大なニーズ 危機か？ チャンスか？	231
第19講	指標が行動を変える 会社の付加価値が見えた！	239
	コラム 付加価値と資本コスト	251
第20講	ニーズは会社の外にある 製造業の責任と可能性	252

補 遺 269

オリエンテーション

―― なぜ、工場は閉鎖されたのか？ ――

> **オリエンテーションの内容**
>
> 　厳しい時代に会社が生き残っていくためには、会社のミッションを明確に思い描き、その実現方法を会計的な数字で考えていくことの重要性を再確認します。

精神論では戦えない

　「世界の事業環境はますます厳しさを増している。わが社も思い切ったコストダウンを進めなければならない。2年以内に工場の人員を半減するように」

　ある会社で、そんな指令が飛びました。人員を削減するためにカイゼン活動が徹底され、自動化も推進され、外注業者も利用して遂に人員は半分になりました。しかし、なぜか会社の業績は少しも改善しなかったのです。数年後、いよいよ事業は存続の危機に立たされてしまいます。工場の人員は確かに半減されたというのに！

　会社では一体何が起こっていたのでしょうか？　実はこのカイゼンで生産性は大幅に悪化し、自動化はコストアップになっていました。その上会社は、社内単価100円の部品を120円で外注するという、とんでもない判断ミスさえ犯していたのです。これでは利益が出なくて当然です。

　「どうしてこれほど明白なことが正しく判断されないのか？」

というのが技術者だった私の長年の疑問でした。そして今は、原価計算や会計的知識の不足を痛感しています。厳しい時代だからこそ精神論では戦えません。真に会計的な思考が必要なのです。とはいえ、いきなり原価計算の話から入るのもハードルが高いと思いますので、最初になぜ、私自身が会計を勉強するに至ったかという経緯を少しお話させて頂ければと思います。

疑問の始まり

　私は技術の仕事が好きでした。いつもいつも新しい生産機械の構想を練っていました。自分で発明した新しい装置で5人がかりの仕事を自動化し、スイッチ一つでできるようにしました。2時間の段取り替えを1分に短縮し、1週間の金属処理を1時間に短縮したことが誇りです。私は次第に自動化と工程改善のエキスパートだと会社で言われるようになっていました。

　「技術は面白い！　技術は楽しい！」

　あるとき、そんな私の技術者人生を狂わせる（？）事件が起こります。それは社運を賭けた新工場の立ち上げプロジェクトへの参加でした。

　もう20年以上も前の出来事ですが、会社は総力を挙げて新工場の立ち上げに邁進していました。それは旧工場の5倍の100億円という巨費を投じて建設された新鋭工場で、壮大なコンベア群で徹底的に自動化されてもいました。薄暗かった旧工場では3直24時間体制で生産していた製品を、新工場では50％も増速した2直16時間で作ってしまうことができました。長年の技術部の研究開発成果を形にする一大プロジェクトだったのです。しかし不思議な事に新工場ではどうやっても利益が出ませんでした。
　新工場に派遣された私は工程改善の糸口を掴もうと現場を歩き回りました。旧工場の作業者は12人（1班4人で3直）でしたが、新工場は10人（1

班5人で2直）ですむと説明されました。しかし実際には、各班2人のミズスマシと呼ばれる補助員が配置されていたのです。つまり実質的な作業者数は14人（1班7人で2直）でした。自動化工場なのに作業者が2人増えてしまっていたのは、工場があまりにも広大だったからです。そのほか、複雑化した自動化設備の保全に正社員の技術者2人がかかりきりになっていましたが、それでもなお工場のトラブルは解消しませんでした。特に多かったトラブルは数千個もあったセンサ類の狂いです。警報が鳴って駆けつけると自動機のセンサにトンボが引っかかっていたりしました。虫が入らないようにカバーを取り付け、殺虫灯も増設されましたが、それでもトラブルは減りません。毎日、毎日、毎日がトラブルの連続でした…。

　私はふと疑問を感じたのです。これは何のための自動化だったのかと。この自動化がコストダウンに全く寄与していないことは明らかでした。むしろ新工場を放棄して手動式の旧工場に戻れば、作業者数は減り、トラブルは起こらず、保全の負担も軽くなります。しかし、恐る恐るそんな提案をした私は上司の逆鱗に触れてしまったのです。

　「君は自動化や工程改善のエキスパートじゃなかったのか？　なぜ、やってみもしないで問題から逃げるのか？　利益があろうとなかろうと技術的な困難に果敢に挑戦し続けるのが技術者魂というものだろう！」と…。

　その後も損益は改善せず数年後に工場は閉鎖されてしまいます。自分自身の努力の結晶でもある生産機械が廃棄されていくのを目の当たりにして私は呆然としました。技術者魂とは何だろうかと思いました。新工場をどうすべきだったのかきちんと語れるようになりたいと思いました。私は会計と原価計算の勉強を始めました。

技術者魂

　会計の勉強を始めてはみたものの、私は簿記のつまらなさに辟易していました。どんな意味があるのかもわからない数字の羅列、そして決まりごと、決まりごと、決まりごと…。そんな状況に転機が訪れたのは、ある新商品開発プロジェクトへの参加です。このときも、私のミッションは自動

化と工程改善によるコストダウンでした。

　プロジェクトは、ある画期的な新製品を売価100円、原価80円で世に送り出そうとしていました。しかし試作時の原価の実績は800円にもなっていました。このとき、私にはすでに原価計算の知識があったので調べてみると、原価の内訳は労務費が500円、材料費が300円だと見積られました。仮に自動化して労務費がゼロになったとしても300円の材料費が残り、原価目標80円が達成できないことは「やってみる前から」明らかです。あるだけの知識と勇気を振り絞り、発見した事実を再び恐る恐る指摘すると、今度はこう言われました。

　「みんなで頑張っているのに、なぜ一人だけそんなネガティブな発言をするのか？　それでもあなたは技術者か？」

　その後もプロジェクトは続行されましたが、とうとうその製品は立ち上がりませんでした。数年間の関係者の努力は全て水泡に帰したのです。

　「何かがおかしい。関係者全員が頑張っているのになぜ事業は次々とダメになっていくのだろう？　何がおかしいかを、私はどうしたら正しく知り、正しく人に伝えることができるだろうか…」

　私はいよいよ本気で会計の勉強をしなければならないと思いました。40歳の技術者の決断でした。数万時間に及ぶ数字との格闘の末、1人の技術者が消え、1人の会計士が生まれました。

内向的な製造業

　私の体験は異常で例外的なものだったのでしょうか？　私はリストラを経験し幾つかの職場を渡り歩く結果となってしまいましたが、どこに行っても常に同じ問題に直面し続けました。監査でも随分たくさんの会社にお邪魔しましたが、そこで見た問題も同じでした。どうやら日本中の製造業

者(メーカー)があちらこちらで同じような問題を抱えているらしいのです。

「会社は何を目標として活動すべきなのか?」
「会社の事業目標と技術的活動をどのように整合させていけばよいのか?」
「やるべき事の優先順位を、会計的・金額的にどのように判断すればよいのだろうか?」

　ここで「会社に目標がない」などと言うと「目標はある。利益に決まっているだろう!」とお叱りを受けそうです。しかし実のところ、利益は結果なのであって目標ではありません。

　きれいごとを言うつもりはありませんが、会社は社会に何等かの貢献をするために存在しています。厳しい時代の変化の中で、どんな人々のどんな役に立とうとするのか? どんな事に困っている人々に手を差し伸べようと思うのか…。昔はそれを「社是」と呼びました。社是を見失ってしまった会社がもしあるとするならば、果たすべきミッションを再確認しなければなりません。ミッションが定まらなければ行動が振れます。ミッションが定まらなければコストが高いのか/安いのかの判断基準が持てませんから、コストダウンさえできないのです。

　しかし昨今、製造業で語られる様々なキーワードは、会社の果たすべきミッションを忘れ、社内の都合のみに向かう内向的なものが多くなってしまったように感じます。整理整頓、自動化の推進、ジャストインタイム、コストダウン、カイゼンもまた然り…。お客様に掛ける迷惑を顧みない品質事故や不祥事も随分と多くなりました。

カイゼンだけで世界と戦えるか?

　ところで、日本の技術者なら(少なくとも日本の生産技術者なら)カイゼンを知らない人はいないでしょう。このカタカナ書きの「カイゼン」と

は、生産現場の作業者が自発的に行う生産効率の改善活動のことです。かつて日本の製造業が活況を呈しており「Japan as No.1」とさえ言われていた当時、日本のモノづくりの強さの核心であるとして世界から注目されたものでした。しかし今日、日本の製造業の衰退とともにカイゼンもその輝きをすっかり失ってしまったように思われます。例えば皆さんは、以下のような事例があったとき、どんなことをお感じになられますでしょうか？

> ある会社は年率10％で高騰する海外工場の労務費に悩んでいた。そこで「モノづくり立国・日本」で成功したカイゼンを導入することとし、優秀な生産技術者３名のドリームチームを派遣した。チームは作業者の動作解析を実施し、40秒の組立作業の中に２秒の無駄な作業を発見して対策を打った。対策の柱は、世界最速の部品自動供給装置の開発だった。しかし、こうした関係者のひたむきな努力にも拘らず会社の損益は悪化を続け、工場は閉鎖されてしまった。ドリームチームにはその理由がわからなかった…。

全ての関係者が精一杯に頑張ったにも拘らず、その頑張りが形となって報われないとするなら口惜しいことです。労務費の高騰という課題に直面したドリームチームは何をするべきだったのか？　関係者はどんなゴールを目指して頑張るべきだったのでしょうか？

そして昨今、いよいよ厳しさを増す経済情勢の中、あちらこちらの会社で「モノづくりの原点回帰を目指そう！」「カイゼンをきちんとやってコストダウンを徹底しよう！」と再び叫ばれるようになりました。コストダウン、コストダウン、コストダウン命です！　もちろんコストダウンは徹底しなければなりません。しかし私はそこに危ういものも感じます。昨今、モノづくりという活動の付加価値はすっかり小さくなってしまいました。今や多くの製造業において、カイゼンや自動化がターゲットとする現場の労務費は、製造原価の中のたった10％程度です。その10％の労務費の中

の更に数％の削減という活動に全社を挙げて取り組んでいて大丈夫なのでしょうか？　やはり何かがおかしいのです。

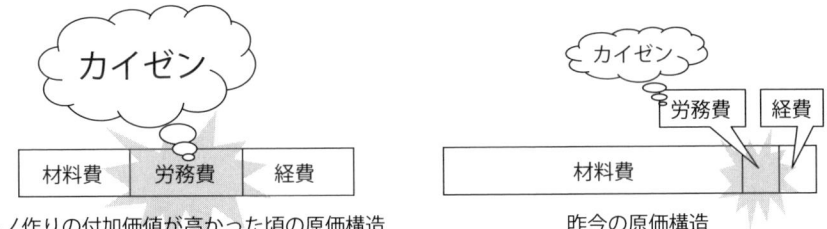

モノ作りの付加価値が高かった頃の原価構造　　　　昨今の原価構造

コストダウンの行方

　日本中、どこに行っても真剣にコストダウンに取り組んでいない会社はないでしょう。それでも目ぼしいネタは出尽くしてしまい、どこの現場にも限界感が漂います。仮に全ての関係者の真剣な努力にも拘らずコストダウンが行き詰っているとするなら、何か仕事の仕組みそのものを大きく変えていかなければなりません。そのとき、行動の指標となるのが会計なのです。技術と会計の融合にこそ、きっとブレークスルーのヒントがあります。

　これから20回に分けて、製造業（メーカー）に従事する方々（特に技術者の方々）にとって必要だと思われる会計知識を紹介させて頂きながら、まずはどこの会社でも緊急の課題となっていると思われるコストダウンについて考えてみます。その上で、今後の実り豊かな研究開発活動の在り方についても皆さんと一緒に検討したいと思います。

　日本の経済やモノづくりを復活させるには、どうしても会計的発想を起点にしなければなりません。厳しい時代を生き残るためには、どんなことがあろうとも今日のカイゼンを悲劇の物語にしてはいけないのです。常に数字、数字、数字です！　さあ技術者の皆さん、お金と数字の世界にようこそ。

オリエンテーション

オリエンテーションのまとめ

日本のモノづくりを復活させるためには、どうやら会計の力が必要らしい…。覚悟を決めて頑張ろう！

Part 1　世界の会社の共通言語・お金

第1講　製造業の2つの宿命

―――― 製造業は固定費業 ――――

> **第1講の内容**
> 1. 製造業者と非製造業者の貸借対照表を比較します。
> 2. 製造業者というビジネスモデルには2つの会計的特徴があることを確認します。
> 3. 製造業者のビジネスモデルには幾つかのバリエーションがあることを見てみます。

「モノづくり」＋「会計」

　「さあ、会計の話を始めましょう！」と言って、いきなりここに貸借対照表やら損益計算書を並べると拒絶反応を示す技術者の方が多いかもしれません。ページをめくるどころか、手に取るのも嫌だなあと…。実のところ、かつて私自身がそうだったからです。

　「お金の話？　わからないし興味もない。僕らの仕事は良いものを安く作ることだ！」

　私もそう考えていました。しかしながらその後、会社が何度も事業に失敗するのを目の当たりにして一つの疑問が湧いてきたのです。

「私は良いモノを安く作っているつもりだった。それで勝てると思っていた…。でも良いモノが安くできているかどうかを、私はどうやって判断していたのだろうか…」

　若干異論はあるかもしれませんが、戦後の日本は一貫して「良いモノを安く作る」というモノづくりの国だったと思います。モノづくりの国、即ち生産技術の国です。そこには、カイゼン、QCサークル、日本的経営など、いくつもの成功体験がありました。そんな生産技術立国の技術者である私たちが、実のところ、たいていは原価計算や企業会計の仕組みについてきちんと学ぶ機会を持たないのは極めて不思議なことです。そして日本の上場企業の実に98.4％の原価計算がどんぶり勘定になっている可能性があるという指摘さえあるというのです。日本が誇ってきた生産技術とは、合理的・科学的な方法論ではなかったのでしょうか？

　日本の経済がすっかり苦境に陥ってしまった昨今、ものごとは以前ほど簡単ではなくなってしまいました。会計を知らずにモノづくりをすることは「目をつぶって車を運転する」ようなものです。製造業の復活のためには、どうしても一定水準の会計知識が不可欠なのです。新入社員教育、技術者教育、幹部教育等に会計や原価計算に関するカリキュラムを組み込む必要性を強く感じますし、大学の全ての工学部（！）においても、本来必修単位とされるべき科目なのかもしれません。

製造業の2つの宿命、固定資産と研究開発費

　ところで、会計という視点に立つと「製造業」には他の業種と際立って異なる特徴が2つあります。皆さんは何だと思われますでしょうか？　それは1つには会社の資産に占める固定資産（生産設備）の割合が高いこと、もう1つには売上利益に対する研究開発費の額が大きいことです。「固定資産や研究開発費とどう向き合っていくか？」それが製造業というビジネスモデルの宿命であり、競争力アップを目指していく上でのカギとなります。

もちろん一口に「製造業」と言っても多種多様なものがあります。小さな町工場では日々の生産活動に特化していて研究開発費の割合は小さいかもしれません。昨今話題のEMS（電子機器の受託生産サービス）でも、相対的に研究開発費の計上は小さく生産設備の額が大きくなるでしょう。逆に生産設備をほとんど保有せず研究開発活動に全力を注いでいる会社もあるかもしれません。資産をリース化して所有せず、貸借対照表上の固定資産額を目立たなくしている会社もあります。様々なパターンがありながらも、なお全体として見れば、製造業者とは大きな生産設備と大きな研究開発費を背負う業種であると言えるのではないかと私は思います。

　日頃は直接目にする機会が少ないかもしれませんが、ここに財務諸表の例を少し掲げてみたいと思います。最初は会社の財政状態を示す資料（貸借対照表）の大まかな構造です。

貸借対照表の基本構造

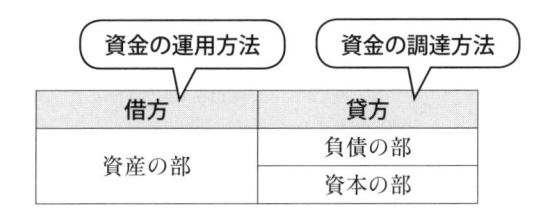

借方（資金の運用方法）	貸方（資金の調達方法）
資産の部	負債の部
	資本の部

　表中、まず「借方」と「貸方」という言葉に違和感があるかもしれませんが、それぞれ「資金の運用方法」「資金の調達方法」と読み換えて頂ければと思います。お金を借りたり（負債）株式を発行したり（資本）して調達された資金が、資産として運用されているのです。この貸借対照表のサンプルとして、日本を代表する製造業者の雄トヨタ自動車、非製造業者の代表としてみずほフィナンシャルグループの2社を選んでみました。

　さて、いよいよトヨタ自動車とみずほの貸借対照表ですが、表の構造は思い切り単純化しています。先程と同様、左側に資金の運用を示す借方、

右側に資金の調達を示す貸方がきています。借方の最上部にある「流動資産」とは短期間に現金化できる資産のことです。流動性の高いものほどリストの上に書くのが貸借対照表の流儀なのです。金額の単位は10億円(!)ですから、トヨタ自動車（連結）の資産は合計で35兆4830億円、みずほで177兆4110億円ということになります。凄い金額ですね。またトヨタ自動車と比べてみずほの資本（純資産）がかなり少ないことが目立ちます。これは銀行が一般のお客様から預金等を預かって事業活動を行っているなどの理由によるものです。銀行から見れば預金は負債になりますが、みずほの場合、この預金が約84兆円にも達しているのです。銀行はこうして集めた資金を様々な資産として運用し収益を上げています。

トヨタ自動車の貸借対照表
(連結・2013年3月)

借方（運用）		貸方（調達）	
流動資産	13785	負債	22710
長期金融債権	6944		
投資その他	7903	資本等	12773
有形固定資産	6851		
合計	35483	合計	35483

(単位：10億円)

みずほフィナンシャルグループの貸借対照表
(連結・2013年3月)

借方（運用）		貸方（調達）	
流動資産等	172382	負債	169675
有形固定資産	901		
無形固定資産	478	資本等	7736
その他	3650		
合計	177411	合計	177411

(単位：10億円)

　更に両社の資産の内訳を比較して見てみると、有形固定資産についてもみずほフィナンシャルグループの9010億円に対して、トヨタ自動車は6兆8510億円と圧倒的な差がありますね。これは一体なぜなのでしょうか？製造業者の固定資産が大きい理由を調べるために、もう少し詳細に資産の内容を見てみましょう。今度は日本の製造業の代表としてトヨタ自動車とパナソニックの貸借対照表を並べてみることにします。

トヨタ自動車の貸借対照表
(連結・2013年3月)

借方		貸方	
流動資産	13785	負債	22710
長期金融債権	6944		
投資その他	7903		
有形固定資産	6851		
(内訳)			
土地	1304		
建物	3874		
機械装置	9716		
賃貸用車両等	3038		
その他	291		
減価償却累計額	−11372	資本等	12773
合計	35483	合計	35483

(単位:10億円)

パナソニックの貸借対照表
(連結・2013年3月)

借方		貸方	
流動資産	2494	負債	4094
投資その他	277		
有形固定資産	1675		
(内訳)			
土地	314		
建物等	1639		
機械装置等	2724		
その他	60		
減価償却累計	−3062		
その他	952	資本等	1304
合計	5398	合計	5398

(単位:10億円)

　更に金額的な規模の差をキャンセルするために、百分率表示に直してみたものが以下の表です。両社とも「機械装置等」が目立ちますね。

トヨタ自動車の貸借対照表
(連結・2013年3月)

借方		貸方	
流動資産	39	負債	64
長期金融債権	20		
投資その他	22		
有形固定資産	19		
(内訳)			
土地	4		
建物	11		
機械装置	27		
賃貸用車両等	8		
その他	1		
減価償却累計額	−32	資本等	36
合計	100	合計	100

(百分率表示)

パナソニックの貸借対照表
(連結・2013年3月)

借方		貸方	
流動資産	46	負債	76
投資その他	5		
有形固定資産	31		
(内訳)			
土地	6		
建物等	30		
機械装置等	51		
その他	1		
減価償却累計	−57		
その他	18	資本等	24
合計	100	合計	100

(百分率表示)

　貸借対照表と並んで、ぜひ着目して頂きたいのが損益計算書です。同じくトヨタ自動車とパナソニックの例を挙げてみました。ここでは売上総利

益に占める研究開発費の大きさを読み取っていただければと思います。

トヨタ自動車の損益計算書
(連結・2013年3月)

売上高	22064	
売上原価等	18641	
売上総利益等	3423	
売上総利益等	3423	100%
販売費及び一般管理費	2102	61%
営業利益	1321	39%
研究開発費	807	24%

(単位：10億円)

パナソニックの損益計算書
(連結・2013年3月)

売上高	7303	
売上原価	5420	
売上総利益	1883	
売上総利益	1883	100%
販売費及び一般管理費	1722	91%
営業利益	161	9%
研究開発費	502	27%

(単位：10億円)

改めて整理しますと、ここまででぜひ読み取って頂きたいことは以下の2点です。

貸借対照表：資産全体に対する機械装置等の占める割合が大きい
損益計算書：売上総利益に対する研究開発費の割合が大きい

資産全体に対する「機械装置等」の占める割合は、トヨタ自動車で27％、パナソニックでは51％にもなっていました。また売上総利益に対するグループ全体の「研究開発費」の割合は、トヨタ自動車で24％、パナソニックで27％です。これらの数値の大きさを実感して頂くために、非製造業者のセブン＆アイとANAホールディングスの財務諸表も掲げてみます。

セブン&アイ・ホールディングス
(連結・2013年2月)

借方		貸方	
流動資産	39	負債	53
固定資産	61		
(内訳)			
建物等	15		
工具器具備品	4		
車両運搬具	0		
土地	15		
その他	1		
無形固定資産	10		
投資等	16		
−	−	資本等	47
合計	100	合計	100

(百分率表示)

ANAホールディングス
(連結・2013年3月)

借方		貸方	
流動資産	34	負債	64
固定資産	66		
(内訳)			
建物等	5		
航空機	39		
機械装置等	1		
工具器具備品	0		
土地	3		
その他	8		
無形固定資産	3		
投資等	7	資本等	36
合計	100	合計	100

(百分率表示)

　いかがでしょうか？　セブン&アイの貸借対照表に「機械装置等」は示されていません。どこかに合算されている可能性もあるのでゼロではないかもしれませんが、金額的な重要性はないということでしょう。ANAでは「機械装置等」が明示されているものの、その割合はたったの1％です。むしろ39％も計上されている「航空機」が非常に目立ちます。また両社とも「研究開発費」を計上していません。

　このように会社の事業の姿は財務諸表に現れてくるものなのです。会社をデザインすることは財務諸表をデザインすることであると言っても過言ではありません。そして「製造業」と「非製造業」を分けている特質は、会計的には固定資産や研究開発費の差にあると言えると思います。
　もちろん製造業者でなくても大きな固定資産を有する事業者はあります。航空機や船舶、土地、店舗、等々…。先程のANAも航空機を39％も計上していましたし、セブン&アイも建物と土地の合計は30％になります。しかしながら、これらの非製造業者が保有する固定資産（土地、建

物、航空機等）と製造業者が保有する固定資産（機械装置等）との間には1つの決定的な違いがあるのです。それは、機械装置等は転売が難しいということです。部分的には中古市場が成立しているケースがあるとしても、概して機械装置は汎用性・流通性に乏しいケースが多いです。事業計画の失敗などで不要化してしまった場合、簿価での売却は困難と考えるべきでしょう。機械装置等とは投資リスクの大きな資産なのです。

　他方、研究開発も費用の支出時点では成功するか否かは不確かなものであり、極めてリスクの大きな活動です。これら2つのハイリスクな固定的支出（機械装置等の取得と研究開発費）にどう向き合い、リスク管理をしていくかというテーマが、製造業の1つの本質だと言えるのです。そしてこの本質に対する注意の不足が、製造業というビジネスモデルの新たな発展を阻害してしまう場合があります。

　今回は最後に、あと2社分の財務諸表を見て下さい。共に製造業者である新日鐵住金と武田薬品工業のものです。共に「製造業」でありながら、そのビジネスモデルの違いが財務諸表に現れていて興味深いです。

新日鐵住金の財務諸表
(連結・2013年3月)

貸借対照表			
借方		貸方	
流動資産	30	負債	59
固定資産	70		
(内訳)			
建物等	10		
機械装置等	16		
工具器具備品	1		
土地	8		
その他	3		
無形固定資産	1		
投資その他	31	資本等	41
合計	100	合計	100

(百分率表示)

損益計算書		
売上高	4390	100%
売上原価	3982	91%
売上総利益	408	9%
売上総利益	408	100%
販売費及び一般管理費	388	95%
営業利益	20	5%
研究開発費	60	15%

(単位:10億円)

武田薬品工業の財務諸表
(連結・2013年3月)

貸借対照表			
借方		貸方	
流動資産	37	負債	44
固定資産	63		
(内訳)			
建物等	7		
機械装置等	2		
工具器具備品	0		
土地	2		
その他	1		
無形固定資産	43		
投資その他	8	資本等	56
合計	100	合計	100

(百分率表示)

損益計算書		
売上高	1557	100%
売上原価	447	29%
売上総利益	1110	71%
売上総利益	1110	100%
販売費及び一般管理費	987	89%
営業利益	123	11%
研究開発費	324	29%

(単位:10億円)

まず新日鐵住金では総資産に占める機械装置の割合が純額で16%と大

きく、製鉄業らしい大規模産業型のビジネスモデルを展開している姿が想定されます。生産設備のフル活用により徹底的な生産効率の向上を図ることができる体制ですが、なんと言っても業界では世界ランキング上位の巨大企業ですから、金額で見ればそのポテンシャルには計り知れないものがあります。他方、武田薬品工業では機械装置等は2％に止まる一方、研究開発費は売上総利益の29％に達していて印象的です。更に無形固定資産が43％もありますが、これは研究開発の成果物である特許権などです。

両社とも研究開発費と機械装置を抱える製造業者でありながら、その方向性の違いは際立っており、一口に製造業と言ってもそのビジネスモデルには様々なバリエーションがあり得ることがわかります。

製造業の2つの方向性

	新日鐵住金（製鉄業）	武田薬品工業（製薬業）
機械装置等（対総資産）	16％	2％
売上総利益率	9％	71％
研究開発費（対売上総利益）	15％	29％
ビジネスモデル	大規模生産設備をフル活用し徹底した効率向上による利益確保	多額の研究開発費を投じた新製品による利益確保

非製造業との対比でみた場合、製造業者の財務諸表には2つの特徴がありました。製造業者同士で見ても、大規模生産設備を活かしたり研究開発費を手厚くするなど幾つかのバリエーションが見られました。これからの会社の新しい「強み」を何に求めていくのかというビジネスモデルの設定が重要な課題となってきています。今後、日本の製造業者の国際競争力を回復するためには、最初にしっかり方針を見定めた上で強みを伸ばし、弱みには確実に手当てをしていかなければなりません。

固定資産と研究開発費を会計的にいかにスマートにマネージメントしていくのか？　これこそが製造業の競争力、生き残りを左右する1つのカギなのです。さて、皆さんの会社は現在どのようなビジネスモデルを持って

いるでしょうか？

> ### 第1講のまとめ
>
> どうやら製造業には、生産設備の負担と研究開発費が突出しやすいという特徴があるらしい。確かに自分の周りを見回すと高額な装置がたくさんあって心配になる。これらをどう取り扱うかが経営のスタイルを決め、競争力アップの要にもなっていく。うちの会社は会計的にどんなビジネスモデルを目指しているのだろうか？

第2講 コロンブスの成果報告

―― 貸借対照表の成り立ち ――

第2講の内容

1. 有価証券報告書とはどんなものか見てみます。
2. 有価証券報告書から得られる会計情報について考えます。
3. 貸借対照表の成り立ちについて考えます。

自分の会社の有価証券報告書

ところで皆さんは、御自身の会社の「有価証券報告書」を見たことがありますでしょうか？ 有価証券報告書とは、上場会社が毎年作成する事業活動の報告書であり、法律で作成が義務付けられているものです。会社が上場会社でない場合は財務諸表を公開していないかもしれませんが、ライバル企業や業界のトップ企業の有価証券報告書を調べれば大変に参考になります。

誰かが株式投資を考えているとき、この有価証券報告書の内容を見て会社の業績や将来に向けた経営者のビジョンを知り、株式を購入するか否かを決めることになるでしょう。有価証券報告書とは株式という商品の説明書とも言えます。また、これから会社にお金を貸そうとしている人も有価証券報告書を調べて利子や元本が確実に支払って貰えそうかどうか、貸し倒れの危険がないかどうかを判断します。更には一般の従業員の皆さんが読むことも可能ですから、大きな会社ではなかなか現場に伝わってこない上層部の方々の考え方や将来への見通し、認識されている事業上の課題などを知り、技術開発活動等を推進していく上で役に立つ場面も多いのではないでしょうか。経営者が外部向けに作成した客観的な報告書は従業員が

読んでもとても興味深いものです。

　とは言え、有価証券報告書は様々な利害関係者の用に供するという目的のため、極めて膨大で複雑な記述になってしまってもいます。「読んでもチンプンカンプンで面白くない！」とあまり気が進まないかもしれません。しかしぜひ一度、思い切って自分の会社の有価証券報告書を手に取ってぼんやりとでも眺めてみて下さい。上場会社であれば会社のホームページ（投資家情報など）からダウンロードできます。全体では100ページを超える長文ですが、ぜひ読んでみて頂きたいと思う部分はそれほど多くはありません。以下に示すのは、日本の製造業の雄・トヨタ自動車の有価証券報告書のページ数の例です。

トヨタ自動車の有価証券報告書のページ数（2013年3月）

構成	ページ数	特に注目すべき情報
【表紙】	全4ページ	ー
第一部【企業情報】		ー
第1　企業の概況	全10ページ	ー
第2　事業の状況	全42ページ	対処すべき課題、事業等のリスク、研究開発活動などに関する記載がある
第3　設備の状況	全5ページ	設備の新設計画に関する記載がある
第4　提出会社の状況	全32ページ	ー
第5　経理の状況	全96ページ	貸借対照表、損益計算書、キャッシュフロー計算書、製品製造原価明細書などが記載されている
第6　提出会社の株式事務の概要	全1ページ	ー
第7　提出会社の参考資料	全1ページ	ー
第二部【提出会社の保証会社等の情報】	全1ページ	ー
監査報告書	全3ページ	ー
確認書	全2ページ	ー
内部統制報告書	全2ページ	ー

有価証券報告書の核心部分は、なんと言っても経理の状況の部に記載されている「貸借対照表」と「損益計算書」でしょう。いくら言葉で「業績は良かった」「まあまあだった」等と説明されてもあまり参考になりません。数字の中にこそ真実を見出していくべきだからです。製造業者が製造業者たる由縁である機械装置は貸借対照表の資産の部に記載されており、研究開発費は損益計算書の一般管理費などに含まれています。

　また製造業者であれば損益計算書に続いて「製造原価明細書」も載っているので、ぜひ場所を確認してみて下さい。会社の製造原価がどんな状況にあるのか、コストダウンが成功しているのか否かがわかります。会社の明日を担う研究開発業務に従事する技術者の方であれば、ここから事業の課題を読み取って事業の方向性をリードしていって下さい。

有価証券報告書に記載されている、特に重要な会計情報

貸借対照表	会社の財政状態を示している
損益計算書	会社の経営成績を示している
キャッシュフロー計算書	会社のお金の増減を示している
製造原価明細書	会社の製造原価の内訳を示している

　これらのうち、まず「貸借対照表」は会社にお金を貸してくれた人々に対して、会社に十分な返済能力があるかどうか、あるいは借りたお金をどのように使ったかを示すものです。もし万が一、会社が倒産して清算されることになった場合、現在の会社にある資産でどの程度の借入金を返済できるかを読み取ることができます。これに対して「損益計算書」は、主として会社の所有者である株主に対し経営成果を報告するものです。成果が大きければ会社の株価は上がり、新たな出資者を得て会社は更に発展していくことになるでしょう。

貸借対照表（バランスシート）の成り立ち

　貸借対照表の成り立ちをイメージして頂くために、1つの物語を紹介しましょう。そもそも貸借対照表（バランスシート）の歴史は、大航海時代

のイタリアの商人に遡るのだそうです。出資者からお金を集めて出かけて行く冒険家の一回の航海が、経済的に成功だったのか失敗だったのかを明らかにするために考案されたものだったと言われます。

　例えばコロンブスは、アメリカ大陸発見という大事業に乗り出すために多額の資金を必要としていました。しかしスペイン王室の説得に失敗し万策尽きたコロンブスはスペインを去る決意をして馬に乗ります。その直後、王室側の事情が変わり女王の使者が急遽差し向けられることになりました。「コロンブスが示した支払条件は、期待される収入からすれば充分に折り合う」と主張する貴族が現れたのです。女王の使者がコロンブスに追いついたのは、ある村の小さな橋の上だったといわれます。こうして遂にコロンブスは大航海にでかけるために必要な資金の提供者を得たのでした。1492年の出来事です。

　さて、コロンブスはスペイン王室から必要な資金援助を得ることに成功した訳ですが、あくまでもこれは事業資金として借り入れたものですから、航海成功の暁には資金の使い道と成果を報告し確実な返済をしなければなりません。資金を提供者してくれた方々の名前とその金額を正確に記録しておくことが極めて重要でした。また資金の使途を明瞭に示す必要もあったでしょう。そこでコロンブスは例えば以下のようなスタイルの備忘録を作ることになったものと思われます。備忘録の右側にはお金を貸してくれた方々（貸方）の名前と金額が記載され、左側には借りた資金の使い方（借方）が記載されています。もちろん左右の合計額は同じであり一致（バラ

第2講　コロンブスの成果報告　　23

ンス）しています。

その1. アメリカ発見前のコロンブスが作ったかもしれないバランスシート

借りたお金の使い方（借方）		お金を貸してくれた方々（貸方）	
現金	100万円	借入金（イザベラ女王殿）	500万円
食料（2カ月分）	150万円	借入金（フェルナンド王殿）	200万円
大砲と弾薬	100万円	借入金（メディナ公殿）	100万円
船（サンタマリア号）	250万円		
船（ピンタ号）	200万円		
資産合計	800万円	負債合計	800万円

　さて、7ヵ月の苦しい航海の末、遂にアメリカ大陸を発見し巨額の財宝を持ち帰ったコロンブスはイザベラ女王の許へ成果報告にいきます。適切に成果を報告して、次の事業に繋げるため、例えば以下のような報告書を持っていったに違いありません。残念なことに困難な航海の途中で大型キャラック船のサンタマリア号が座礁沈没してしまいましたが、それを差し引いても持ち帰った財宝は莫大なものでした。全ての借入金を返済してもまだ手元に1200万円の未処分利益が残ったのです。この未処分利益の中から、約束通りの金利（7カ月分）を貴族たちに支払った残りがコロンブス自身の取り分となります。

その2. アメリカ発見後のコロンブスが作ったかもしれないバランスシート

借りたお金の使い方（借方）		お金を貸してくれた方々（貸方）	
現金	30万円	借入金（イザベラ女王殿）	500万円
財宝	1800万円	借入金（フェルナンド王殿）	200万円
食料	10万円	借入金（メディナ公殿）	100万円
大砲と弾薬	60万円	負債合計	800万円
船（サンタマリア号）沈没	0万円		
船（ピンタ号）大破	100万円		
資産合計	2000万円	未処分利益	1200万円

　1回目の航海の成功に気を強くしたコロンブスは、新たな航海を決意し、再び資金を集め始めます。このとき、以前はなかなか慎重な姿勢を崩さなかったパトロンたちのコロンブスを見る目は大きく変わっていました。

フェルナンド王とメディナ公は有望な事業への貸付金を大幅に増額してくれましたし、イザベラ女王からは「貸付金を資本金へ切り替えて事業者の共同実施者になりたい」との御意向さえ伝えられました。固定金利の貸付金とは異なり、資本金なら出資額に応じて航海の成果の配当を受け取ることができるからです。ただし、もしコロンブスが航海に失敗し全ての船が沈んでしまったら、事業の共同実施者として借入金の返済に責任を持つというリスクも同時に負うことになる訳ですが…。

その3．次の航海を目指すコロンブスが作ったかもしれないバランスシート

借りたお金の使い方（借方）		お金を貸してくれた方々（貸方）	
現金	200万円	借入金（フェルナンド王殿）	500万円
食料	500万円	借入金（メディナ公殿）	500万円
大砲と弾薬	800万円	負債合計	1000万円
建築資材	200万円		
農業資材	100万円	資本金（イザベラ女王殿）	2000万円
船多数	2200万円	利益留保	1000万円
資産合計	4000万円	資本合計	3000万円

（借入金：元本保証あり、固定金利）
（資本金：元本保証なし、変動金利）

　ここで「借入金」と「資本金」という区別が出てきました。概ね借入金は元本保証、返済必須で固定金利というイメージです。新大陸を発見しようとするまいと、コロンブスは借入金の元本を返済し、決まった利息も支払わなければなりません。未知の大洋を渡った大冒険家としての勇気もさることながら、資金を集めて事業を行うベンチャー企業の起業家としても航海者達には極めて大きな勇気が必要だったはずです。そしてそのチャレンジ精神はしばしば大きな成果によって報いられたのでした。事業の成功を目の当たりにした一部の資金提供者達は、提供している資金を返済不要な資本金へ切り替えることを申し出たに違いありません。この場合、資本金は元本保証なし、返済不要で変動金利というイメージです。出資者は事業のオーナーとなりますから、航海の成果も失敗もオーナー間で出資額に応じ分配されることになります。航海が失敗すれば持分はゼロになってしまうかもしれませんし、成功すれば巨額の富を手にする可能性もあるとい

うハイリスク・ハイリターンな投資です。更にはコロンブス自身の利益留保も資本金に加わります。

　こうしてバランスシートは資産の部、負債の部（他人資本）、資本の部（自己資本）という形式に発展していくことになります。

借入金	概ね元本保証で固定金利。事業が破たんした時には優先して返済される。
資本金	概ね元本保証なし、返済を要しない。事業の成果に応じた配当があるが、事業の業績が悪ければ無配となる。事業を清算する時には借入金を優先的に返済した上で、なお残金があればその範囲で償還される。

　その後、月日は流れ大航海時代の「船」は「会社」へと進化しました。今日でも貸借対照表を作成する第一義的な目的は、出資者に対して会社の財政状態を明らかにし、協力を（さらなる出資を！）求めることにあります。会社の進化と共に進化したバランスシート（貸借対照表）の一例を示します。社会構造の変化に伴ってかなり複雑化してはいますが、基本構造には変わりありませんので御安心ください。細かな費目より全体の大きな構造を見るようにするとわかりやすいと思います。

今日の貸借対照表（トヨタ自動車　単体・2013年3月）

借方		貸方	
資産の部		負債の部	
流動資産		流動負債	
現金及び預金	116	電子記録債務	253
売掛金	943	買掛金	657
有価証券	1283	短期借入金	20
製品、仕掛品、原材料等	324	1年内償還予定の社債	120
未収入金	519	未払金	342
短期貸付金	591	未払費用	398
繰延税金資産	409	預り金	641
その他	16	製品保証引当金	537
		その他	77
固定資産		固定負債	
有形固定資産		社債	340
建物等	399	退職給付引当金	278
機械・装置	158	繰延税金負債	114
車両運搬具	16	その他	12
工具器具備品	59	負債合計	3789
土地	401	純資産の部	
その他	77	株主資本	
		資本金	397
投資及びその他の資産		資本剰余金	417
投資有価証券	3646	利益剰余金	7108
関係会社株式	1818	自己株式	-1150
その他	460	評価・換算差額等	665
		新株予約権	9
		純資産合計	7446
資産合計	11235	負債純資産合計	11235

（単位：10億円）

純資産の部について

　貸借対照表に現れている「純資産の部」について少し補足説明を致します。純資産とは「資産総額から負債総額を差し引いた残り」です。貸借対照表の構造そのままですね。従来からこの部分は資本、自己資本、株主資本などと様々に言い表されてきましたが混乱もあったため用語が統一されました。ただ言葉の決め方にも表れていますが、複雑な実態をスパッと説明しきることが難しく、総資産から総負債を引いた残りといった消極的な

表現に留まっています。このテキストの範囲では、大まかに見ていわゆる「資本」と捉えて頂けば十分だと思います。

貸借対照表の基本構造

借方	貸方
資産の部	負債の部
	資本の部

同じ

借方	貸方
資産の部	負債の部
	純資産の部

＊このテキストの範囲では、概ね資本≒自己資本≒株主資本≒純資産としています

　ただし制度会計上、「資本」ではなく「資本金」と言うと少し意味合いが違ってしまうのでご注意下さい。この場合の資本金とは会社の財産の行きすぎた配当を抑止するために設定される計算上の金額を意味しています。つまり株主が共謀して会社の資産を全部換金し配当してしまうと借入金に対する担保がなくなってしまい不都合なので設けられた制度が資本金なのです。現実の会社財産と連動するものではなく、日常会話での用法とニュアンスが異なります。ですから混乱を避けるため、このテキストでもこれ以降は「資本金」という言葉を使わないようにしています。

　さて、これで今日の貸借対照表にいき着きました。大まかに見れば、会社は資金提供者から預かった負債と資本を資産に換えて事業活動を行い、その成果を配当や利息として還元するという仕組みであり存在であるということを、まずは御理解下さい。

第2講のまとめ

　財務諸表ってなんとなく苦手だった。でも大まかに見れば、案外と単純なものなのかもしれない。貸借対照表（バランスシート）は資金提供者に財政状態を示し成果報告をする手段のとして発達してきたものだけど、自分が読むことだってできるんだ。うちの会社の資金調達とか成果報告もちょっと気になるなあ。今晩、会社のホームページで有価証券報告書を眺めてみよう！

COLUMN

本当の簿記の始まり

　全ての会計の基礎となっているのが簿記という仕組みです。簿記は一見地味な存在ではありますが、「人類最大の発明だ！」と絶賛した有名人がいたとか、いないとか…。

　確かに簿記（近代的な複式簿記）こそが、今日の会社という巨大組織の合理的な運営を可能にし、会社が実現する様々なミッションが社会を豊かで便利なものにしています。そう考えれば、簿記は確かに人類最大の発明なのかもしれません。原始的な簿記の仕組みは、すでに古代エジプトやローマ帝国に存在したと言われます。それが今日的な姿にまで進化したのはルネッサンス期のイタリアにおいてでした。十字軍の遠征によって活発化した東方貿易が契機だったと言われます。

　簿記（複式簿記）の真の発明者が誰だったかはわかっていませんが、イタリア人の数学者ルカ・パチョーリが1494年に出版した書籍の中に複式簿記に関する詳細な説明が見られることから、15世紀には確立していたものとみられます。その後、大航海時代を迎えて簿記は会社という社会的システムと共に飛躍的な発展を遂げたのでした。

第3講 お金を借りたらタダではすまない

―――― 利益目標は資本コスト ――――

第3講の内容

1. 出資者にとって株式はリスク資産であることを確認します。
2. 様々な資金の調達コストを総合する方法として、加重平均資本コスト（WACC）を算出します。
3. 調達した資金と、その使途のあるべき関係について整理します。

資本は無利子ではない

　さて、今回は最初に、皆さんに1つの質問があります。会社はしばしば株式を発行して資金調達を行います。こうして調達された資本には概ね元本返済も利子支払いの義務もありませんから、利益が出た時だけ配当を実施すればよい「気楽な」資金源であるようにも見えます。こうした返済義務のない資本（株主資本）を、安価な資金源と考えることに差し支えはないでしょうか？

　この問いについて考える前に、まず大まかな理解として借入金（資金提供者の立場から言えば貸付金）が元本と利息が保障された「安全資産」であり、資本（資金提供者の立場で言えば購入した株式）が元本と利息が保証されない「リスク資産」であるという事実の再認識が重要となります。

　例えば、誰かの手元に少しお金があって運用を考えている場合、大きく見て国債や社債などの債権に投資するか株式に投資するかの選択に迫られます。債権なら元本保証で金利も固定かもしれませんが恐らくその利率は低いでしょう。他方、株式なら大きなリターンが望める可能性がある反面、

一瞬にして紙くずになってしまうリスクもあります。小さなリスクと小さなリターンの組み合わせ（安全資産）を選ぶか、大きなリスクと大きなリターンの組み合わせ（リスク資産）を選ぶか…それは好みの問題かもしれませんが、常にリスクに見合った大きさのリターンが要求されていることに変わりはありません。仮にリターンが小さいのに大きなリスクだけを要求される投資があったとしたら、そんなものに誰が手を出すでしょうか？

	小さなリスク	大きなリスク
小さなリターン	安全資産	（あり得ない）
大きなリターン	（あり得ない）	リスク資産

　安全資産である貸付金（例えば国債や社債、更には定期預金なども）は会社が存続する限りその業績の良否に関わらず約定通りに利息が支払われ、約定通りに償還して貰えることが期待されます。銀行に預金口座を持っているからと言って、その銀行の四半期決算の内容に一喜一憂する人は少ないでしょう。

　それに対して株式はリスク資産です。会社の業績がよければ株式の保有者には大きな配当金が支払われます。利益が配当に回らず社内留保される場合であっても、留保された利益が会社の資産価値を高め株価を上昇させることによって結局は株主に還元されることになります。しかし会社の業績が悪ければ配当金は支払われないでしょうし、株価も下がってしまいます。最悪の場合、株式は紙クズになってしまう訳ですから、株式の所有者は常に会社の決算の内容に注意を払わなければなりません。

　万が一、会社が倒産した時にも貸付金と株式では取り扱いが異なります。倒産した会社の資産は売却され、まず借入金（資金提供者から見て貸付金）が清算されます。それでもなお残余の資産があるなら、その範囲内で資本（資金提供者から見て株式）の払い戻しが行われることになります。こうした幾つかのリスクを負ってまで株式を選ぶ出資者がいるのは、株式には

貸付を遥かに超えるリターンがあると期待するからです。つまり資本は無利子の安価でお気楽な資金源などではなく、借入金や社債以上に高い利回りを要求される厳しい資金源なのです。そして会社がその厳しい要求に応えられなくなったとき、株価は暴落し株式は紙切れと化してしまいます。

	小さなリスク	大きなリスク
小さなリターン	貸付金	
大きなリターン		株式

貸付金	会社の立場から見れば借入金。他人資本とも呼ばれる。 資金提供者にとっては安全資産（概ね固定金利で元本保証あり）
株式	会社の立場から見れば資本。自己資本とも呼ばれる。 資金提供者にとってはリスク資産（概ね変動金利で元本保証なし）

株価純資産倍率

　ところで会社のミッションが社会の支持を失って株価が暴落すると、会社にとってはどんな不都合があるのでしょうか？　まず会社の新たな資金調達が極めて困難になります。新株発行は難しいでしょう。金融機関は常に相手の貸し倒れリスクを見極めながら資金の貸付を行いますから、業績が悪ければ新規の資金の貸付けに応じてくれなかったり、仮に応じてくれても不利な金利を求めてくるかもしれません。リスクが高まれば要求されるリターンも上がるのです。

　会社は資金を新規に調達できないばかりではありません。例えば既存の借入契約に、業績が悪化した時は貸付金の即時返済を迫られる「財務制限条項」が付されていたならば、急遽返済をしなければならないのです。ほとんどの会社は運転資金や設備投資のための多額の資金を金融機関等から借り入れて事業活動を行っていますから、資金調達が滞ることは致命的なダメージを会社に与え、悪化し始めた会社の業績はいよいよ決定的な状況に追い込まれていくことになるでしょう。

更に株価の下落が続けば、株価純資産倍率が1に近づき、遂には1を下回ってしまうかもしれません。この株価純資産倍率（PBR）とは一株当たりの純資産額と株価の大小関係を表すもので、以下の式で求められます。

　　株価純資産倍率　＝　株価　÷　一株あたり純資産額

会社全体で見れば、以下のように考えるとよりわかりやすいと思います。

　　株価純資産倍率　＝　株式時価総額　÷　会社の純資産

　即ち、株価純資産倍率が1倍であるときは、全ての株式の時価総額と会社の純資産額が等しいという状態である訳ですし、株価純資産倍率が1未満であるときは、株式時価総額が会社の純資産額を下回っていることを意味します。このとき、株式は「お買い得」だということになりますが、実はこれが恐ろしい状態なのです。そもそも会社は人材を組織して活動する有機体ですから、本来は単に物的資産を合算したもの以上の価値があるべき存在です。ですから株式時価総額が会社の純資産の総額を大きく上回っているのが正常な状態であり、株価純資産倍率は東証1部平均で1.5内外、2部でも1.0強で推移していると言われます。会社を存続させた方が会社のオーナーである株主にとっては価値がある訳です。
　ところが会社の将来性に見通しがなくなり株価純資産倍率が下落して大きく1を下回ると、組織体としての会社は物的資産の単純合計程度の価値もない（！）との判断を市場から下されたことになってしまいます。株主にとっては安く買収した株式で会社の経営権を握った上で直ちに会社を解散し資産を売却してしまったほうが得だということです。

株価純資産倍率が１より大きい状態
（会社は純資産以上の価値がある）

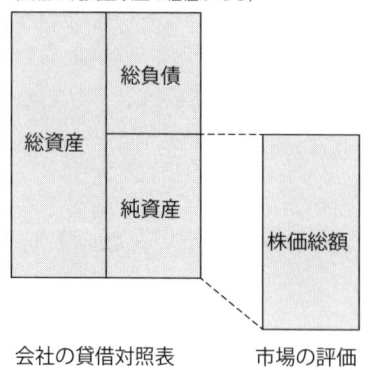

株価純資産倍率が１より小さい状態
（会社は純資産程度の価値もない）

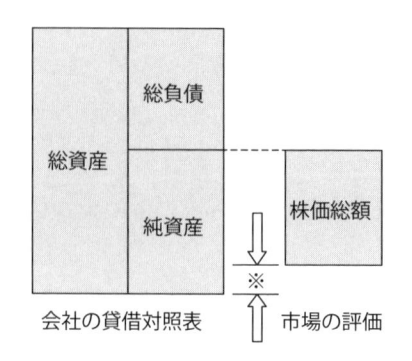

　このとき、善意の誰かが株式を買い占めて会社の経営権を握り、厳しくも正しい事業再建を目指すのなら会社にとっては幸せなことかもしれません。しかし悪意ある策略家が全ての株式を買い占めた後、直ちに会社を解散して資産をバラ売りし株価と純資産の差額で巨額の利益（上図の※部分）を手にしてしまう可能性もあります（こうした試みは敵対的買収と呼ばれます）。そうなれば、経営層のみならず一般従業員を含めた全員が収入を失って路頭に迷う事となるでしょう。

　つまり、私たち（経営者に限らず、明日の製造業をデザインすべき技術者も）は、常に株主を意識し安全資産の金利を遥かに超えるリターンの実現を目指さなければ、適切に事業責任を果たしたことにはならずいつか危機を招くのです。ある会社では「余剰資金がたくさんあるから銀行に預金して運用しています」という話がありましたが、これは適切なオペレーションだったと言えるでしょうか？　もうおわかりかもしれませんが、安全資産である銀行預金からもたらされる金利は、リスク資産の保有者である株主の期待している金利に達し得ません。これでは株主の期待に応え得ず、会社の価値を下げてしまうでしょう。

　もし過剰に余剰資金があるなら配当として株主に還元するか、新規の有

望な事業企画に再投資されなければならないのです。ですから技術者の皆さんは、株主からの期待に応え得る水準の利益をしっかり確保できるような開発テーマを企画し、頑張らなければなりません。

資本コスト（WACC）

　資本コストとは、会社が事業資金を調達するために必要となる費用のことです。先程見たように、資金提供者にとってのリスク資産である株式に対しては配当金やキャピタルゲイン（売買益）、資金提供者にとっての安全資産である借入金に対しては支払利息が代表的なものとなりますが、会社全体としては両者をミックスしたものが資金の調達コストとなります。とはいえ、実際のお金が色分けされている訳ではありませんし、会社の業務担当者（例えば技術者）が「こっちの稟議は金利○○の短期借入で実施するから目標利益率は△△、あっちの稟議は配当□□の資本で実施するから目標利益率は◇◇」といった区別はしていないだろうと思います。ですから通常は全ての調達資金の、それぞれの要求利回りを加重平均した資本コスト（WACCと呼ばれます）を用いて各種プロジェクトの収益性の良否を判断することになるでしょう。技術者の皆さんであれば加重平均の計算には明るいものと思いますが、念のため以下に計算方法の概要を示します。

ある会社の加重平均資本コスト(WACC)の計算例

負債	短期借入金(金利4%)	構成比20%
	長期借入金(金利5%)	構成比30%
資本	新株発行(要求利回り6%)	構成比50%

この会社の資本コスト
= (4%×20%) + (5%×30%) + (6%×50%)
= 5.3%

　ここで、実は発行株式に対する要求利回り(上記では6%としています)の算出は、金融理論を駆使したかなり複雑な計算となりますから、加重平均資本コストの計算もそれなりには手間がかかります。本来、会社が日々の活動の目標とするべき資本コストは当然に社内で周知されているべきものでしょうし、少なくとも経理部門の方に尋ねれば御教示を頂ける筈ではあります。しかし様々な事情で知り得ない場合もあるかもしれません。

　そんなときは大雑把な目安として借入金利の概ね5割増し程度と考えて目標を立ててみてはどうかと思います(あくまでも目標ですので!)。借入金利の水準については銀行借入や国債の金利が参考になります。更に補足すると、通常は借入金の利率の方が資本(株式)に対する要求利回りよりも低いため、借入金の割合を高める程、加重平均資本コストが低下し有利となります。但し借入金には返済期限があるため、過剰に借入金を利用した場合、返済スケジュールの滞り等によって会社が倒産するリスクも高まることには留意して下さい。

資金繰り

　お金に直接色が付いている訳ではなく、一括して求めた加重平均資本コストを事業活動の利益目標値としましょうという話をしました。とはいえ多額の固定的支出を抱える製造業者は、資金不足に陥ることの無いよう常に資金繰りに注意を払わなければなりません。そこで以下のような対応関係を意識して資金の用途管理を行い、適切なバランスを維持していく必要があります。

棚卸資産	短期間での資金回収が見込まれる	危険	短期借入金
生産設備	ある程度確定したスケジュールで収益が見込まれるが、資金回収は長期にわたる	危険	長期借入金
		危険	新株発行
研究開発費	非常に長期の活動であり、失敗のリスクも高い		利益留保

　仮に利率が安いからと言って、長期間の活動に投じる資金を短期借入金で賄えば、返済計画に失敗するリスクが高まります。有利な条件で何回も続けて借入を続けられるかどうかはわからないからです。他方、本来は短期借入金で賄い得るもの、賄うべきものを長期借入金や新株発行で賄うなら、今度は不必要な金利等を負担しなければならなくなるでしょう。

　なお簡単化のために先ほどは省略しましたが、現実の法人税上の扱いにおいて利子の支払（費用として認められる）と配当金の分配（費用として認められない）が異なることを考慮すると、加重平均資本コストを求める算式は下記となります。

加重平均資本コスト（税負担率を40%とする）

```
＝4%×20%×(1－税負担率)＋5%×30%×(1－税負担率)＋6%×50%
＝4.38%
```

　かなり複雑な式になってしまいましたが御安心ください。詳細に立ち入れば立ち入るほど、今回皆さんにお伝えしたいメッセージから遠ざかってしまいますので、これ以上の説明はここでは省略します。後のコラムで再度の説明を致しますし、更に興味があればぜひ他の良書にあたってみて下さい。ここでは、①目的に応じて様々な方法で調達された事業資金があり、②その全体について総合的な資本コスト（WACC）が求められ、③それが、会社が事業を遂行していく上で最低限達成しなければならない利益目標とされるのだということを、理解して頂ければ十分と思います。

第3講のまとめ

会社は借入金や株式発行で資金を調達して事業活動を行っている。様々な資金調達コストを総合して求めた資本コスト（WACC）が、毎日の活動やプロジェクトが最低限クリアしなければならない利益目標だということになる。ところで、うちの資本コストって一体幾らなのだろう？　不思議と今まで誰にも教わったことがなかった…。明日、経理の人に聞いてみよう！

COLUMN

敵対的買収

　少し古い映画になりますが、1990年のアメリカで公開された映画に「プリティウーマン」があります。超美人のコールガール（ジュリア・ロバーツ）がウォール街のビジネス・エリート（リチャード・ギア）と出会ったことから幸福をつかむまでを描く現代版のシンデレラ・ストーリーなのですが、主人公のビジネス・エリートが生業としていたのがまさにこの敵対的買収でした。

　ギアは、競争力を失った企業を見つけては株を買い占め、事業を清算して資産をバラ売りするという乗っ取り屋だったのです。映画の進行と共にある企業への敵対的買収が進んでいきますが、終盤でジュリアに感化されたギアは人間らしい感情を取り戻し会社の事業を存続させる決意をします。従業員の生活も守られるというハッピーエンドではありましたが、敵対的買収というものの1つの実態と怖さを実感させられる映画でした。

　現実の世界ではジュリアが助けてくれる訳ではありませんから、私たちは自分の力で事業の価値を高め、会社を守っていかなければなりません。

第4講 会社を活かすも殺すも固定資産

―――― 財務安全性と固定資産 ――――

第4講の内容

1. 財務安全性に関する指標について概観します。
2. 固定資産の取得や研究開発費が財務安全性に及ぼす影響について考えます。
3. 安全性分析の方法として、期間比較や同業他社比較について考えます。

安全性指標（メーカーの宿命・固定資産政策）

　改めて、ごく簡単に現代の貸借対照表の構造を見てみましょう。貸借対照表の左側は「借方」、右側は「貸方」と呼ばれます。貸借対照表は、会社への資金提供者に会社の財政状況（万が一の場合にも十分な担保力があること）を示したものが原点ですから、資金提供者の目線に立ってこのように呼ばれるのです。ここで、仮に会社に提供された資金（純資産と借入金）が全て現金預金だったとした場合、以下のような貸借対照表ができあがることになるでしょう。

借方		貸方	
現金預金	2000円	借入金	1000円
		純資産	1000円

　この段階では、資金提供者が突然に「お金返して」と言い出したとしても、流動資産である現金預金をそのまま返却することができますから、担

保性にはなんら問題はありません。これを財務的に「安全性が高い」と表現します。しかし現金をそのまま持ち続けていたのでは事業を行うことができませんから、通常、製造業者は現金預金の一定割合を生産設備などの固定資産に投資して事業活動の準備を始めることになります。

現金預金や有価証券といった流動性の高い資産を、工場建屋や生産設備などの固定資産に振り向けてしまえば換金は著しく困難となります。即ち、購入した設備で事業を行っても利益獲得までには随分と時間がかかるでしょうし、途中で状況が変わって設備を売却するはめに陥っても恐らく容易には買い手は見つからず、しかも簿価通りの値段で設備が売れることはまず期待できません。生産活動に投資してしまった資金の回収には長い時間がかかるのです。そしてその過程で資金繰りが滞り、返すべきお金が返せなくなる瞬間があるならば信用は失われ会社は倒産に至ります。

固定資産への投資という状況を資金提供者の立場から見れば、お金を返して貰えないリスクが高まった（財務的な安全性が下がった）ということになります。過度に安全性が下がれば、会社はリスクに見合う高い金利を要求されたり、場合によっては新規にお金を借り難くなり資金調達が困難になってしまうでしょう。経営の視点からは常に一定水準の安全性確保の視点に立った判断が行われていることに留意して下さい。

そこで、「すぐに返して」と言われる可能性の高い流動負債（短期借入金や支払手形、買掛金など）と、短期間で現金化できる流動資産（現金預金、受取手形、売掛金など）を比較して、会社の財務的な安全性を判断する指標とすることになります。即ち「流動資産＞流動負債」であれば安全性が高い、「流動資産＜流動負債」であれば安全性が低いと判断されます。

財務的な安全性が「高い」貸借対照表

〈借方〉		〈貸方〉	
現金預金	1000 円	短期借入金	500 円
		長期借入金	1000 円
機械設備	1000 円	純資産	500 円

短期借入金を現金預金（流動資産）だけで返済できる

財務的な安全性が「低い」貸借対照表

〈借方〉		〈貸方〉	
現金預金	500 円	短期借入金	1000 円
機械設備	1500 円	長期借入金	500 円
		純資産	500 円

短期借入金を現金預金（流動資産）だけでは返済しきれない

　教科書的には、流動資産÷流動負債（これを流動比率と呼びます）の計算結果が100％を超えていれば「安全が高い」、100％未満であるなら「安全性が低い」と表現されますが、実際には業界固有の特性などもあるので100％という数値が常に絶対的な基準という訳ではありません。過去からの推移や同業他社の数値などを勘案しつつ総合的に安全性を判断することになるでしょう。

名称	流動比率
計算式	流動資産÷流動負債×100
概要	企業の短期的な支払能力（安全性）を示す指標。
目安	大きいほど安全。100％が目安とされる

　ここで確実に理解して頂きたいのは、現金預金を費やし、或いは短期借入金で調達した資金で固定資産である生産設備を購入すれば、同時に財務的な安全性は下がってしまうということです。また、流動負債で調達した資金を固定化すること（例えば作りすぎた製品を不良在庫化させること）も危険なオペレーションなのです。

第 4 講　会社を活かすも殺すも固定資産

固定資産の取得による、財務安全性の低下

〈借方〉	〈貸方〉
流動資産	流動負債
固定資産	固定負債 純資産

⇒

〈借方〉	〈貸方〉
流動資産 新しい固定資産	流動負債
固定資産	固定負債 純資産

　さて、流動比率は誰かが会社にお金を貸し付けるに際して「貸し付けたお金を確実に取り戻せるか」という安全性を判断するための指標でした。しかし実際の貸借対照表上の流動資産には、売れ残りの製品や不良在庫など現金化の見込みの乏しい棚卸資産も含まれてしまっています。更に厳しい資金提供者であるならば、もっと純粋に現金化が可能な当座資産（現金預金、売掛金、受取手形、短期保有の有価証券）だけで安全性を評価しようとするかもしれません。これを当座比率と呼びます。

名称	当座比率
計算式	当座資産÷流動負債×100
概要	流動資産から棚卸資産（製品、材料）などを除き、換金性の高い現金預金、売掛金、受取手形、短期保有の有価証券といった当座資産だけで評価を行う指標。
目安	大きいほど安全。100%が目安。流動比率よりは厳しい評価になる。

　参考までに流動比率や当座比率に類似する他の指標を示します（固定比率、長期固定適合率）。似たようなものが並びますが、概ね趣旨は同じと考えてよいと思います。また、日本の製造業の代表としてトヨタ自動車の貸借対照表を用いた計算例も示しました。これでイメージをつかんで下さい。

名称	固定比率
計算式	固定資産÷純資産※×100
概要	長期間拘束されることになる固定資産の調達資金として、返済を要しない資金源である純資産がどれだけ充当されているかを評価する指標
目安	小さいほど安全。100%を超えてはいけないとされる。

名称	長期固定適合率
計算式	固定資産 ÷ （純資産[※] ＋固定負債） × 100
概要	固定資産の購入資金に流動負債が食い込んでいないかどうかを評価する指標
目安	小さいほど安全。100％を超えてはいけないとされる。

安全性指標の計算例（トヨタ自動車 単体・2013年3月）

借方		貸方	
流動資産	4201	流動負債	3045
固定資産	7034	固定負債	744
		純資産	7446
資産合計	11235	負債純資産合計	11235

（単位：10億円）

$$流動比率 = 流動資産 ÷ 流動負債$$
$$= 4201 ÷ 3045 = 138\% > 100\% \quad OK\,!!$$

$$固定比率 = 固定資産 ÷ 純資産[※]$$
$$= 7034 ÷ 7446 = 94\% < 100\% \quad OK\,!!$$

$$長期固定適合率 = 固定資産 ÷ （固定負債＋純資産[※]）$$
$$= 7034 ÷ (744 + 7446) = 86\% < 100\% \quad OK\,!!$$

※正確には純資産ではなく自己資本ですが、簡便化のため詳細を省略します。

　様々な指標が並んで混乱しそうですが、評価しようとしていることは基本的に同じです。例えば次頁の図の通り、流動比率と長期固定適合率は裏表の関係にあります。そのため、流動比率で評価を行うことは長期固定適合率で評価を行うことと実質的に同じなのです。

流動比率で見て、安全性が「低い」

〈借方〉	〈貸方〉
流動資産	流動負債

急に返せない

長期固定適合率で見て、安全性が「低い」

〈借方〉	〈貸方〉
固定資産	固定負債 純資産

流動負債への食い込みがある

≒ 同じ

流動比率で見て、安全性が「高い」

〈借方〉	〈貸方〉
流動資産	流動負債

余裕がある

長期固定適合率で見て、安全性が「高い」

〈借方〉	〈貸方〉
固定資産	固定負債 純資産

≒ 同じ

　このように、安全性の観点だけからいえば流動比率や当座比率が高く、固定比率や長期固定適合率が小さい方が望ましいのですが、いつまでも過度に安全性を維持していては事業が成り立ちません。経営判断としては、どこかで安全性を多少「悪化」させて果敢に事業資産への投資を行っていかなければなりません。見方を変えれば、過度に安全性が高いという状態は「設備投資に対して過度に消極的」とも言えますし、逆に過度に安全性が低いという状態は「設備投資に対して過度に積極的」という見方もできるのです。概して成長企業ほど設備投資に積極的なケースが多いようです。

　いずれにしても、生産設備など固定資産の取得に関する意思決定は、会社にとっては極めて重いものです。いったん取得してしまった設備は最大限に稼働させて利益を稼ぎださなければなりません。しかし過度の安全性は過度の保守性でもあります。成長性に乏しく消極的な経営では収益性を損なう場合もあることから、「安全性の高い会社」が常に「良い会社」という訳ではないことに注意をして下さい。全体のバランスが重要なのです。

　また余談ですが、例えば固定資産を購入せずリースを利用すれば現金預金などが固定化しないので安全性を下げずにすみます。貸借対照表の見栄

えが良くなるので財務的には好まれることもある手法ですが、この場合は長期的な収益性（リース料が購入費用に比べて割高過ぎないか等）についての慎重な検討が必要となります。

研究開発費と安全性

　安全性を損なうリスクがあるにもかかわらず、換金性の高い資産を生産設備等の換金性の低い資産に振り向ける場合があるのは、その活用によって大きなリターンを見込んでいるからです。仮に十分なリターンが望めないなら、固定資産への投資という判断は極めて危険な行動となるでしょう。

　もちろん通常の事業資産への投資であれば、収支は慎重に検討され、慎重な意思決定がなされることと思いますが、更に問題になるのは研究開発活動への資金の投入です。研究開発は失敗のリスクを常に負い、仮に成功しても成果が事業化され回収されるまでに極めて長い時間を要するのが通常です。会計的に見れば、もし可能なら支出の都度に何等かの無形資産としてプールしておきたいところですが、そのリスクの高さから通常は貸借対照表上に資産として計上することは認められていません。費用として扱われ、数年から十数年後に営業利益に貢献して利益として再計上されるであろうその日まで、会社の貸借対照表からは消し去られてしまうことになります。

　日頃あまり意識をしていないかも知れませんが、会社の期待を背負って研究開発に従事するということは、それだけ責任の重い業務でもあることを、技術者の皆さんは改めてしっかり自覚して下さい！

会社をデザインする

　事業活動を通じて会社をデザインすることは、実は貸借対照表をデザインすることでもあります。会社が、株主から資金を預かって事業を行い、その成果を株主に還元する存在である以上、将来の貸借対照表の姿をイメージしながら活動し、純資産の額を着実に増やしていかなければなりません。例えば固定資産の取得や研究開発のケースであれば、図のような貸借対照表の変化と成長をしっかりイメージしておく必要があります。

固定資産の取得による貸借対照表の成長

ホップ｜ステップ｜ジャンプ！

元々の貸借対照表（流動資産／流動負債／固定資産／固定負債／純資産）

新しい固定資産の取得
＊流動資産の減少
＊固定資産の増加

固定資産による利益獲得
＊流動資産の増加
＊純資産の増加

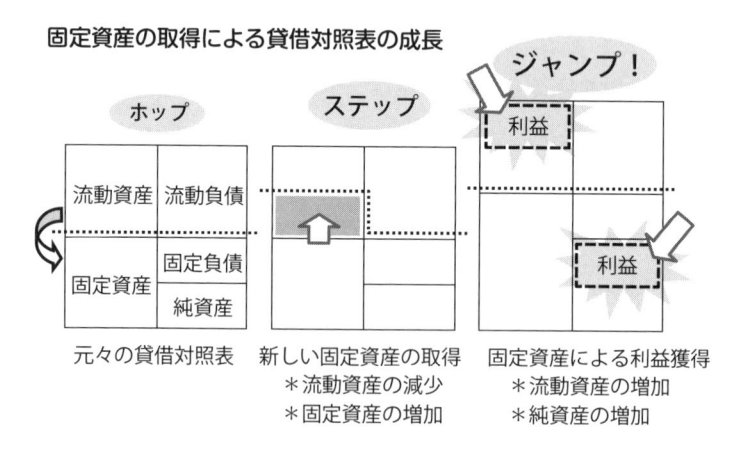

研究開発費の支出による貸借対照表の成長

ホップ｜ステップ｜ジャンプ！

元々の貸借対照表

研究開発費の支出
＊流動資産の減少
＊純資産の減少

研究成果による利益獲得
＊流動資産の増加
＊純資産の増加

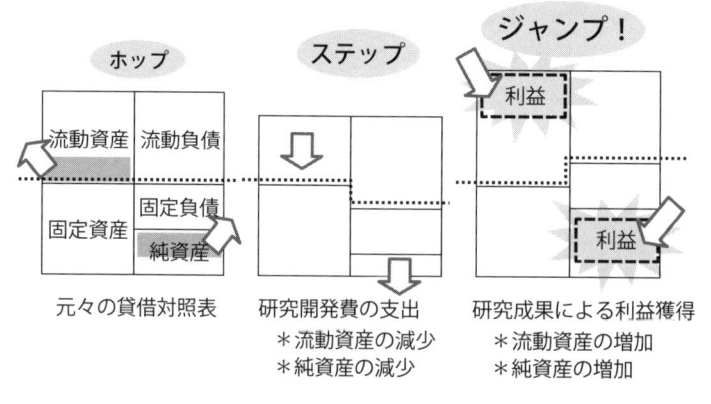

　固定資産の取得であれば、いったんはその取得によって流動比率は悪化

しますが、やがてその資産が稼ぎだす利益で流動資産と純資産が増え、流動比率が回復する頃には金額的に一回り大きな貸借対照表ができあがっているはずです。研究開発費であれば、いったんは大きく目減りする純資産ですが、やがて大きな利益が獲得されてやはり貸借対照表が成長しなければなりません。

自己資本比率

安全性の指標には、先述の流動比率、当座比率、固定比率、長期固定適合率の他にも自己資本比率というものもあります。総資産（流動資産と固定資産の合計）に対する純資産※の比率として求められる指標です。一般にはこの比率が高いほど返済期限のある負債が少ないことになるため安全性が高い経営だと言われる反面、第3講で検討した加重平均資本コストが大きくなってしまうため（通常は借入金の金利より、資本に対する要求利回りの方が高いため）消極的な経営とも言われます。教科書的には50％が目安だとも言われますが、半々というのでは何やら玉虫色で参考になりませんね。実際には日本の大企業の自己資本比率は30％前後、中小企業で10〜20％前後となっているケースが多いようです。

名称	自己資本比率
計算式	純資産※÷総資本×100
概要	総資本（借入金＋純資産※）のうちどの程度が純資産※で占められているかを示す指標。なお返済義務のない純資産等を自己資本というのに対して借入金等を他人資本という
目安	50％など。高いほど安全である反面、資本コストが大きくなり収益性が下がる。

※単純化のため自己資本≒純資産としています。

自己資本比率の視点

〈借方〉		〈貸方〉	
総資産	2000円	総負債	1400円
		純資産	600円

期間比較と同業他社比較

ここまで様々な財務分析の指標について見てきましたが、1枚の貸借対照表だけを眺めていても会社の状況はなかなか見えてきません。財務分析を活用しながら会社の決算書を読むときのポイントは、「期間比較」「同業他社比較」などを行うことです。期間比較とは、ある特定の企業の、複数の会計年度の財務指標の推移を比較して見ることです。期間比較により、会社が良い方向に向かっているのか、悪い方向に向かっているのかを知ることができます。これに対して同業他社比較とは、自社の分析指標と同業他社の分析指標を比較することです。これにより、同業他社や業界標準と比べて自社が優れている点、取り組むべき課題等を知ることができます。ライバル企業の決算書も重要な情報ですから、ぜひ時々は有価証券報告書を手に取って、相手の事業戦略を読み取ってみて下さい。

第4講のまとめ

固定資産を取得したり研究開発費を使ったりすれば流動比率は低下するけど、それは貸借対照表を金額的に成長させ会社を大きく発展させるための一時的な準備だ。言い換えれば、貸借対照表を成長させられないような固定資産の取得や研究開発は行ってはいけないということになる。さて、今自分が取り組んでいる技術開発プロジェクトは会社をどのように発展させるのだろう？　正直なところ、今まであまり真剣に考えてみたことがなかった気がする…。

第5講 私の給料はどこに?

―― 損益計算書に感じる疑問 ――

第5講の内容

1. 損益計算書や製造原価明細書の構造について見てみます。
2. 減価償却という概念的な費用について概観します。
3. 技術者の給料がどこに記載されているか確かめます。
4. 収益性の指標にはどのようなものがあるか整理します。

損益計算書の構造

　前講までは主に貸借対照表について検討してきましたが、今回は損益計算書について考えてみたいと思います。損益計算書は会社が作成・公表する有価証券報告書の中で貸借対照表と並んで特に重要なものですが、貸借対照表に比べれば構造はシンプルなので理解しやすいのではないかと思います。最上段に売上と売上原価、及びその差額の「売上総利益（いわゆる粗利）」がきており、そこから販売費及び一般管理費を差し引いた「営業利益」が記されています。概ね売上総利益までが直接部門の日々の活動の成果であり、そこから間接部門のコストを差し引いたものが営業利益となります。この営業利益から更に資金調達コスト（借入金の金利、為替対策の費用など）を差し引けば「経常利益」となり、そこからなんらかの構造変化のコストである特別損益を加減算した「当期純利益」へと続いていきます。

損益計算書の基本構造

```
     売上
  −  売上原価
  =  売上総利益（粗利）

  −  販売費及び一般管理費
  =  営業利益

  +  営業外収益
  −  営業外費用  ←借入金の提供者（貸主）に帰属する利益
  =  経常利益

  ±  特別損益等
  =  当期純利益  ←資本の提供者（株主）に帰属する利益
```

　会社の資金提供者は、株主と貸主でした。これらの資金提供者に対するリターンはそれぞれ異なる場所に記載されます。まず当期純利益は株主に帰属する利益です。その処分方法は株主総会などを通じて決定され、会社内に留保されて次の新たな事業資金とされたり、あるいは配当として分配されたりします。配当は損益計算書ではなく株主資本等変動計算書という別の財務諸表などに記載されます。これに対して借入金の貸主に対する支払金利は営業外費用に記載されています。共に会社の資金提供者である「株主」と「貸主」へのリターンであるにも拘わらず記載される場所や様式が大きく異なるのは、支払金利は税法上、費用として認められるのに対し、配当は費用とは認められないことなどによるものだと言われます。

収益性の指標

　損益計算書上の数値から導かれる収益性の指標としては以下のようなものがあります。売上総利益（粗利）、営業利益、あるいは経常利益の売上高に対する割合が高ければ高いほど会社の収益性は高い（或いは開発した製品やサービスの競争力が高い）ことになりますから、皆さんはこれらの比率の変化にも常に注意を払いながら研究開発活動を進めていかなければなりません。

売上総利益率（粗利率）	＝売上総利益÷売上高
営業利益率	＝営業利益　÷売上高
経常利益率	＝経常利益　÷売上高

　また、経常利益は営業利益から会社の金利負担等を控除したものです。金利は「営業外」損益に記載されることから、本業とは無関係なものであり財務部門だけの責任範囲だと思われるかもしれません。しかし例えば在庫が溜まることによって発生する金利は製造部門や販売部門の負うべき責任でもあります。設備投資に関わる金利もまた然りです。金利は事業活動とは「光と影」のような密接な関係にありますから、会社の活動の様々な局面で常に金利への慎重な配慮を忘れないようにして下さい。

製造原価明細書

　会社が製造業者であるならば、有価証券報告書の一部として製造原価明細書も添付されています。ぜひ一度、御自身の会社の製造原価明細書を眺めてみて下さい。製造原価明細書には「当期製品製造原価」が示されています。当期のモノづくりに、どんなコストがどれくらいの割合でかかったのかを知ることができます。概ねこの製造原価が損益計算書の売上原価に繋がっていくことになります。

　ただ正確に言えば、この製造原価と売上原価は一致しません。例えば10個の製品を1000円で製造すれば「製造原価」は1000円ですが、それが5個しか売れなければ「売上原価」は500円でしかないからです。残りの5個500円は一旦は在庫資産となった後、次期以降に売れて初めて売上原価を構成します。仮に10個作って10個売れれば、製造原価＝売上原価ですし、100個作って売れ残りは1個など在庫の割合が極めて小さいケースや、期首と期末の在庫額がほぼ同じケースでも、概ね製造原価≒売上原価だと考えて差し支えないでしょう。このテキストでも、製造原価≒売上原価として話を簡略化している場面があることを念のため申し添えます。

　下記のトヨタ自動車の例にもある通り、製造原価の主な構成要素は、材料費、労務費、経費などです。製造原価はほぼ売上原価に一致しており、

売上高から売上原価を減じれば売上総利益となります。更にそこから営業利益、経常利益、当期純利益が順次求められていきます。

製品製造原価明細書の例（トヨタ自動車　単体・2013年3月）

区分	前事業年度 （自　平成23年4月1日 至　平成24年3月31日）		当事業年度 （自　平成24年4月1日 至　平成25年3月31日）	
	金額（10億円）	構成比（％）	金額（10億円）	構成比（％）
Ⅰ材料費	6467	82.4	7059	83.4
Ⅱ労務費	605	7.7	624	7.4
Ⅲ経費	776	9.9	781	9.2
当期総製造費用	7848	100.0	8464	100.0
仕掛品期首たな卸高	72		74	
合計	7920		8538	
仕掛品期末たな卸高	74		76	
他勘定振替高	8		8	
当期製品製造原価	7838		8454	

（筆者注）材料費の構成比が極めて高く、労務費の構成比が極めて低い事に注目して下さい。

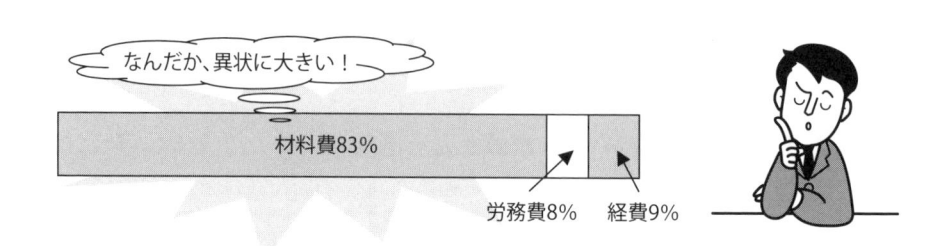

　　なんだか、異状に大きい！

材料費83%　　労務費8%　経費9%

技術者の給料はどこに記載されているか？

　ところで技術者である皆さんも製造ラインで働く方々も、会社から給料をもらって働いる訳ですが、これらの金額は損益計算書のどこに記載されているかをご存知でしょうか？

　まず製造ラインの方々の受け取る給料ですが、製造業者であれば先程の製造原価明細書の中に製造部門の労務費額に関する記載があります。直接部門である製造部の労務費は、損益計算書上では売上原価の一部を構成す

ることになります。これに対して技術者を含む間接部門や管理部門の皆さんの受け取る給料は「販売費及び一般管理費」の中に含まれています。同じ労務費でも直接部門と間接部門では記載位置が全く異なるので御注意下さい。

大きく見たときの費用区分

直接部門（製造部）	→	製造原価（直接費＋間接費）
間接部門（製造部以外）	→	販売費及び一般管理費

　以下が一般的な「販売費及び一般管理費」の内訳ですが、どれが技術者の給料に該当するかわかりますでしょうか？　給料手当と研究開発費に注目して下さい。一般管理費の中に含まれる給料手当が管理部門・間接部門の方々の給料です。一般管理費等に含まれている研究開発費の総額は注記されますが、技術者の皆さんが受け取る給料はここに含まれます。

一般管理費の例	販売費の例
給料手当、福利厚生費 旅費交通費、通信費、水道光熱費、消耗品費 保険料、賃借料、リース料、交際費 減価償却費、研究開発費　…	販売員給料、広告費 荷造発送費、配達費

　このように各関係者の給料がバラバラにされて損益計算書のあちこちに散りばめられているという構造は、今日の会計の日常ではありますが、実のところ、製造業の再活性化のためには決して望ましい状況ではないようにも思われます。この点については終盤の第19講で再度検討いたします。

損益計算書の基本構造(再掲)

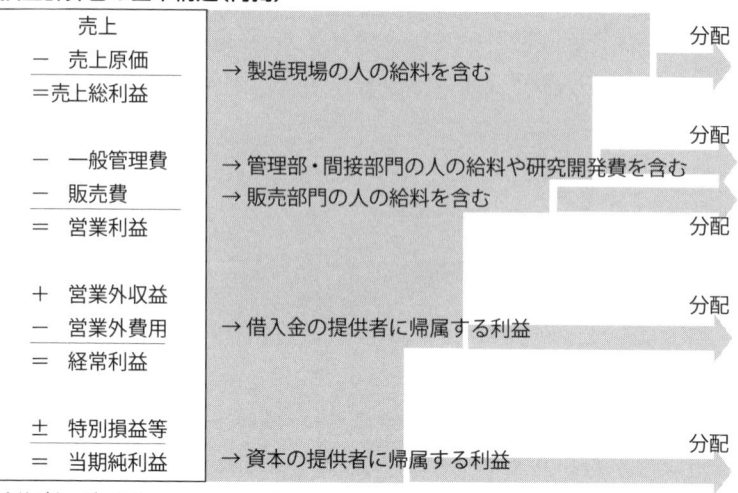

```
    売上
  － 売上原価         → 製造現場の人の給料を含む              分配 →
  ＝ 売上総利益

  － 一般管理費        → 管理部・間接部門の人の給料や研究開発費を含む   分配 →
  － 販売費          → 販売部門の人の給料を含む
  ＝ 営業利益                                       分配 →

  ＋ 営業外収益
  － 営業外費用        → 借入金の提供者に帰属する利益             分配 →
  ＝ 経常利益

  ± 特別損益等                                      分配 →
  ＝ 当期純利益        → 資本の提供者に帰属する利益
```

会社が生みだす価値は、様々な利害関係者によって順次、分配されていく

減価償却費

　研究開発費と並んで製造業にはつきものなのが固定資産の取得によって発生する減価償却費です。この減価償却とは長期間にわたって使用される固定資産の取得額を、その資産が使用できる期間にわたって費用として配分していく手続きです。労務費と同様、減価償却費にも売上原価に含まれるものと、一般管理費や販売費に含まれるものがありますが、その区分は、それぞれその元となった固定資産の使用区分によるものです。

　ところで減価償却費というのは少し特殊な費用です。ここで特に留意して頂きたいのは、会社は固定資産を「資産と金銭の等価交換」を前提にして取得しているということです。しばしば誤解のあるところですが、固定資産を購入してもその段階では費用は発生しません。例えば100万円の生産設備を現金預金で購入する場合、それはもちろん100万円相当の価値を有するという前提で購入する訳ですから、貸借対照表上は100万円の現金預金が100万円の生産設備に置き換わるだけなのです。100万円の費用が直ちに発生する訳ではありません。もちろん第4講でも検討しましたよう

に、現金預金（流動資産）が減少し生産設備（固定資産）が増加することによって固定比率を上昇させ、資金繰りを圧迫することにはなるでしょう。とはいえ、生産設備は次第に摩滅し、あるいは旧式化して次第にその価値を減じていきます。生産設備などの固定資産の価値が月日の経過や使用に応じてどのように減少していくのか（減少していくべきなのか）ということは実務上は非常に難しいテーマです。例えば同じ車種の営業車でも、海岸地区で使用するのと内陸部で使用するのとでは摩滅の度合いは異なるでしょう。

　こうした個々の使用状況を勘案して個別の方法で原価計算することは事実上困難ですから、減価償却という計算手順の中で毎期一定額、毎期一定率など、単純化した方法で費用化されていくこととされています。即ち損益計算書上に規則的に減価償却費が計上され、その同じ額だけ貸借対照表上の固定資産額がマイナスされていくのです。

3つの減価償却方法

定額法	毎年均等になるように費用配分する方法。価値が時間の経過に応じて均等に目減りするという考え方。
定率法	価値が毎年一定の割合で減るという費用配分の方法。初期は時間の経過に応じて急速に価値が落ちるという考え方であり、技術革新が早くて陳腐化しやすいものなどに適している。
生産高比例法	資産の使用の度合いに比例した減価償却費を計上していく方法。総利用可能量が物理的に見積もれる鉱業権、鉱業用設備、航空機、自動車、ネオンサイン等に適用され、見積総利用量を基準に計算を行う。

　ただし、認められている範囲内ではあっても、会社が毎年の業績に合わせて自由に減価償却方法を変更すると費用の発生額が変わり利益操作（それは結果的に脱税にもなる）の余地を生じてしまうため、会社は予めどの固定資産にどんな減価償却方法を適用するかを決めておかなければなりません。途中でみだりに変更することはできないのです。

減価償却の計算例

1) 100万円の固定資産を、定額法（年20万円）で償却する場合

	減価償却費	簿価
購入時の資産価値	−	100万円
1年後の資産価値	20万円	80万円
2年後の資産価値	20万円	60万円
3年後の資産価値	20万円	40万円
4年後の資産価値	20万円	20万円
5年後の資産価値	20万円	0万円
合計	100万円	

2) 100万円の固定資産を、定率法（年50％）で償却する場合

	減価償却費	簿価
購入時の資産価値	−	100万円
1年後の資産価値	50万円	50万円
2年後の資産価値	25万円	25万円
3年後の資産価値	13万円	12万円
4年後の資産価値	6万円	6万円
5年後の資産価値	3万円	3万円
合計	97万円	

3) 100万円の固定資産を、生産高比例法で償却する場合
(但し、総使用時間の見積もりを1000時間とする)

	減価償却費	簿価
購入時の資産価値	−	100万円
1年後の資産価値　（360時間使用）	36万円	64万円
2年後の資産価値　（220時間使用）	22万円	42万円
3年後の資産価値　（230時間使用）	23万円	19万円
4年後の資産価値　（ 80時間使用）	8万円	11万円
5年後の資産価値　（110時間使用）	11万円	0万円
合計　　　　　　　（1000時間）	100万円	

　改めて減価償却費とは不思議な費用です。概念的に計算される費用ですから、それが計上されたからといって各期に減価償却費相当額の実際の現金支出がある訳ではありません。現金支出を伴わず費用が計上されること

により見かけの利益を圧縮する効果を持つことから、減価償却費を多額に計上すれば税務上は有利となります。無制限に計上を認めると利益操作の温床となり、課税の公正さを妨げるため、計算方法や償却年数は税法等で厳しく規定されています。

また、物理的な有形資産であっても土地のように使用によって価値を減じない（減価しない）と考えられるものは減価償却計算の対象にはなりません。物理的な実体のない無形資産にも減価償却の対象になるものと、ならないものがあります。特許権、商標権、ソフトウェアなど、時間の経過とともに価値が減少していくと考えられる場合には、減価償却の対象となります。

減価償却の対象になる固定資産、ならない固定資産の例

	減価償却の対象とならない	減価償却の対象となる
有形固定資産	建設仮勘定は減価償却しない。	建物として引き渡しを受けた後は減価償却の対象となる。
	乳牛の子牛は減価償却しない。	成牛となった乳牛は減価償却の対象となる。
	食肉牛は棚卸資産であり固定資産ではないので減価償却しない。	
	土地は減価償却しない。	
	絵画、骨董、書画、彫刻などの美術品や古文書などは減価償却しない。	
無形固定資産	電話加入権は減価償却しない。	期限のある特許権などは減価償却の対象となる。

第5講　私の給料はどこに？

会社の価値を表す指標

ところで、会社が作り出す新たな価値を「付加価値」と言います。仮に製造業であれば、1000円の原材料を仕入れ、これに何等かの加工を施して1200円で販売すれば差額の200円分の付加価値を生み出したことになります。社会的に見れば、この200円が製造業者の存在意義だという訳です。会社はこの付加価値の中から、利益を獲得するために生産設備を使用した事による減耗相当分の減価償却費、従業員に支払う労務費、資金調達コストである金利など賄い、最終的に会社に（株主に）帰属する利益が残ります。

教科書的な付加価値の計算式は少し複雑なので、簡略化したものを以下に示します。

付加価値 ＝ 経常利益＋労務費＋支払利息＋減価償却費＋その他

上式中の「その他」は、賃借料や印紙代などです。この付加価値額を従業員数で除すれば一人当たりの付加価値生産性となります。損益計算書上の公表数値からある程度は求まりますので、一度自社の生産性を点検してみることをお勧めします。ライバル会社との比較も有用です。

これとは少し切り口の異なる収益性の指標として、ROEやROAというものもあります。

まずROE（自己資本利益率）とは、会社が株主から預かった資本を使ってどれだけ利益を上げたかを比較評価するのに用いられる指標です。以下の式で求められます。

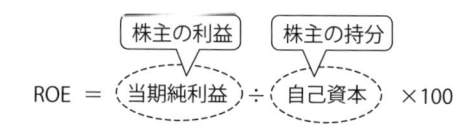

$$ROE = \underset{\text{株主の利益}}{\text{当期純利益}} \div \underset{\text{株主の持分}}{\text{自己資本}} \times 100$$

これとやや紛らわしいですが、ROA（総資産利益率）という指標もあります。こちらは会社が株主および貸主から預かった全ての資金（借入金および資本）を使って、どれだけ利益を上げたかを見るのに用いられる指標です。幾つかの考え方がありますが、例えば以下の式などで求められます。

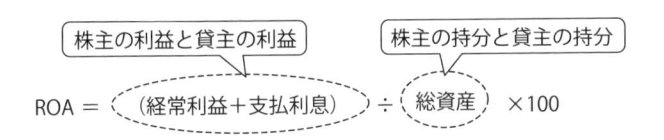

$$\text{ROA} = \underset{\text{株主の利益と貸主の利益}}{(経常利益 + 支払利息)} \div \underset{\text{株主の持分と貸主の持分}}{総資産} \times 100$$

大まかに見れば（！）、ROEは資本（株主の持分）に対してどのくらい利益を上げているかを見るものですが、ROAは総資産（株主と貸主の持分）に対してどのくらい利益を上げているかを見るものです。

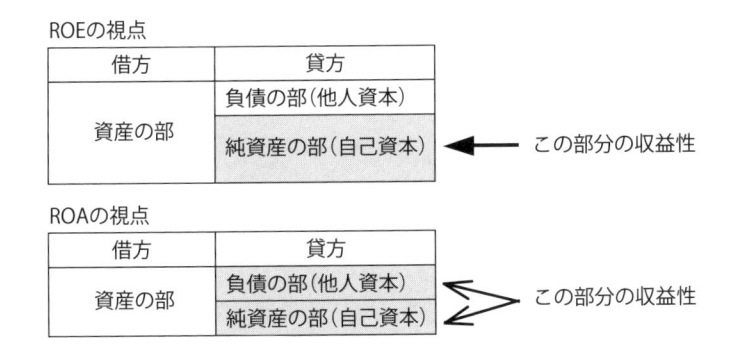

ROEの視点

借方	貸方
資産の部	負債の部（他人資本）
	純資産の部（自己資本） ← この部分の収益性

ROAの視点

借方	貸方
資産の部	負債の部（他人資本）
	純資産の部（自己資本）

← この部分の収益性

第3講で、会社全体の資本コスト（WACC）について考えましたが、会社の総資産に対する利益率であるROAはこの資本コストを賄い得るものでなければなりません。会社に課せられたミッションの実現を通じROAやROEを適切な水準に維持することが、会社の事業目標であり、経営の目線であるということができるでしょう。そしてそれを研究開発等の企画を通じて実際に実現していく責務を担うのが製造業者における技術者なのです。

第5講のまとめ

　昨日は製造部の山本君と一緒に飲んだ。最近は景気も悪いから、画期的な新製品の開発をくれぐれも頼むと言われた。ROE や ROA に現れる会社の収益性は、最終的には技術者が行う研究開発活動の成否に左右されてしまうのだから、しっかり頑張らなければ！　それにしても…彼と自分の給料は、どうして損益計算書の別々な場所に記載されているのだろうか？

COLUMN

迫りくる世界同一賃金の波

　昨今の製造業は賃金の安い国々への進出を活発化させていますが、2013年になって、例えばカンボジアの縫製産業で賃上げを要求する労働者のデモやストライキが頻発するようになりました。ストライキが同国における経済の急成長を阻害してしまうのではないかと懸念されています。

　近年、カンボジアの縫製産業が急成長してきた理由としては、カンボジアにおける賃金が周辺諸国と比べて顕著に安かったことが挙げられます。その一方で、5月末には大手スポーツ用品メーカーの縫製工場で賃上げを要求するストライキが発生し、従業員3000人が警官隊と衝突する事件が起こりました。カンボジア東部の工業団地でも賃上げや待遇改善を求めるストライキが発生し、2万人近い労働者がストに参加したと言われます。

　こうしたストライキが発生している背景には、発展途上各国へのインターネットの浸透があると考えられます。どこの国で暮らす人々も、昨今ではインターネットによって先進国の暮らしぶりを知り、自らも豊かになりたいと願うようになりました。更にインターネットを駆使すれば、隣国の賃金水準を容易に知ることができるのです。「同じ仕事をしているなら、同じ賃金を貰いたい」と思うのは自然の成り行きでしょう。

　かくして世界同一賃金の時代が目前に迫ってきています。賃金の安い国で生産し利益を稼ぐと言うビジネスモデルは急速に成り立たなくなりつつあります。もっとも、製造原価に占める労務費比率の著しい低下を思えば、製造業の真の危機は別な所にある訳ですが…。

Part 2　本当にコストダウンになってますか？

第6講　誰だって早く会社を黒字にしたい！

―――― 損益分岐点と固定資産 ――――

> **第6講の内容**
> 1. 製品原価の構造について概観します。
> 2. 直接費と間接費、変動費と固定費の区別について検討します。
> 3. 損益分岐点とその分析手法について概観します。

コストダウンと会計

　「良いものを安く」作らなければならない製造業にあっては、原価計算はどうあっても必須のものです。原価計算によって製造原価を適切に把握しなければ、良いものを安く作れるはずはないからです。昨今目覚ましい進歩を遂げた情報処理技術を用いれば、毎日の原価実績を詳細に把握して解析し、異常な動きがあれば直ぐに対策することも可能となりました。ところが現在国内で広く行われている原価計算の仕組みは、一昔も二昔も前の時代、それこそ卓上電卓すらなく全てを手計算で行っていた時代の仕組みからあまり変化していません。こうした古い原価計算の数値に基づいて、多くの会社で内部的な意思決定が行われているのが実情です。

　少し簿記を勉強した方であれば「工業簿記」をご存知かもしれません。工業簿記や原価計算には苦手意識を持つ方も少なくないようですが、本来は決して難しいものではありません。ある製品を作るのに要した材料費、労務費、経費などを単純に積算していくだけの作業ですから、皆さんには、

ぜひともここで原価計算の仕組みのアウトラインだけでも理解して頂ければと思います。

原価計算の構造

　今日の原価計算においては、まず標準原価というものが設定されます。原材料の単価や、製品を1単位生産するのに必要となる材料の量などは日々変動しますが、こうした実績値で帳簿へ記帳していたのでは手間がかかりすぎるからです。そのため計画や予算上の原価を用いて簡便的な記帳を行う会社が多いです。標準原価と実際原価の差異は実際原価の変動によりプラスになったりマイナスになったりしますが、標準原価が適切なものであるならば最終的には会計期間全体で差異が相殺されて両者はほぼ等しい数値となるでしょう。

　しかし標準原価が不適切で実際原価から大きく乖離したものである場合、会計期間を通じて両者間には差異が残ることになります。例えば予算上は単価100円である筈だった原料が、急な値上がりで平均単価が105円になってしまった場合、原材料の記録と実際に購入先に支払った金額との間に5円の差異が生じます。こうした原価差異は定期的に把握され、作った製品や残った材料在庫に何らかの方法で再配賦されなければなりません。

　時に工業簿記が難しいものに感じられてしまうのは、この「原価差異の配賦」というテーマが出てくる場面かもしれません。予定していた原価（材料費、労務費、経費）と、実際に発生した原価が食い違ってしまうという状況は日常茶飯事です。材料価格対策の成功や失敗によって材料の購入単価の実績が標準と乖離する場合以外にも、製造現場のコストダウン活動が計画した程には進まずに材料を標準使用量の2倍消費したりすれば差異が発生します。労務費においても予期せぬ残業を余儀なくされたりした場合には差異を生じるでしょう。こうして発生した様々な差異を、売り上げてしまった製品や期末在庫にどんな方法で配分するかというテーマが原価差異の配賦計算なのです。

製造間接費

　原価差異の配賦計算と並んで、「間接費と直接費」の区別や「間接費の配賦」という概念も、技術者の皆さんにとっては少し理解し難いところかもしれません。製造原価には材料費、労務費、経費などがありますが、製造間接費とは、これらの原価要素の中で特定の製品と直接に関連づけて把握できないものを指しています。反対に直接に関連づけて把握できるものであれば直接費となります。

製造原価の構成要素

製品との関連を 直接把握できる	直接費 ＝直接材料費＋直接労務費＋直接経費	これらの合計が 製造原価となる。
製品との関連を 直接把握できない	間接費 ＝間接材料費＋間接労務費＋間接経費	

　例えば、現場の山田さんが1時間をかけて、部品Aと部品Bを組み立て製品Cを完成させたという場合、山田さんの受け取る1時間分の賃金が直接労務費になり、部品Aと部品Bの代金が直接材料費になります。これらは製品Cを作るという活動に直接関連付けて把握できる費用ですから直接費です。しかし山田さんが毎月1時間の技術研修を受けている場合、この研修分の賃金は特定の製品に直接に関連づけて把握することができません。この部分は間接労務費として集計されるでしょう。また山田さんは組み立て作業に軍手を使っていましたが、軍手は直ぐ擦り切れてしまうため毎週新しいものに交換していました。この代金も特定の製品との直接的な関連が明瞭ではないため間接材料費として集計されます。こうして集計された様々な間接費は、山田さんが一定期間に製作した全ての製品に何等かの方法（例えば個数の比）で配分されるでしょう。この配分計算の過程が製造間接費の配賦と呼ばれるものです。

　しかし、実のところ間接費とは便宜的な存在であって、それほど厳密な定義に基づいたものではありません。例えば電気使用量を工場全体で一括

測定している場合、電気代は間接経費となり配賦計算をしなければなりませんが、同じ電気料金でありながら製品Cを作るに要した電気使用量を特別に個別に測定しているなら直接経費となることもあります。個別に測定していてもその金額に重要性が乏しいと考えるなら（！）、やはり間接経費として扱われるかもしれません。

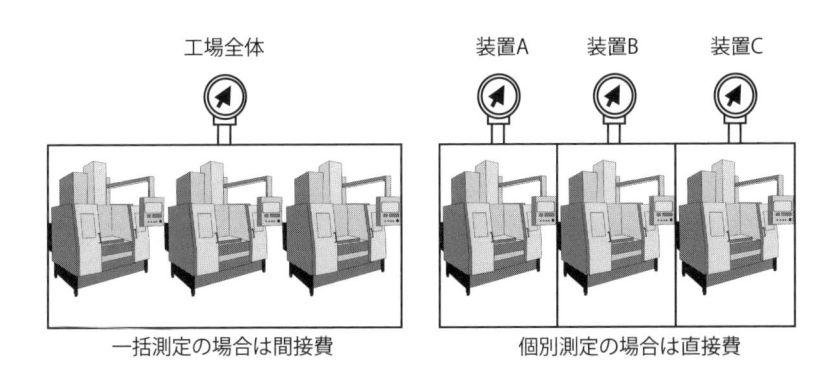

工場全体　　　　　　　装置A　装置B　装置C

一括測定の場合は間接費　　　個別測定の場合は直接費

　このように間接費か直接費かの区別は、理論的科学的なものというよりは、会社が管理上の便宜を勘案して決めるものです。個別に把握して実績管理することに経済的メリットがなく面倒なら、技術的には可能であっても製造間接費（間接材料費、間接労務費、間接経費）として集計されることになるでしょう。参考までに、現在の一般的な間接経費の例を挙げてみました。

製造部門における間接経費の例

賃借料、保険料、リース料、旅費交通費、通信費、水道光熱費、福利厚生費、修繕費、減価償却費…

　上記の例は、前講で触れた一般管理費と同じ費目が多いですが、これらは用途で区別されています。例えば、製造設備の減価償却費なら製造経費、管理部門の事務機器の減価償却費なら一般管理費になります。水道光熱費の場合は製造に使った分は製造経費、管理部門で使った分は一般管理費としなければなりませんが、重要性に乏しく分離ができなければ全額をどち

らかに計上してしまうこともあるかもしれません。

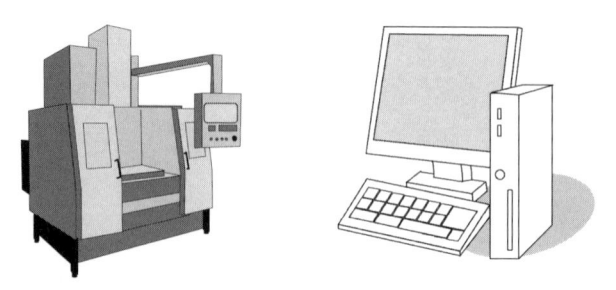

同じ減価償却費でも、生産設備は製造間接費、管理部門のパソコンは一般管理費となる

　製造部門と管理部門が地理的に一体である場合などでは、製造間接費と一般管理費の区別は難しく恣意的になりやすいですが、特に注意が必要なのは、一度この区分を決めたら、それをみだりに変更してはいけないということです。なぜなら、製造間接費（製造原価として配賦される）と一般管理費（製造原価にならない）の区分の自由な変更を認めると様々な利益操作が可能となるからです。社内的にも、前期との比較が困難になり管理が上手くいっているのかいないのかが判断できなくなってしまうでしょう。こうして両者を無理に区分していることは、様々な場面で様々な問題を起こします。

　集計された製造間接費の配賦（配分計算）の技術にもまた多種多様なものがあります。たいていは製品の個数や加工時間などを基準として配賦されますが、売価比とするケースや、製品と仕掛品を区別したりするケースなども想定され様々です。図に計算例を示します。

製造間接費24000千円の配賦計算の例(係数の選び方が変われば、配賦単価も変わります)

共通前提
製品X：生産数400個
製品Y：生産数400個
製品Z：生産数800個 とする

ケース1（単純な個数比による配賦）

$$\frac{24000千円}{(400個)+(400個)+(800個)} = 15千円/個$$

製品X：15千円
製品Y：15千円
製品Z：15千円

単価が変わる

ケース2（加工時間比による配賦）

製品X：3時間加工
製品Y：1時間加工
製品Z：0.5時間加工の場合

$$\frac{24000千円}{(400個\times3時間)+(400個\times1時間)+(800個\times0.5時間)} = 12千円/時間$$

製品X：@12千円×3時間　＝36千円
製品Y：@12千円×1時間　＝12千円
製品Z：@12千円×0.5時間＝6千円

単価が変わる

ケース3（売価比による配賦）

製品X：売価60千円
製品Y：売価90千円
製品Z：売価15千円 の場合

$$\frac{24000千円}{(400個\times60千円)+(400個\times90千円)+(800個\times15千円)} = 0.33千円/千円$$

製品X：@0.33×60千円 ＝20千円
製品Y：@0.33×90千円 ＝30千円
製品Z：@0.33×15千円 ＝ 5千円

第6講　誰だって早く会社を黒字にしたい！

これらの計算において係数を変えれば配賦される金額も変わってしまうことにご注目下さい。どれかが絶対的な正解という訳でもありませんから、製造間接費（恐らくは固定費）の配賦計算もまた恣意性が混入しやすい場面です。できれば製造間接費の配賦計算などしないに越したことはありません。

　簿記や会計に関する専門講座は、「製造間接費の配賦」や「原価差異の配賦」に関して、ここぞとばかりに複雑な計算を展開し初学者を脅かします。しかし、細かい知識に拘って技術者の皆さんの会計嫌いに磨きがかかっても困りますので、本書では、これ以上は配賦計算の詳細には触れません。

　技術の立場からは、原価計算では実際の原価ではなく標準原価が用いられていること、その結果として生じる原価差異や製造間接費という所属不明の費目があって適当な基準（！）で製品に配賦されているのだということを理解して頂ければ十分です。また、この製造間接費が不適切に配賦されれば、製品原価の正しい把握が困難となり、しばしば会社の意思決定を誤らせてしまう危険性があることにも御注意下さい。

変動費と固定費の区別

　原価を考えるとき、「直接費と間接費」という区別の他にも「固定費と変動費」という区別があることもしっかりと意識して頂きたいと思います。この概念は、日々発生してしまった費用を集計するときにはなんら意味を持ちませんが、将来のコスト予測をし、利益計画を立てていく上では、極めて重要なものです。固定費とは製品の生産量に無関係に発生する費用であり、変動費とは生産量が増減すればそれに比例して増減する費用です。例えば、固定給の労務費なら固定費ですし、生産量に応じて使用される材料費であれば変動費でしょう。

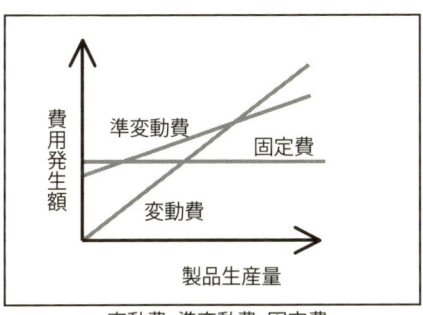

変動費、準変動費、固定費

　様々な費用を変動費と固定費に分類する手続きを「固変分解」と称します。以下にその概略を示します。

代表的な固変分解の方法

高低点法	過去の売上高と費用の実績値について、最高点と最低点の２点の関係から固定費と変動費を区分する方法
最小自乗法	過去の売上高と費用の実績値をグラフ化し、回帰分析の手法によって固定費と変動費を区分する方法
勘定科目法	財務諸表の勘定科目名称ごとにその性質を考慮し事前に決めておく方法 変動費の例：直接材料費、買入部品費、外注加工費、燃料費 固定費の例：変動費ではないもの

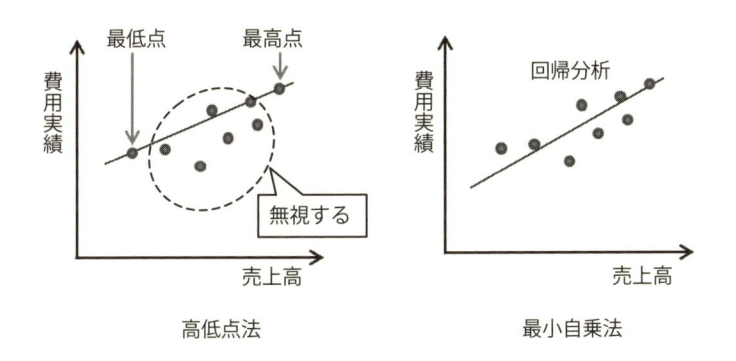

高低点法

最小自乗法

　実際には完全な固定や比例ではないケースがほとんどです。費用の発生実績をグラフ化して回帰分析をやってみると、多くの費目において「y切

片」も「傾き」もゼロにはなりません。固定費的な要素と変動費的な要素を併せ持った費用については「準変動費」として分類されることもありますが、これもまた管理上の便宜の話なので、将来コストの予測の上では「固定」「比例」とある程度割り切ってしまって差し支えないと思います。なお実務上は、勘定科目法を用いているケースが多いようですから、少し勘定科目法をやってみましょう。

材料費の固変分解（勘定科目法）

　幾つかある変動費の中でも最も典型的であり、最も重要な費目が「直接材料費」でしょう。通常は製品を1つ作れば1個の素材、2つ作れば2個の素材が必要となり、良い比例関係を示します。材料費の中でも製品の実体を直接構成しない補助材料や重要性の乏しい材料（塗料や一部の触媒など）、工場消耗品（潤滑油、軍手など）、消耗工具器具備品（ドライバー、スパナ、レンチなど）は「間接材料費」となります。これらは本質的には変動費としての性質を持つものだと思われますが、他の製造間接費と一括して集計され、固定的に扱われることも多いようです。

```
直接材料費　→　変動費
間接材料費　→　固定費
```

労務費の固変分解（勘定科目法）

　直接材料費に次いで重要な変動費は「直接労務費」ですが、今日この直接労務費が変動費であるか固定費であるかは議論の余地があるところかもしれません。生産量に合わせて現場の人員を増減できるなら変動費、できないなら固定費でしょう。大雑把に見れば正規社員は固定費的、非正規社員は変動費的な要素が強いと考えられますが、固定的な雇用契約者といえども年単位で見れば補充をしたりリストラの対象にもなります。正規社員の残業代、あるいは非正規社員の手待ち時間や研修などは固定費でしょうか？　それとも変動費なのでしょうか？　労務費を無理にどちらかに区分

して異なる取扱いをすることには多くの困難が伴います。一般論よりは、会社自身がどんな管理をしたいと考えているかが大切です。

　昨今は全般的に見て「直接労務費」の変動費化が進んでいますから、とりあえずここでは直接労務費を変動費として扱いたいと思います。その一方で間接的な業務に従事する「間接労務費」については従前からの終身雇用的な雇用慣行が色濃く残っていたりするため、一般的には固定費的な費目と見做される場合も多いようです。なお製造原価ではありませんが、一般管理費や研究開発費を構成する労務費は通常は固定費でしょう。

```
直接労務費　→　変動費
間接労務費　→　固定費
```

経費の固変分解（勘定科目法）

　「直接経費」の典型は外注加工費です。部品のメッキや塗装を外部の業者に依頼すれば処理した個数に応じた請求書が回ってくるでしょうから、通常、外注加工費は変動費となります。昨今、固定費を変動費化して操業度の変動リスクを軽減していこうとする考え方があり、外注加工は固定的な内部費用を変動費化する手段としてしばしば活用されます。外注業者を利用すれば、固定的な設備や労務費を社内に過剰に抱えないようにすることができるからです。外注加工費は直接材料費の一種だと考えることもできます。他方、「間接経費」はややゴミ箱的な費目で、他に行き場のない費用や重要性に乏しい費用が集計されることが多いようです。実際には様々なものの集合体ですから回帰分析にかければ固定費と変動費の中間的な動きを示しますが、具体的な生産量の動きから切り離されて把握されるため、ここでも一括して固定費として扱うことにします。

```
直接経費　→　変動費
間接経費　→　固定費
```

なお、間接経費に関し技術的な観点から留意しておくべきことは、この中に生産設備の減価償却費や光熱費（エネルギー費）が含まれてくることです。減価償却費は、新製品や新技術の開発の結果としての設備投資から生じてくる固定費であり、製造業にあっては往々にして多額になりがちなものです。光熱費についても今後のエネルギー価格の上昇やCO_2排出規制の進展と共に重要性を増していく費用だと思われます。取扱いには工夫が必要となるでしょう。

　ここまでを纏めると以下の通りです。

「直接費／間接費」と「固定費／変動費」の一般的な関係

直接材料費	
直接労務費	→ 概ね変動費
直接経費	

間接材料費	
間接労務費	→ 概ね固定費
間接経費	

大きく見れば

| 直接費 → 変動費 | 間接費 → 固定費 |

すなわち

製造原価 ＝ 直接材料費 ＋ 直接労務費 ＋ 直接経費 ＋ 製造間接費
　　　　　　　（変動費）　　　　　　　　　　　　　（固定費）

固定費業としての製造業

　さて、今までも何回か触れてきましたが、製造業は「固定費業」としての性質を帯びやすく様々な固定費との戦いでした。製造間接費のみならず、先述の一般管理費も固定費としての性質を強く有する費目であり、これらを含めた固定費の全体としての効率化を工夫していかなければなりません。特に製造業に特徴的な固定費である生産設備の減価償却費や研究開発費をいかにマネージメントしていくかが、製造業というビジネスモデルの勝敗を決すると言っても過言ではありません。

製造業者が抱える様々な固定費

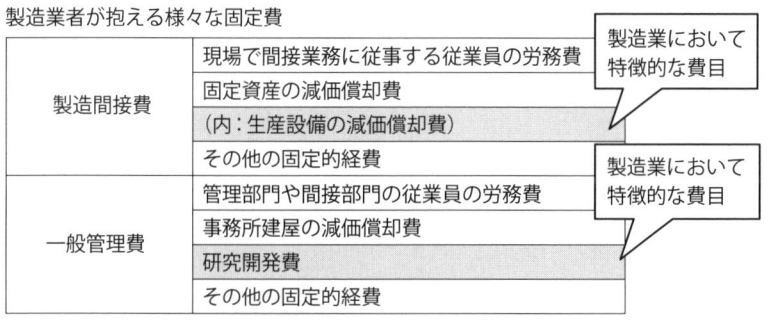

製造間接費	現場で間接業務に従事する従業員の労務費	
	固定資産の減価償却費	
	（内：生産設備の減価償却費）	製造業において特徴的な費目
	その他の固定的経費	
一般管理費	管理部門や間接部門の従業員の労務費	
	事務所建屋の減価償却費	
	研究開発費	製造業において特徴的な費目
	その他の固定的経費	

※製造間接費は製造原価の構成要素ですが、一般管理費は製造原価ではありません。

　例えば、第一次産業である農業は、農地という固定資産を使って事業活動を行います。貸借対照表上には多額の土地が計上されるかもしれませんが、土地は償却を行いませんから原価償却費は発生しません。トラクターなど農業機械は一定の流動性があります。漁業において仮に母船を建造して船上で魚の加工などを行うとすれば、こうした活動は実質的には製造業的なビジネスモデルだと考えた方がよさそうです。

　第三次産業である小売業や外食産業などは、店舗を建てて償却も行います。しかし店舗は、工場に比べれば不動産としての流通性が高いので、事業戦略の変更や地域需要の増減に応じて新規出店したり閉店したりすることが、ある程度は可能です。その意味では変動費的な要素を有すると考えることもできます。また小売業や外食産業などでは、製造業程には大きな研究開発費（実質的な新商品の開発費用などを含めても）を背負うことはないでしょう。

　しかし第二次産業である製造業においては、多額な研究開発費と生産設備の減価償却費という2つの大きな固定費を常に適切にマネージメントしていかなければなりません。研究開発費は成功すれば大きなリターンが期待できる反面、失敗のリスクも高い費用です。失敗すれば、長年にわたって多額の投資を続けて来た活動の価値がゼロになってしまうかもしれません。生産設備についても、いったん保有してしまったら容易には手放すことはできません。シェア拡大のためにはどうしても先行して大きな設備投

資を準備しなければなりませんが、目論見が外れたからといって設備の処分を急ぐなら多額の売却損を出してしまうことでしょう。

　こう考えると、製造業における固定費は、他の産業に比べて多額になりやすく、かつリスクが高いという特徴があることがわかります。そして、このリスクの高い固定費をどれくらい適切にマネージメントしているかを見る重要な指標が「損益分岐点」です。

損益分岐点と利益計画

　損益分岐点とは、一言でいえば「利益がゼロになる時の売上高」です。「売上高＝総費用」或いは「粗利（売上総利益（※））＝固定費」になる時の売上高と言い換えることもできます。（※厳密には、固定費分を控除しない貢献利益と呼ばれるものです。）

　例えば変動費は、売上高（製造業者であれば実質的には生産高）が増えればそれに比例して増える費用ですから、売上高から変動費を引いた残りである粗利の額も、売上高に比例してどんどん増えていきます。こうして売上高と共に次第に増加していく粗利は、どこかで会社全体の固定費を上回ることになるでしょう。会社全体の固定費＝粗利という状態をもたらす売上高が損益分岐点となる訳ですが、それ以下の売上高では粗利が固定費を下回って赤字、それ以上の売上高では粗利が固定費を上回って黒字、ということでもあります。

　会社は少しでも早く黒字を出したい訳ですから、損益分岐点を引き下げようと努力しますし、外部からも損益分岐点の位置は常に注目されています。少し数値を挙げて考えてみましょう。例えば製品売価100円、売上原価80円（主に材料費と直接労務費）の事業があったとします。この製品1個当たりの粗利（このテキストでは概ね粗利≒貢献利益だとみています）は＠20円です。更にこの会社の固定費の総額が500万円だったとすれば、会社の損益がプラスマイナス・ゼロとなる売上高は500万円÷＠20円＝25万個と求まりますが、これが損益分岐点です。損益分岐点である25万

個を下回る売上では赤字（例えば20万個では▲100万円）、25万個を上回る売上では黒字（例えば30万個では100万円）となることを、以下の計算例で御確認下さい。

損益分岐点の計算例

販売数量が20万個の場合の損益 　＠20円×20万個 − 500万円 ＝ ▲100万円　（赤字）
販売数量が25万個の場合の損益 　＠20円×25万個 − 500万円 ＝　0万円　（プラスマイナス・ゼロ→損益分岐点）
販売数量が30万個の場合の損益 　＠20円×30万個 − 500万円 ＝　100万　（黒字）
であることから、販売数量＜25万個で赤字、　販売数量＞25万個で黒字となる

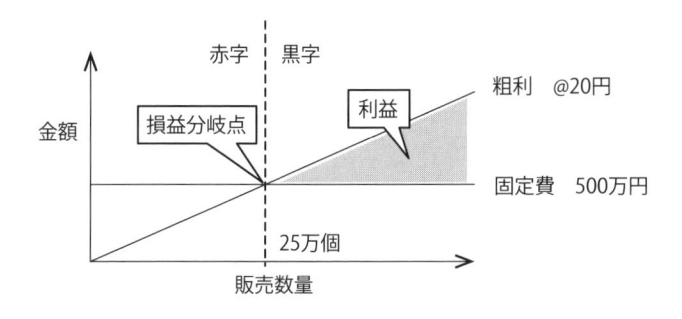

損益分岐点と密接な関連のある指標として「安全余裕率」もあります。これは現在の売上高が損益分岐点に対してどの位の位置にあるかを示す指標で、以下の式で計算されます。

安全余裕率＝(現在の売上高−損益分岐点売上高)÷現在の売上高

例えば、現在の売上高が5000万円（50万個）、損益分岐点売上高が2500万円（25万個）だとすれば、安全余裕率は50％となり、売り上げが50％減少すると利益がゼロ、それ以上減少すると赤字に転落してしまうこ

第6講　誰だって早く会社を黒字にしたい！

とを意味します。損益分岐点が低い方が安定的に黒字を稼ぎだすことができ、売上高の変動等の環境変化に対する抵抗力が強いということにもなります。

損益分岐点の改善

損益分岐点を引き下げ早期の黒字化を図る方法には、①売上高に占める粗利率を上げる、或いは②固定費額を引き下げる（変動費化する）、などがあります。その意味でも、固定費である減価償却費を増加させて損益分岐点を引き上げてしまうであろう固定資産の取得は、常に慎重に判断されなければならない活動であることが、改めて御理解頂けると思います。

損益分岐点を引き下げる方法

その1)利益率をアップする・・・売価アップや製造原価のコストダウンで、粗利を @20円から @30円にアップする等

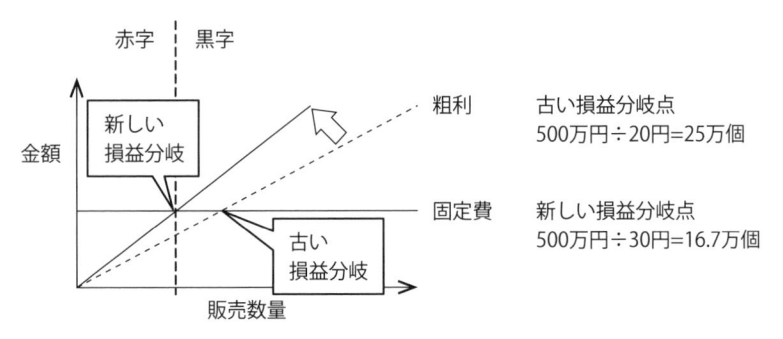

古い損益分岐点
500万円÷20円=25万個

新しい損益分岐点
500万円÷30円=16.7万個

2)固定費を削減する・・・一般管理費を500万円から400万円に削減する等

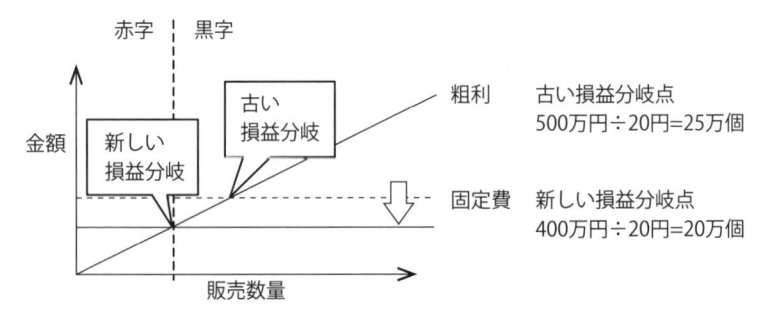

古い損益分岐点
500万円÷20円=25万個

新しい損益分岐点
400万円÷20円=20万個

かくして多額の固定費（特に生産設備と研究開発費）を抱える製造業者には、安全余裕率を高めるために会社の規模を拡大しようとする動機が常に働き続けます。売上規模が大きくなればなる程、大量購入で原材料費を抑制し利益率を改善できるかもしれません。同じものを作るなら大量に生産する方が生産効率も良くなります。研究開発費を始めとする固定費も薄まって負担が軽くなるでしょう。生産設備に投資をするなら、それがフル稼働になるまで生産し販売を拡大しなければ固定費は薄まりません。その結果、製造業者は熾烈な売上シェア争いを繰り広げることになります。

　通常、先行して量的に大きくなってしまった製造業者に後発企業が追いつき追い抜くことは困難ですが、先行した大きな製造業者が大企業病に罹りマネージメントの効率が落ちるとき、新興企業が新たな勝負を挑んで勝者が入れ替わる場合があるというのも歴史の教訓です。競争に敗れて巨額な生産設備や間接部門の固定費が有効に活かせなくなってしまうとき、それまで大企業が享受してきた規模のメリットは瞬く間に致命的なデメリットと化すことになります。

第6講のまとめ

　一般には損益分岐点が低い方が不景気でも頑張れるから、固定費が増え過ぎないように普段から注意しなければいけない。ところで、技術者の貰っている給料は固定費だし、自分が先日買った設備の減価償却費だって固定費だ。うちの会社の損益分岐点は、高くなりすぎていないだろうか？

第7講 そのコストダウンは順調ですか?

―― 原価差異とPDCA ――

> **第7講の内容**
>
> 1. 変動費の原価差異には「単価の差異」に起因するものと、「数量の差異」に起因するものがあることを見ます。
> 2. 固定費には固定費独特の差異である「操業度差異」があることを見ます。
> 3. 多くの会社で原価差異がきちんと公表されていないという状況について考えてみます。

原価差異とは？

さて、改めて技術者の皆さんは前講でも少し触れました「原価差異」という言葉を今まで御存知だったでしょうか？（御存知なかったとすれば本当は大変なのですが…。）

原価差異とは、予め定めた「目標の原価」（標準原価）と、実際の生産活動における「実際の原価」との間に生じる差額のことでした。つまり目標とするコストと実際のコストがどの程度ずれてしまったかということです。製造業というビジネスモデルは常にコストダウンとの戦いですから、「良いものを、なるべく安く作るのだ！」という事業目標が原価差異との取り組みでもあることは、どなたも異論のないところでしょう。

会社がコストダウンの目標を立て、実際にその目標に向かって行動を起こすとき、それが達成できたかできなかったのか、つまりどの程度の原価差異が出てしまったのかということが、毎回きちんと確認され対策されなければなりません。PDCAサイクルという奴ですね。

PDCAサイクル

PLAN	DO	CHECK	ACTION
原価目標を立てる	実績を正しく把握する	目標と比較する	差異があれば対策を立てる

　その結果として原価差異の発生が認識された場合には、会社は2つの行動を起こさなければなりません。1つは発生してしまった原価差異を会計的に適切に処理すること、もう1つは発生原因を分析して対策をとることです。

　いよいよ厳しさを増す昨今の経済環境の下、どんなにコストダウンを叫び大胆な原価目標を立てても、適切に実績を把握してフィードバックをかけなければ目標は達成されないでしょう。目標が達成できなかったのは製造現場の努力不足の故なのか？　設備の不具合が原因なのか？　製品設計に問題があったのか？　そもそも達成できる筈もない無茶な目標だったのか…？　どんなに苦しくとも会社は責任分担を明確にして、次のアクションを起こさなければ発展はありません。これくらいはあまりにも当然すぎて、今さら議論の余地もないことかもしれませんね。

原価差異の表示

　ここで、日本の原価計算に付いて定めている「原価計算基準」「財務諸表等規則ガイドライン」および「法人税基本通達」を見てみましょう。

原価計算基準

> 標準原価計算制度における原価差異の処理は、…予定価格等が不適当なため、比較的多額の原価差異が生ずる場合、…当年度の売上原価と期末におけるたな卸資産に…配賦する。

財務諸表等規則ガイドライン

> 原価差額を仕掛品、製品等に賦課している場合には、総製造原価又は売上原価の内訳項目として当該原価差額を示す科目を付加する等の方式により表示するものとする。

法人税基本通達

> 原価差額が少額（総製造費用のおおむね1％相当額以内の金額）である場合において、法人がその計算を明らかにした明細書を確定申告書に添付したときは、原価差額の調整を行わないことができるものとする。

　原価計算基準は、もし原価差異が多額に発生してしまったら売上原価と棚卸資産に配賦しなさいと言っています。財務諸表等規則ガイドラインは、配賦計算を行う場合は原価の内訳項目として表示しなさい等と言っています。即ち、きちんと原価目標を立てて管理を行っている会社であれば、原価差異が損益計算書に現れてきてもよいはずなのです。

　ここで法人税基本通達が、原価差額が概ね1％以内である場合において配賦計算を省略できるとも言っていますが、実際に差異が1％以内に収まるというのは稀な状況です。厳しいコスト目標に果敢に取り組んでいる会社であれば尚更でしょう。ところが不思議なことに、損益計算書上で原価差異の調整を見かけることはあまりありません。実に国内上場企業の98.4％で原価差異が記載されていないという指摘があるそうです。これはどうした事でしょうか？　これらの企業では原価目標も定めずに成行きの原価でモノづくりを行っているのでしょうか？　当たり前すぎる話のはずだった「PLAN・DO・CHECK・ACTION」はどこへ行ってしまったのか…

　恐らく（！）原価差異を明示していない98.4％の会社でも内部的には原価差異を把握し管理しているのだろうとは思われます。それを敢えて公表しない事情にも一定の合理性はあるのかもしれません。しかし、いくら内部で管理しているとは言ってみても、それが外部者の目に触れないものである限り、管理は際限なく甘くなり結果的には成行きに流れてしまう恐れがあります。そしてまた私自身も、そうした現場の現実を数多く目の当たりにして来たのでした。

　どんなに厳しい現実ではあっても、原価差異にきちんと向き合わなければコストダウンは成功しません。原価差異から逃げ続けるなら、会社は次

第に体力を失い何時か滅んでしまうのです。ですから日本の産業復活のためにも、改めてここで皆さんと一緒に原価と原価差異について考えてみたいと思います。

原価差異と粉飾決算

　一般に製品の原価は、直接材料費、直接労務費、直接経費、製造間接費などから成り立っていますが、そのそれぞれに標準値を設定し目標管理を行う以上は、標準と実績の差異である原価差異が必ず発生します。実績管理によって把握された差異は標準値と実績値の大小関係により「有利な差異」と「不利な差異」に分類されます。

　こうして発生してしまった原価差異の会計的処理については、非常に多くのテキストが出版されています。制度会計や税務上は、発生してしまった原価差異を当期の売上原価と期末の棚卸資産（製品在庫や仕掛品）に適切に配分することが極めて重要です。なぜなら、これは「費用の繰延による利益操作」という問題に大きく関わってくるからです。多額な原価差異が生じることを承知していながら敢えて非現実的な標準原価を設定し、在庫の評価額を増減させるなら、利益の金額を操作することが可能となってしまいます。

　「当期は利益が多額になりそうだ。在庫金額を低くして売上原価を水増しし、当期利益を圧縮して節税に努めよう。」

　「今期は利益が少な過ぎて株主に叱られそうだ。在庫金額を高くして売上原価を圧縮し当期利益を膨らませよう。」

などという事態になれば、もはや粉飾決算であり、単にコストダウンの計画がどうだったかなどという次元の話では済みません。しかしここでは技術者の皆さんにぜひ理解頂きたい論点に絞って話を進めることにしたいと思います。配賦の計算技術の詳細には立ち入らず、そもそも原価差異とは何なのかということについて少し概観してみましょう。

原価差異の種類

　材料費、労務費、経費などの原価要素に関連する原価差異には、概ね以下のものがあります。変動費から発生する原価差異はそれぞれ2種類（AとB）、固定費から発生する原価差異はそれぞれ3種類（AとBとC）であることに注目して下さい。

変動費	直接材料費	A．単価の差異	B．数量の差異	―
	直接労務費			
	直接経費			
固定費	製造間接費（※）	A．単価の差異	B．数量の差異	C．操業度の差異

※間接材料費、間接労務費、間接経費の合計

変動費に関する原価差異

　直接材料費、直接労務費、直接経費といった変動費から発生する原価差異の構造はどれも概ね同じですから、ここでは直接材料費を例に挙げて考えてみたいと思います。直接材料費から発生する差異には上記の通り「単価の差異」と「数量の差異」の2種類があります。

A．単価の差異（価格差異）＝（実際単価－標準単価）×実際消費数量
B．数量の差異（数量差異）＝標準単価×（実際消費数量－標準消費数量）

直接材料費における単価の差異（A．価格差異）

　実務上の材料価格は日々変動します。例えば単価@10円を予定している材料が、為替や物価の変動等により、先月は@9円、今月@12円だったりするかもしれません。これを実際の価格で処理しようとすると記帳に著しい手間がかかり現実的ではありません。また、こうした価格変動が材料費に直接反映されれば製造原価も上下してしまいますが、そもそも材料価格の変動は購買部門の責任範囲であって製造部門には直接の責任のない

ことです。それにも拘らず「製造現場のコストダウンはどうなっているんだ！」と怒られるなら理不尽というものでしょう。

　そこで記帳の便宜や責任範囲の明確化のため、予定の単価@10円を「標準単価」として設定し、この標準単価を用いて簡便的に記帳を行うことが通例です。その後、期末になってから、実際の購入量に標準単価@10円を乗じた金額と、実際に支払った金額（実際の購入量に実際の価格を乗じた金額）とを比較して「価格差異」を求めることになります。標準単価@10円に対し実際単価が@9円なら1円の有利差異、実際単価が@12円なら2円の不利差異となります。

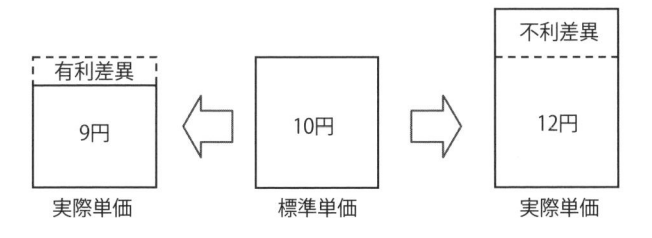

```
         有利差異                              不利差異
        ┌──────┐                            ┌──────┐
        │  9円 │  ⇐  │ 10円 │  ⇒         │ 12円 │
        └──────┘     └──────┘              └──────┘
        実際単価       標準単価                実際単価
```

直接材料費における数量の差異（B. 数量差異）

　消費量の管理においても、実際の消費量は使用効率や仕損品の発生等で日々変動します。そのため、先程と同じく管理上の便宜を目的とし、期中は「標準消費量」を設定して管理を行います。今度の管理の目的は製造部門内の活動効率の測定です。実際の消費量と標準消費量の差に標準価格を乗じた金額が「消費量差異」として認識されることになります。例えば、標準消費量が20kgとされていた場合、実際の消費量が19kgで済んだなら1kgの有利差異、実際の消費量が22kgになってしまったのなら2kgの不利差異です。

第7講　そのコストダウンは順調ですか？

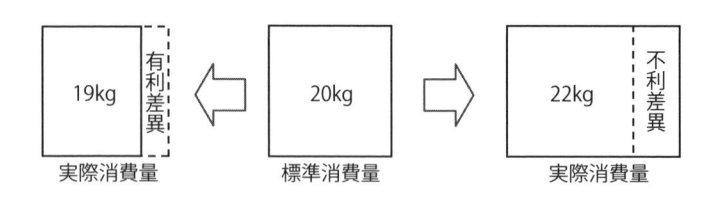

```
[19kg 実際消費量] ← 有利差異 ─ [20kg 標準消費量] → [22kg 実際消費量] 不利差異
```

　ここで注意が必要なのは、消費量の差異を金額換算する場合、単価は必ず標準単価を用いるということです。実際単価は用いません。その理由は、製造部門の責任の及ばない価格差異（購買活動の良否の影響）を数量差異に混入させないためでした。以下に材料費差異の計算例を示します。

材料費差異の計算例

標準原価　　：標準消費量20kg、標準単価@10円
実際の発生額：実際消費量22kg、実際単価@12円とすると差異は以下の通り。

A. 単価の差異（価格差異）：（@12円 − @10円）× 22kg = 44円　　←実際消費量を用いる
B. 数量の差異（数量差異）：（22kg − 20kg）× @10円 = 20円　　←標準単価を用いる

	購買部門の責任範囲	製造部門の責任範囲
実際単価@12円	価格差異44円	
標準単価@10円	標準材料費200円	量差異20円
	標準消費量20kg	実際消費量22kg

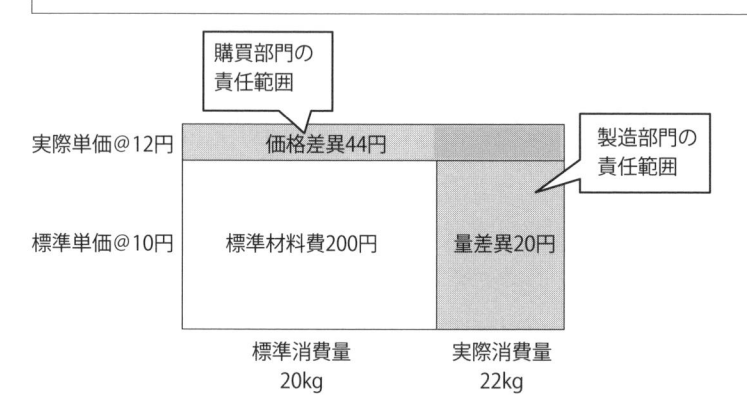

　なお、上記において「（@12円 − @10円）×（22kg − 20kg）= 4円」の部分を「混合差異」と呼びます。簿記を勉強していると、この混合差異が価格差異の一部なのか数量差異の一部なのかと迷うことも多いですが、先述の通り混合差異は製造現場では管理不能な差異であるため数量差異に混ぜな

いことに改めて注意して下さい。

また技術的な裏づけがなくても、標準を毎年小さく改訂すれば見かけのコストダウンを図ることができます。しばしば現場で遭遇する状況ですが、当然これでは消費量差異が大きくなってしまうだけです。

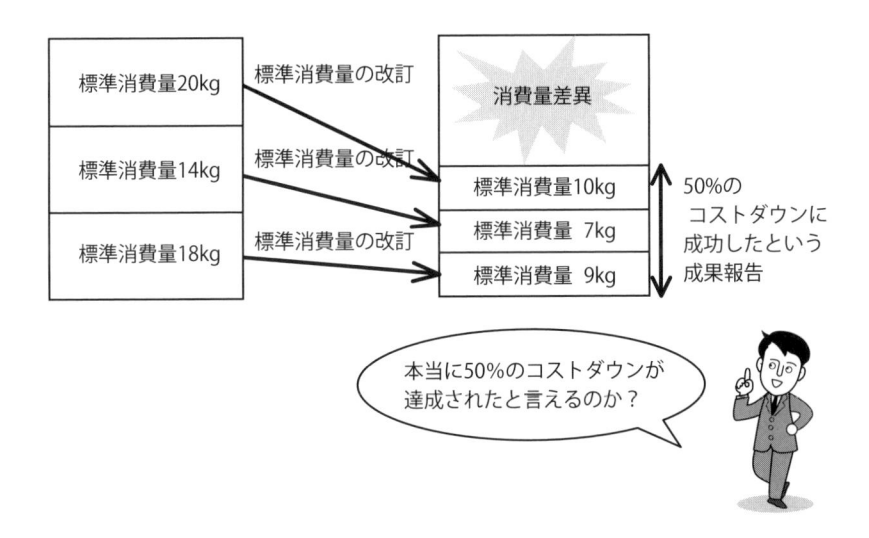

```
標準消費量20kg ──標準消費量の改訂──→ ┐
標準消費量14kg ──標準消費量の改訂──→ │ 消費量差異
標準消費量18kg ──標準消費量の改訂──→ ┘
                                    標準消費量10kg ┐
                                    標準消費量 7kg │ 50%のコストダウンに
                                    標準消費量 9kg ┘ 成功したという成果報告
```

「本当に50%のコストダウンが達成されたと言えるのか？」

固定費の配賦計算

さて、今度は固定費について検討しましょう。ここでは製造間接費を例にして考えてみます。具体的には生産設備の減価償却費などをイメージして頂ければよいと思います。例えば予算策定時に固定費を加工時間比で配分する場合（第6講参照）その配賦計算は、まず企業が予定する年間の操業時間と年間の発生額を見積るところから始まります。年間の「発生予定額」を年間の「操業予定時間」で割ることで時間単価が決定されます。この際、予定される操業時間（恐らくは設備ベースで決定される）については幾つかの考え方がありますので、以下に列記してみます。

予定される操業時間の考え方（設備ベース）

理論的生産能力	年間の操業日数に1日の勤務時間を乗じたものとする 計算例）　250日×8時間＝2000時間
実際的生産能力	理論的生産能力から、故障や保全などの停止時間を減じたものとする 計算例）　2000時間－50時間＝1950時間
期待実際操業度	実際的生産能力に、販売見込み等を勘案した係数を乗じたものとする 計算例）　1950時間×82%＝1600時間
平均操業度	過去数年間の操業実績時間の平均値とする 計算例）　(1490＋1550＋1520)÷3＝1520時間など

　こうして決めた予定の操業時間を「基準操業度」と称します。期待実際操業度や平均操業度などが現実的な基準操業度になり得ますが、会社の方針によりどれかに決定されるでしょう。ここでは会社が期待実際操業度を採用したとして基準操業度を1600時間と仮定しましょう（内訳は、製品1個当たりの加工時間2時間×生産数800個など）。固定費の発生予定額を2400万円とすれば、固定費の時間当たりの配賦単価は下記となります。

　固定費の時間単価　2400万円÷1600時間＝＠15千円

　よって加工作業1時間ごとに製品に＠15千円の固定費が配賦されることになります。加工時間が2時間なら1個の製品に配賦される固定費は30千円です。少し補足しますと、基準操業度を上げて生産設備の計算上の稼働率を上げれば上げる程、時間当たりの標準単価を下げることができます。

固定費の時間単価	2400万円÷1600時間＝＠15千円	見かけ上の コストダウン ⇩
製品1個当たりの固定費配賦額	＠15千円×2時間＝＠30千円	
固定費の時間単価	2400万円÷1950時間＝＠12.3千円	
製品1個当たりの固定費配賦額	＠12.3千円×2時間＝＠24.6千円	
固定費の時間単価	2400万円÷2000時間＝＠12.0千円	
製品1個当たりの固定費配賦額	＠12千円×2時間＝＠24千円	

実は、こうした手法でも見かけ上のコストダウンを図ることができます。予定上の稼働率が高い方が固定費が薄まって見えるというのは事実ですが、固定費が固定費である以上、実際の発生費用には何も変わりはありません（！）。会社が原価差異の調整処理を本当に適切に実施しているのなら、後で多額の不利差異の調整を余儀なくされるだけです。目標を掲げる事と、現実的な稼働時間を予測する事は全く別ですから、無理な基準操業度の設定によって裏づけのないコストダウンの成果を作り上げてしまわないよう、くれぐれも御注意下さい。

固定費から発生する原価差異

変動費の場合と同様、固定費からも原価差異が発生します。例えば、単価の差異と数量の差異が生じることは変動費と同じですが、名称が少し変わります。以下に一般的な差異の名称を示します。

差異名称の対応関係

	A 単価の差異	B 数量の差異	C その他
変動費（直接材料費の場合）	価格差異	数量差異	－
変動費（直接労務費の場合）	賃率差異	時間差異	－
固定費（製造間接費を想定）	予算差異	能率差異	操業度差異

さて、固定費において少々やっかいなのは「操業度差異」の発生です。変動費は操業度に応じて発生しますが、固定費は操業度とは無関係に発生するということが操業度差異の発生の原因です。例えば先程、基準操業度を1600時間、年間発生額を2400万円として、時間単価（@15千円）を求めました。基準操業度が1600時間になると見積もった時の時間の内訳を、1個当たりの標準加工時間2時間×年産800個だと仮定し、更に実際の生産状況を生産高700個、稼働時間1500時間、実際の発生額を2500万円とすれば、3つの原価差異（AとBとC）は以下の通りとなります。

固定費から発生する原価差異の計算例

〈前提〉
固定費の年間予定額 2400 万円
年間の基準操業度 1600 時間 （内訳は年間生産高 800 個、標準加工 2 時間）
標準単価@ 15 千円（2400 万円 ÷ 1600 時間）

以上により、標準原価 30 円 （＝ 15 千円 × 2 時間）

〈実際の発生状況〉
固定費の実際発生額 2500 万円、実際生産高 700 個、実際操業 1500 時間

この時の固定費差異は、以下の通り。
A 予算差異：2500 万円 − 2400 万円 ＝ 100 万円
B 能率差異：（1500 時間 − 700 個 × 2 時間）×@ 15 千円 ＝ 150 万円
C 操業度差異：（1600 時間 − 1500 時間）×@ 15 千円 ＝ 150 万円

数字が並びましたが大丈夫でしたでしょうか？ 少し補足をいたします。

• **予算差異**

固定費の年間予算を 2400 万円としたのに、実際の固定費発生額が 2500 万円であれば、差額の 100 万円が不利な予算差異となります。

• **能率差異**

生産個数は 700 個ですから標準的な能率（1 個当たり 2 時間）で加工すれば操業時間は 1400 時間となる筈でした。しかし今期は未熟練者がいたため作業能率がやや悪く実際の操業時間は 1500 時間となりました。この時、両者の差の 100 時間が不利な能率差異となり、標準の時間単価 15 千円を乗じて 150 万円と求められます。なお、期初に無理な標準能率を設定していた場合、当然に能率差異は大きくなります。

• **操業度差異**

期待実際操業度に基づいて年間 1600 時間操業する筈でしたが、実際の操業時間は 1500 時間に止まりました。この時、差の 100 時間が不利な操

業度差異となり、標準単価15千円を乗じて150万円と求められます。実現不可能な基準操業度を設定すれば、この操業度差異も当然に大きくなってしまうでしょう。

このように複雑な固定費の分析ですが、予算差異以外の2つの差異は計算便宜上の差異にすぎません。固定費を無理に配賦しなければ考える必要がなくなりシンプルな分析ですむのです。固定費の分析にはシュラッター図がしばしば用いられます。便利な表現なので下記に掲げてみました。直線の傾きが時間当たりの標準単価@15千円に該当します。この図から能率差異、操業度差異、予算差異の相互の関係をイメージして頂ければと思います。

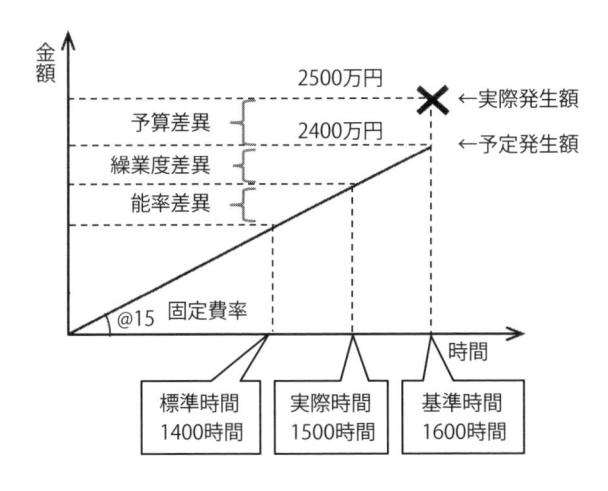

```
金額
 ↑
 |                        2500万円  ×←実際発生額
 |  予算差異{            2400万円    ←予定発生額
 |  操業度差異{
 |  能率差異{
 |
 |   @15  固定費率
 |                                              時間
 └────────────────────────────────→
      標準時間    実際時間    基準時間
      1400時間   1500時間   1600時間
```

原価差異調整と決算

こうしてきちんと予算を立て、目標となる標準単価や標準使用量を定めている会社なら、恐らくは何等かの原価差異が損益計算の中に現れてくることになります。厳しい経済環境の下、会社の存亡を託してチャレンジングなコストダウン目標を立てているなら尚更です。「当期は100百万円の

コストダウンを計画していましたが、残念ながら実績は 70 百万円に留まり、やや多めに能率差異や数量差異が出てしまいました…。次回は○○の対策を実施し、更なるコストダウンに努めます」といった表現が現れてくることが健全な努力とその結果の 1 つの現れ方かもしれません。しかし実際に差異調整が行われている決算書は極めてまれです。これは、原価差異が本当に僅差に収まったことを意味するのでしょうか？　それとも適切な原価管理を行っていないからなのでしょうか？

原価差異が表れている損益計算書の例（日立金属　単体・2013 年 3 月）

	前事業年度 （自　平成 23 年 4 月 1 日 　到　平成 24 年 3 月 31 日）	当事業年度 （自　平成 24 年 4 月 1 日 　到　平成 25 年 3 月 31 日）
売上高	345,569	316,468
売上原価		
製品期首たな卸高	5,706	6,499
当期製品製造原価	302,632	291,167
当期製品仕入高	7,312	2,206
合計	315,650	299,872
他勘定振替高	3,369	11,267
製品期末たな卸高	6,499	6,115
たな卸資産評価損	△4,983	△5,154
(原価差額)	4,077	7,745
製品売上原価	304,876	285,081
売上総利益	40,693	31,387

(単位：百万円)

　私自身の経験を踏まえれば、残念ながらその答えは「適切な原価管理を行っていない場合がある」です。どの会社も最初はきちんとした管理を試みますが、適切なフィードバックの仕組みを持たなければ、目標と現実が乖離して巨額の原価差異が積み上がっていきます。なす術もなく成行き任せになっていき、とうとう原価差異にきちんと向き合わなくなった…といった状況なのかも知れません。「とんでもない！　当社ではきちんと原価管理を行っている。投資家の方々を無用に驚かせないために公表してい

ないだけ」というケースもあるでしょう。しかし結局のところ、外部に公表されない原価差異は責任曖昧となり、実質的に意味をなさないものになる可能性があります。例えば、こんな事例が実際にありました。

間接部門の暴走

毎年、特段の技術的進歩もないままに標準原価を改訂し「今年はコストダウン10％を達成」等と報告している間接部門があった。その一方で、製造部門では能率差異や時間差異がどんどん膨らんでいった。現場は「やるべきことをやっていない」と叱責された。

「ここだけ報告」

コストダウン活動やカイゼン活動のためだけの特別の報告書を作り成果を強調していた。あるいは工場毎に独自の工夫を凝らしコスト削減に成功した部分だけを報告していた。しかしそれらの成果は会社全体の損益とは繋がっていなかった。たくさんの成果が報告されながら、損益は少しも改善しなかった。

恣意的な配賦

配賦に使う係数を適宜操作し、注目される新製品には固定費を軽く配賦し、長年会社の利益に貢献し続けてきた定番製品には重く配賦していた。新製品の開発責任者は昇進し、現場は努力が足りないと叱責された。その後、見かけの利益率が悪かった定番商品を切り捨てた結果、会社の損益が真に悪化した。

　こうした悲劇や喜劇も、決算書として外部に公表されれば人目に晒され是正されていくのかもしれませんが、それが内部的な報告に留まる限り、次から次へと製造部長が更迭されるだけで実態は何の進歩もないという状況に会社は陥ってしまいます。どうやらこれが、日本の製造業の１つの現実のようです。

第７講　そのコストダウンは順調ですか？　　**91**

さて、日本の会社を元気にするために私たちは今後どうすればよいでしょうか？

第7講のまとめ

　原価計算だけじゃコストダウンにならないし、配賦した固定費をそのまま売価に転嫁できる訳でもない。でも適切な原価計算をしなければ会社の活動が正しいかどうかの判断もつかなくなる。
　コストダウンの目標を定めれば、製造原価からは必ず差異が生じるはずだけど、きちんと原価差異に向き合わなければ会社のコスト競争力は改善しない。それに配賦計算には恣意的になりやすいという弊害もあるから、日頃から十分に注意をしなければ。でも…先日自分が開発した新製品への固定費配賦だけは、なんとか軽めにしてもらえないものかなあ。

第8講 在庫はお金のかたまりだというけれど

―― 正しい安全在庫の判断 ――

第8講の内容
1. 製造業者が在庫を積み上げてしまう理由について考えます。
2. 製造業者が在庫を積み上げてはいけない理由について考えます。
3. 安全在庫の持ち方について考えます。

製造業者の宿命・在庫との戦い

　前講でも見てきましたように、様々な固定費をどのようにマネージメントしていくのかというテーマは製造業者の宿命とも言えるものでした。とりわけ製造業者においては、取得してしまった生産設備の能力を無駄に遊ばせておくことは、致命傷になる可能性があります。そのため生産設備の利用効率を上げようとしてフル稼働させ、どうしても過剰在庫を積み上げてしまおうとする動機を生じるのです。こうした固定費や固定資産を起点とする発想に囚われた製造業者の状況は「事業を行うために生産設備や工場を持っている」というよりは、「生産設備や工場を維持するために事業をやっている」ともいうべき状況です。しかし「固定資産（工場）を稼働させるために…」という発想の仕方は、会社（と結局の所、守ろうとした工場そのもの）を滅ぼしてしまうかもしれません。

　戦後のモノ不足の時代ならばともかくも、昨今では積み上げられてしまった在庫は不良在庫となり、会社に大きなダメージを与える可能性があります。即ち、製造業者における固定費との戦いは不良在庫との戦いを意味してもいるのです。

「もっともっと作りたい‼ それなのになぜ、作らせてもらえないのか…。」

ジャストインタイム生産方式と在庫

　長年日本を支えてきたモノづくりのセオリーには幾つかの流儀があるようです。その中でもジャストインタイム生産方式について学ばれた方なら、特にしっかりと「在庫を持つな！」と指導された経験をお持ちかもしれません。今更ながらに

「なぜ、在庫を持ってはいけないのですか？」
と質問することも容易ではありません。だからといって「ダメなものはダメだよ」と言われても、納得がいっていなければがんばる力は湧いてこないでしょう。創意工夫で困難な課題を乗り越えていくべきビジネスには自由闊達な議論が必要です。ジャストインタイム生産方式の教科書にも「なぜ？なぜ？なぜ？と５回は繰り返そう！」とはっきり書いてありますから、勇気をもってこの難問に取り組んで参りましょう。もちろん自ら考え続ける力こそが競争力の真の源なのです。さて、なぜジャストインタイムなのか？　実際のところ「在庫を持つな」と私達が厳しく指導されるのはなぜなのでしょうか？　恐らくそこには２つの会計的理由があるものと思われます。

在庫を積み上げる理由

　繰り返しになりますが、製造業は「固定費業」です。投資してしまった多額の生産設備から発生する減価償却費や、長期にわたる研究開発費等の固定費を回収しなければならないという宿命を製造業は常に負っています。それが往々にして製造業者が規模競争に走り、熾烈なシェア争いを繰り広げる要因の１つともなっています。
　例えば、シェアを拡大して事業規模を拡大すればするほど研究開発費等の固定費の負担を薄めることができます。売上100億円の会社で５％（5

億円）の研究開発費を負担しているなら、1000億円の会社では同じ5％の負担で50億円もの試験研究費が賄えます。10倍の研究開発費は、金額的に10倍であることに留まらず、質的にも全く異なる内容となるでしょう。

同じ負担率でも、金額的インパクトは全く異なります。

　生産設備などの固定資産への投資もまた固定費との戦いでした。たとえ生産設備といえども、マーケットの変動に応じて自由自在に能力を増強したり手放したりできるなら、変動費として扱い得るのかもしれません。しかし現実には生産設備の購入・設置には数か月から数年といった長いリードタイムを要しますから増強は容易ではありません。

　逆に一旦設置してしまった生産設備を売却することは更に困難です。製品の需要が減った時に生産設備の売却処分を急ぐなら、買い手がつかず多額の売却損を出してしまう可能性があります。ある製品の需要が減ったときには、それを生産する設備の社会的需要もまた減っているでしょうから尚更です。責任ある会社なら従業員のリストラも簡単なことではありません。

　結局のところ、生産設備は様々な固定資産の中でも特に固定的な投資で

あり、製造業者は設置してしまった生産設備の能力のなるべく上限いっぱいで生産活動を行い、「1日も早く元を取ろう」と努力を続けます。このようにして、常に保有能力いっぱいに生産活動を行って固定費を薄め投資を回収しようとするのが、製造業というビジネスモデルの根本的な発想なのです。もちろんそれは当然の発想であり、それ自体になんら問題はありません。しかしそれが余剰在庫の生産に結びつくと深刻な事態を招きます。

　こうした傾向をどうしても助長してしまうのが、現在の制度会計が要求する「全部原価計算」と呼ばれる原価計算制度です。この計算制度においては、製品が売れようと売れまいと、ともかくも生産すればする程（在庫を積み上げれば積み上げる程）、会社の資産は増え、見かけの収益が改善するという不思議な現象が発生するからです。薄々売れる見込みがないとわかってはいても、少なくとも期末までめいっぱい設備を動かして生産活動を続ければ、当期はなんとか黒字を計上することができるかもしれません。

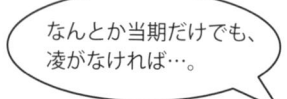

> なんとか当期だけでも、凌がなければ…。

在庫を持ってはいけない1つ目の理由（不良在庫）

　こうした「当期の問題」の先送りは、後に更に大きな「来期の問題」の問題として戻ってくることになる可能性があります。

　当期に売れなかった在庫が来期売れる保証はありません。来期には来期のノルマがありますし、流行が変われば在庫のモデルは陳腐化し劣化し、不良在庫化してしまうかもしれません。それでも在庫を在庫として保有し続ける限り見かけ上は何等の損失も生じない訳ですが、在庫はいつか売上

に変わらなければお金が会社に入ってこないため「利益あって銭はなし」という状況に陥る危険性もあります。その間の金利の負担もあるでしょう。そして余剰在庫はいつか不良在庫として顕在化し費用となります。製品を売り上げれば数〜十数パーセントの利益を稼ぐだけですが、投げ売りされれば大きな損失を出し、廃棄を余儀なくされた場合には原価率100％の損失となります。固定費だけではなく、直接材料費などの変動費部分まで丸々損失になってしまうことがダメージを大きくするでしょう。こうした事態を回避するため余剰在庫を持たないよう全力で努力しなければならないのです。

　上記の状況を、少し具体的な数字を置いて見てみましょう。以下に、余剰在庫を作った場合と作らない場合の損益計算書の例を示します。固定費として、製造間接費と一般管理費の年間発生額をそれぞれ2500千円、1000千円だと仮定します。予定生産・販売数は100千個、売価は＠120円の見込みです。製造原価は＠100円で、その内訳は＠75円が変動費（材料費＠70円＋労務費＠5円）、＠25円が固定費という設定としました。なお数字のフォローが煩わしければ直接結論を見て頂いても大丈夫です。

検討の前提を以下の通りとする

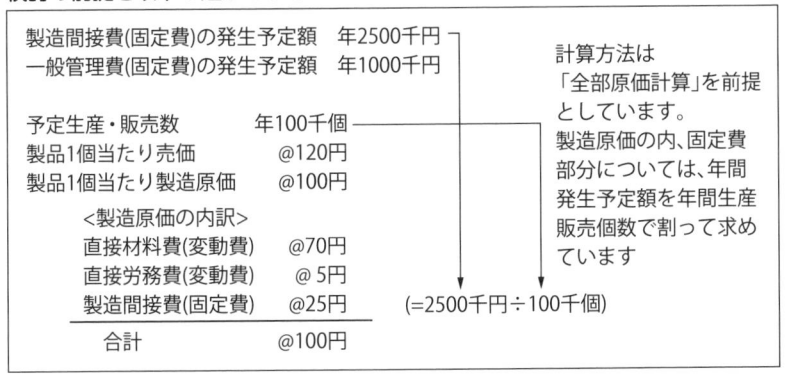

製造間接費(固定費)の発生予定額	年2500千円
一般管理費(固定費)の発生予定額	年1000千円
予定生産・販売数	年100千個
製品1個当たり売価	＠120円
製品1個当たり製造原価	＠100円
＜製造原価の内訳＞	
直接材料費(変動費)	＠70円
直接労務費(変動費)	＠5円
製造間接費(固定費)	＠25円　(＝2500千円÷100千個)
合計	＠100円

計算方法は「全部原価計算」を前提としています。製造原価の内、固定費部分については、年間発生予定額を年間生産販売個数で割って求めています

　まず余剰在庫を積まないケースとして、実際の生産・販売数が70千個

に止まってしまった場合を検討します。このとき、売上原価に製造間接費として配賦されるのは 70 千個相当分の 1750 千円のみですが、固定費の配賦不足額（目標未達分の 30 千個に配賦する予定だった 750 千円）は操業度差異となって同じく期間費用を構成します。その結果、ここでは当期は 350 千円の営業赤字となりました。

実際販売数 70 千個、実際生産数 70 千個の場合の損益（余剰在庫なし）

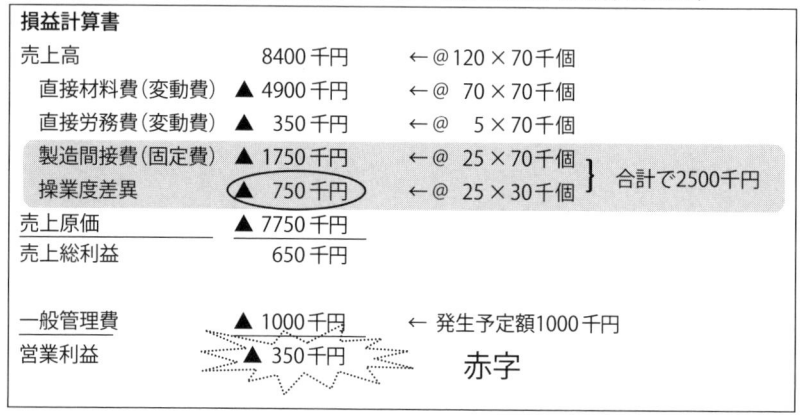

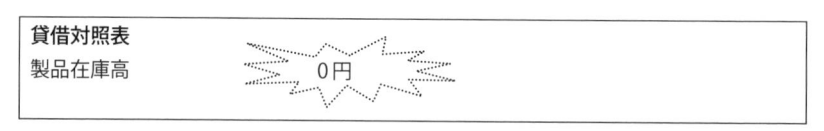

```
損益計算書
 売上高              8400 千円    ← @ 120 × 70 千個
  直接材料費（変動費） ▲ 4900 千円   ← @  70 × 70 千個
  直接労務費（変動費） ▲  350 千円   ← @   5 × 70 千個
  製造間接費（固定費） ▲ 1750 千円   ← @  25 × 70 千個  ┐
  操業度差異         ▲  750 千円   ← @  25 × 30 千個  ┘ 合計で2500千円
 売上原価           ▲ 7750 千円
 売上総利益            650 千円

 一般管理費         ▲ 1000 千円   ← 発生予定額1000 千円
 営業利益           ▲  350 千円       赤字
```

```
貸借対照表
 製品在庫高             0 円
```

上記に対し、30 千個の余剰在庫を積む場合には 30 千個相当分の製造間接費 750 千円は期間の費用とならず在庫の構成要素となってしまいます。その結果、今度は 400 千円の黒字となって会社は赤字計上を免れることができます。ただし、この在庫が来期にどうなるかは保証の限りではありません。

実際販売数 70 千個、実際生産数 100 千個の場合の損益（余剰在庫あり）

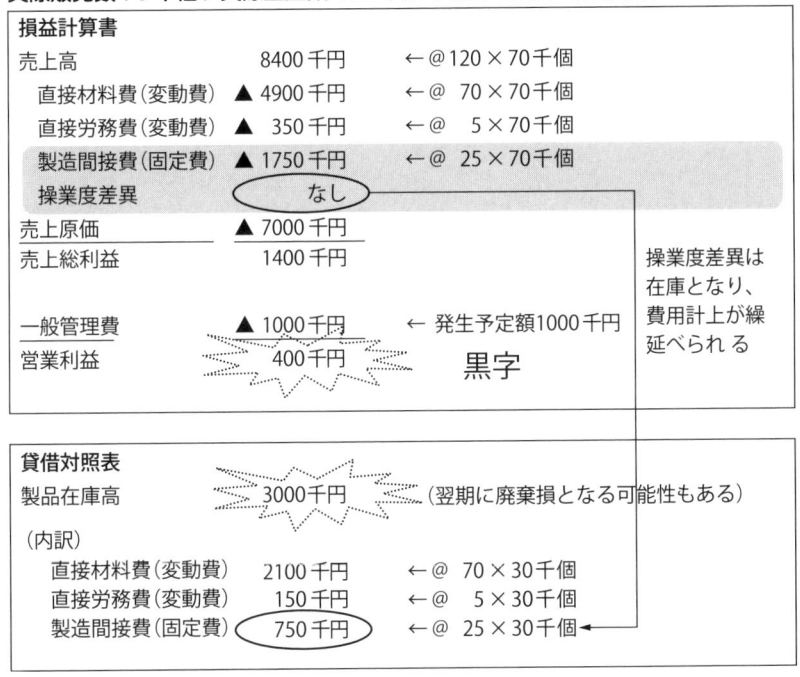

損益計算書
売上高　　　　　　　　8400 千円　　← @120 × 70 千個
　直接材料費（変動費）▲ 4900 千円　← @ 70 × 70 千個
　直接労務費（変動費）▲ 350 千円　← @ 5 × 70 千個
　製造間接費（固定費）▲ 1750 千円　← @ 25 × 70 千個
　操業度差異　　　　　　なし
売上原価　　　　　　　▲ 7000 千円
売上総利益　　　　　　1400 千円

一般管理費　　　　　　▲ 1000 千円　← 発生予定額1000 千円
営業利益　　　　　　　　400 千円　　黒字

操業度差異は在庫となり、費用計上が繰延べられる

貸借対照表
製品在庫高　　　　　　3000 千円　（翌期に廃棄損となる可能性もある）
（内訳）
　直接材料費（変動費）2100 千円　← @ 70 × 30 千個
　直接労務費（変動費）　150 千円　← @ 5 × 30 千個
　製造間接費（固定費）　750 千円　← @ 25 × 30 千個

結論

　余剰在庫を積まない場合、固定費の配賦不足分（30千個に配賦する予定だった分）は操業度差異となって期間費用の一部を構成します。このケースでは当期は350千円の営業赤字でした。他方、30千個の余剰在庫を積む場合には400千円の黒字となって赤字計上を免れています。どちらも売上は同じ70千個なのに赤字が黒字に逆転してしまうのは不思議なことです。しかしこの30千個の余剰在庫が後に廃棄損となってしまう可能性があるなら、翌期は3000千円もの赤字を計上する羽目に陥るでしょう。これが当期に無理に在庫を積み、一時的に350千円の赤字を免れたことの代償なのです。

	余剰在庫なし	余剰在庫あり	
	当期	当期	翌期以降
営業利益	▲350千円	400千円	▲3000千円
期末在庫	0円	3000千円	0円

繰り延べ → 更に大きな損失の発生

- 2100千円 — 材料費
- 150千円 — 労務費
- 750千円 — 固定費

固定費のみの損失 750千円

　経済が成長期にあり慢性的にモノ不足だった時代には在庫はいつか必ず売れました。「来期に売れるだろうか」などと心配する必要はなかったのです。しかし今や経済成長は止まり、社会はモノであふれています。固定費を薄めたいという会社の内部事情で余剰在庫を積み上げれば、需要のトレンドを読み誤って不良在庫にしてしまう危険性が極めて高くなってしまいます。

　ジャストインタイムの指導で繰り返し言われる「在庫を持ってはいけない」という厳しい戒めは、製造業者が一般的に陥り易い「一時凌ぎのための在庫の積み上げ」を戒めるところに、どうやらその真の意義がありました。ここで注意しなければならないのは在庫を積む理由です。会社内部の事情ではなくお客様のため（即ち翌期の確実な販売を見込んで）作り込む在庫なら必ずしも問題はありません。否、正しいニーズがあるなら、むしろ確実に作り込まなければならないのです。お客様が必要とするものを必要とする時に届けられないなら、それは会社のみならず社会にとっても損失となります。逸失利益を考慮するならば、必ずしも常にゼロ在庫が良い訳ではないことを現場はきちんと主張していきましょう。

在庫を持ってはいけない２つ目の理由（在庫金利）

　在庫を持ってはいけないもう１つの理由は、在庫保管に関わる費用の発生です。それは倉庫代などに留まるものではありません。在庫を持つということは在庫の獲得に要した資金の動きを止めてしまうことを意味しま

す。しかしながら在庫が滞留しているか否かに拘らず借り入れた運転資金からは金利が発生し続けています。仮に無借金経営の会社だったとしても、在庫に投じた資金を運用に回せば稼ぎ出せた筈の利益を手にすることができないという意味では、同様の負担を会社に与えるでしょう。

「在庫＝お金が寝ている＝金利発生」という指摘はしばしば耳にするところですが、実際に金利が事業にどの程度の影響を与えるかは、他の要件と合わせて慎重に比較検討される必要があります。

なお、材料仕入〜製造〜販売という活動プロセスが達成しなければならない金利水準があるとすれば、それは第3講で検討した「加重平均資本コスト（WACC）」です。ここではこれ以降も「金利」という言葉を使っていますが、実際には単なる借入金の金利ではないので（WACCは借入金の金利より高いことが多いので）御注意下さい。

安全在庫の検討

在庫が増えているという状態は、会社内の様々な活動がきちんと統制されていないことの1つの兆候であり、外部から会社内部のマネージメントの状況を窺い知るための重要な手掛かりともされます。それゆえにこそ、合理的な水準を割り込んでまで「在庫を持つな」と繰り返し指摘されることがあるのかもしれません。日頃は漫然と膨らんでいる在庫が、期末日だけ厳しく絞り込まれるという状況があるとするならば、それもまた統制の放棄の1つの形であり、全く在庫を持たないことの弊害もあるように感じられます。毎日の整然とした活動の中で維持されるべき適切な在庫の水準というものは必ずあるはずです。

いつまでも「持つな！」「持ちたい！」と主張をぶつけ合っていても問題の解決にはなりませんので、1つの事例を上げ、在庫を持つことのメリットとデメリットについて会計的に比較検討してみたいと思います。検討の前提は以下の通りです。

検討の前提

予定生産・販売数	年100千個
製品1個当たり売価	@120円
製品1個当たり製造原価	@100円
〈製造原価の内訳〉	
直接材料費（変動費）	@ 90円
直接労務費（変動費）	@ 10円
合計	@100円

従来の在庫の保有状況
　材料3ヵ月分 ┫ 90%は短納期品（即日納品）
　　　　　　　┗ 10%は長納期品（納期は3ヵ月後）

　従来、この会社は常時3ヶ月分の材料在庫を抱えていましたが、ジャストインタイム方式の導入で在庫をゼロにし、在庫にかかる管理費用や金利負担を削減することになりました。資本コスト（WACC）、保管費用、廃棄損などの実績（それぞれ5%、1%、1.3%だったとします）を考慮する時、予想された効果金額は以下の通りです。

在庫削減によるメリットの試算

削減する在庫額	2250千円	＝年100千個×3ヵ月分×材料費90円
金利負担	112.5千円	＝2250千円×資本コスト実績値年5%
保管費用	22.5千円	＝2250千円×保管費用の実績値1%
不良在庫化リスク	117.0千円	＝年100千個×材料費90円×廃棄損1.3%（※）
在庫削減メリット	252.0千円	＝112.5千円＋22.5千円＋117.0千円

※この会社では1年で5%が型落ちしていた実績から、$1-(95\%)^{3/12}$等により推計

　しかしここで一部の担当者から疑問の声が上がりました。「材料費90円の内、10%の単価9円分に相当する長納期部品については一定の在庫を容認して貰いたい」というのです。この担当者の説明によれば、「年間の製造・販売数は平均すれば100千個ですが、常に20%程度の変動があり、在庫ゼロでは販売機会を逸失してしまう可能性がある」という主張です。

　材料在庫については陳腐化による不良在庫化のリスクも相対的に小さく、かつ買ったままの金額であるため固定費の配賦という問題も起きませ

ん。「ゼロ在庫で徹底的にムダを排除すべきだ!!」という指摘も根強くありましたが、ともかくも安全在庫を持つことのメリット／デメリットについて、改めて慎重に検討してみることになりました。ここで候補に挙がったのは以下の2パターンの運用です。

パターン1
　安全在庫を1ヵ月分とする　（3ヵ月後の需要を見越し、1ヵ月分をまとめ発注する）

パターン2
　安全在庫を0ヵ月分とする　（3ヵ月後の需要を見越し、1ヵ月分をまとめ発注する）

このときの在庫変動のパターンを模式的に示したものが以下の図です。

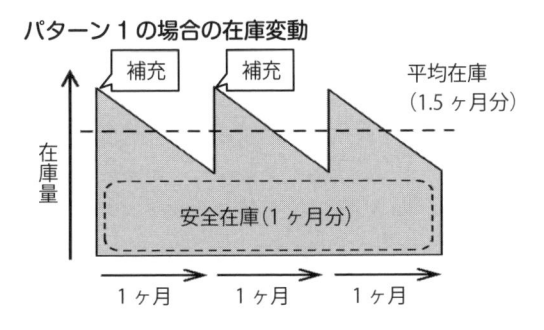

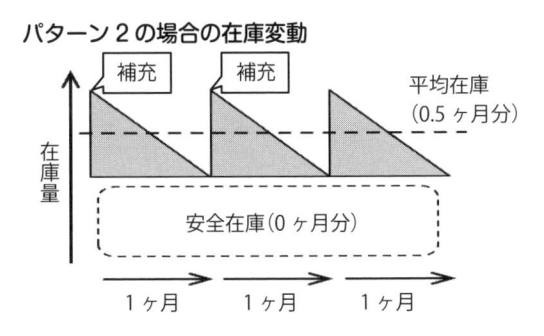

パターン1の場合の在庫変動

パターン2の場合の在庫変動

パターン1では平均在庫が1.5ヵ月分、パターン2では平均在庫が0.5ヵ

第8講　在庫はお金のかたまりだというけれど　　**103**

月分となっています。ここで以前から「在庫は絶対にゼロにしなければならない」と指摘されていたこともあったので、完全ゼロ在庫となるパターン3も追加しました。

パターン3
　安全在庫水準　0ヵ月分　（3ヵ月後の需要を見越して毎日、発注業務を行う）

　3つのパターンの検討結果は、概ね以下の通りとなりました。先程と同様、数字のフォローが煩わしければ直接結論を見て頂いても構いません。

パターン1：　安全在庫を1カ月分とし、平均在庫を1.5ヵ月分とする案

維持する在庫額	112.5 千円　＝年 100 千個× 1.5 ヵ月分×材料単価 9 円

在庫を維持するために要するコスト

金利負担	5.63 千円　＝ 112.5 千円×資本コスト年 5%
保管費用	1.13 千円　＝ 112.5 千円×保管費用の実績値 1%
不良在庫化リスク	5.40 千円　＝年 100 千個×材料単価 9 円×廃棄損 0.6%
在庫維持コスト	12.16 千円　＝ 5.63 千円＋ 1.13 千円＋ 5.40 千円

月末在庫をゼロにする事による逸失利益

製品1個当たり貢献利益	20 円　＝売価 120 円－材料費 90 円－変動労務費 10 円
想定される逸失利益	0 円　＝年 100 千個× 20 円×逸失率想定 0%（※）

※月全体を通じて在庫が維持されるため 0%とした

総合判定：維持コスト 12.16 千円＋逸失利益 0 千円＝(12.16 千円) の年間コストがかかる

パターン2： 安全在庫を0ヵ月分とし、平均在庫を0.5ヵ月分とする案

維持する在庫額	37.5千円　＝年100千個×0.5ヵ月分×材料単価9円

在庫を維持するために要するコスト

金利負担	1.88千円　＝37.5千円×資本コスト年5%
保管費用	0.38千円　＝37.5千円×保管費用の実績値1%
不良在庫化リスク	1.80千円　＝年100千個×材料単価9円×廃棄損0.2%
在庫維持コスト	4.06千円　＝1.88千円＋0.38千円＋1.80千円

月末在庫をゼロにする事によるデメリット

製品1個当たり貢献利益	20円　＝売価120円－材料費90円－変動労務費10円
想定される逸失利益	4.0千円　＝年100千個×20円×逸失率想定0.2%（※）

※在庫が切れる毎月後半の販売機会の喪失に関わるもの

総合判定：維持コスト4.06千円＋逸失利益4.0千円＝(8.06千円)の年間コストがかかる

　まず検討チームはパターン1と2の比較検討を行った結果、総合判定：12.16千円＞8.06千円によりパターン2の方がよいとの結論に達しました。更にパターン3を検討した結果、これでは毎日の発注作業の負担が大きく、一般管理費が現状の関連費用100千円の20％程度増加すると見込まれました。また3ヶ月後の販売が読み切れないため、ゼロ在庫を目指そうとすると販売機会の喪失が2％程度あるだろうと見込まれました。更に未確認情報ではありましたが、発注ロットが極端に小さくなってしまうことにより従来からの値引き（約5％）が受けられなくなってしまうという懸念も指摘されました。

パターン３： 安全在庫を０ヵ月分とし、平均在庫も０ヵ月分とする案

維持する在庫額	０円

在庫を維持するために要するコスト

金利負担	０円
保管費用	０円
不良在庫化リスク	０円
在庫維持コスト	０円

月中在庫をゼロにする事によるデメリット

製品１個当たり貢献利益	20円　＝売価120円－材料費90円－変動労務費10円
想定される逸失利益	40千円　＝年100千個×20円×逸失率想定2％（※） ※月全体での販売機会の喪失に関わるもの
材料値引の終了	45千円　＝年100千個×材料単価9円×値引の終了分5％
毎日発注による 一般管理費の増加	20千円　＝年100千円×20％

総合判定：維持コスト０千円＋逸失利益40千円＋値引の終了45千円＋一般管理費の増加20千円　（≒105千円）の年間コストがかかる

　最終的にパターン１、２、３の全てを比較した結果、長納期品については一定の在庫を容認するパターン２が最善であると結論されました。なお、材料費の90％を占める短納期品についてはジャストインタイムとゼロ在庫を徹底することとなり、保管費用や金利負担をゼロにしたのは言うまでもありません。

結論

	パターン1	パターン2	パターン3
	安全在庫：1ヶ月分 平均在庫：1.5ヶ月分	安全在庫：0ヶ月分 平均在庫：0.5ヶ月分	安全在庫：0ヶ月分 平均在庫：0ヶ月分
在庫コスト	金利　　　　5.63千円 保管費用　　1.13千円 不良在庫化　5.40千円	金利　　　　1.88千円 保管費用　　0.38千円 不良在庫化　1.80千円	金利　　　　　0円 保管費用　　　0円 不良在庫化　　0円
その他コスト	逸失利益　　0.0千円	逸失利益　　　4.0円	逸失利益　　40.0千円 値引の終了　45.0千円 一般管理費増 20.0千円
総合	▲12.16千円	▲8.06千円	▲105.0千円

↑
ベストと判断

得られた教訓

　もちろん検討の結論は廃棄損や逸失利益をどの程度と予想するかで変わってきますが、重要なことは、在庫をゼロにするというオペレーションが何を犠牲にし、どんな条件とトレードオフになるのかを会計的に評価する努力を常に続けることです。

　在庫を戒める理由は、しばしば金利負担の回避であると説明されます。しかしそれなりに金利（WACC等）を算出し金利負担額を評価している事例をあまり現場で見たことがありません。興味深いことに、同じく在庫に対する金利負担がある筈の流通業においては、在庫は必ずしも悪とされていない場合があるのだそうです。工業簿記のような原価計算を行わず、固定費配賦のための現場の暴走という問題を抱えていないことが背景にあるのかもしれません。むしろ御客様の目線に立ち、販売機会損失の回避という観点から在庫を切らす方を絶対的な悪であると考えます。製造業では流通業に比べて格段にリードタイム（社内滞留）が長い点にも注意を払わなければなりませんが、「結論」として示した計算例においても金利負担よりは逸失利益の方が遥かに大きい見積りとなっていました。製造業においても、固定費の配賦を伴わない原材料と、固定費の配賦を伴う製品とでは様相が異なる点にも注意が必要です（次頁参照）。

製品在庫と原材料在庫の違い

	固定費配賦の問題	不良在庫化リスク	在庫管理の方針
製品在庫 仕掛品在庫	×ある	×大きい	ジャストインタイム生産（JIT）を徹底し、在庫を持たないことを基本方針とする
原材料在庫	〇ない	〇小さい	逸失利益の回避や購入費低減を優先し、一定の在庫を容認すべき場合がある

原材料在庫の管理パターン

①都度発注品 ②定常発注品	ジャストインタイム納入（JIT）を徹底し在庫を持たないことを基本とする。カンバン方式が有効に機能する。
③超長納期品や特注品	納期管理のため定時発注になることが多い。実際に納品されるときの使用量の変動リスクを考慮し発注量を決める。ゼロ在庫が最善とは限らない。
④まとめ発注品	相場変動、まとめ発注による値引き等の購入条件と、在庫金利や保管費用等とのバランスを慎重に考慮して発注量を決める。ゼロ在庫が最善とは限らない。

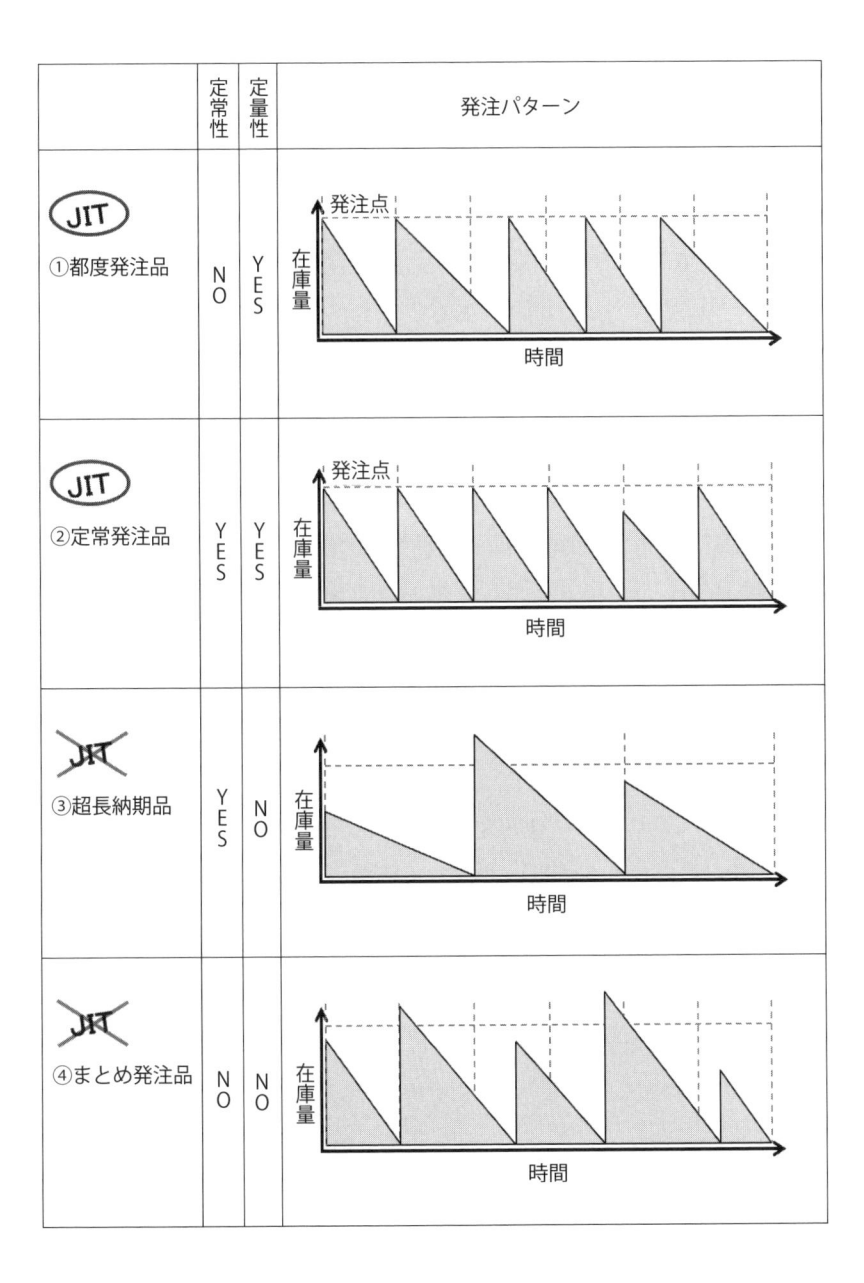

	定常性	定量性	発注パターン
JIT ①都度発注品	NO	YES	(発注点を上限とし、在庫量が発注点から0まで下がるパターンが繰り返される図。縦軸:在庫量、横軸:時間)
JIT ②定常発注品	YES	YES	(発注点から一定間隔・一定量で在庫が0まで下がるパターンが繰り返される図。縦軸:在庫量、横軸:時間)
~~JIT~~ ③超長納期品	YES	NO	(一定間隔で発注されるが、発注量が異なるパターンの図。縦軸:在庫量、横軸:時間)
~~JIT~~ ④まとめ発注品	NO	NO	(発注間隔も発注量も不規則なパターンの図。縦軸:在庫量、横軸:時間)

どこの現場でもゼロ在庫を厳しく指導される昨今ですが、常にゼロ在庫が最善という訳ではありません。例えば暑い夏の日、店頭でジュースを買おうとしたらそのお店がゼロ在庫を徹底していたとします。お金を払うと「ちょっとお待ち下さい」と言われ、店員がどこかにジュースを取りに行くとしたらどうでしょうか？　やはり少しは手持在庫がなければ困ります。では、その「少し」とはどの程度であるべきなのか？　1本、2本、それとも3本でしょうか…。

「少し」とはどの程度であるべきなのか？

　お客様の目線に立ち、効率の良い経済活動を実現していくためには適切な在庫の持ち方というものがきちんと検討され現場に指示されなければなりません。在庫の金利や保管費等の負担とお客様の利便とが数値によって具体的に比較考量され意思決定される必要があるのです。その結果として「やはりゼロ在庫で頑張ろう」ということになるかもしれませんし、「少し在庫を維持しよう」という結論が出るかもしれません。いずれにしても「ゼロ在庫を徹底しろ！」だけでは現場の行動指針になりませんし、「どうせできやしないさ」とどこかで思いながら表面的にやる活動では人の心を腐らせます。

> やると決めたら、しっかり頑張ろう！

従来の会社では、適切な在庫量管理のための仕組みが必ずしも整備されてきませんでした。ゼロ在庫の指導とは、今から50年も前、リアルタイムの在庫情報や在庫管理の仕組みの不備を前提にして発展してきたものです。しかし無節操な山積も、闇雲なゼロ在庫も、そろそろ卒業しなければなりません。情報処理技術が急速に発達した昨今、新しい生産管理や在庫管理のセオリーを作り上げて行くべき時期に差し掛かっているのです。皆さん、日本のモノづくりの本当の復活を目指して頑張りましょう！

第8講のまとめ

　生産設備を持つと、どうしても「稼働させなきゃ勿体ない」という気持ちになる。でも売れる見込みのない製品を作れば後々材料費まで無駄になる可能性もあることを思えば、少し考え方を改めないといけないのかもしれない。とはいえ、何でもかんでもゼロ在庫にしろって言われても困る。お客さんの都合で急な生産指示が来ることも多くなったから長納期部品のストックくらいはしっかり持っておきたい。もちろんストックした材料が無駄にならないような製品設計が大前提ではあるんだけれども…

COLUMN

加重平均資本コスト（WACC）の求め方

第3講で検討しました加重平均資本コスト（WACC／Weighted Average Cost of Capital）は、ワックと呼ばれ、より正しくは以下の計算式で求められます。

$$WACC = \frac{A}{A+B} \times C(1-t) + \frac{B}{A+B} \times D$$

> A：正確には有利子負債の残高です。
> B：正確には会社の株式の時価総額（株価×発行済み株式数）です。
> C：借入金等の金利です。なおここで（1－税負担率）を掛けているのは、支払利息が税務上損金となり節税効果を有するためです。
> t：理論上の税負担率で、便宜上40％で計算するのが一般的です。
> D：株主が期待する収益率です。（下記参照）

ここで、会社の株主が期待する収益率（D）は、資本資産評価モデル（CAPM）という理論モデルに基づき以下の式により求められます。

$$D = E + \beta(F － E)$$

> E：リスクフリーレートと呼ばれるもので、一般的には10年物の国債利回りを使用します。
> β：株式市場全体に対する会社の株式の感応度で、株式のベータ値と呼ばれるものです。自力で計算する事も可能ですが、企業の株価情報の中などに計算値が示されていることが多いです。
> F：株式市場の全銘柄に投資した場合の期待収益率です。一般的には4～7％に設定します。

例えば、

　　リスクフリーレート（E）＝2％
　　会社の株式のβ値（β）＝1.5
　　株式市場全体の期待収益率（F）＝6％

とすれば、会社の株主が期待する収益率（D）＝ 8％　と求まります。

　　2％＋1.5 ×（6％－2％）＝ 8％

　更にこの D を用い、A、B、C の値が以下の通りだったとすれば、ようやく WACC を求めることができます。

　　有利子負債残高（A）＝ 60 億円
　　株式時価総額（B）＝ 40 億円
　　借入金の金利（C）＝ 4％
　　会社の株主が期待する収益率（D）＝ 8％

であるならば、WACC ＝ 4.64％となります。

　　60 億円／（40 億円＋ 60 億円）× 4％ ×（1 － 40％）
　　＋ 40 億円／（40 億円＋ 60 億円）× 8％
　　＝ 4.64％

　このように WACC は、少し頑張れば自力で求めることができますし、事業活動のあらゆる局面で考慮されるべき利益目標でもありますので、本来は経理・財務部門等から公表され、社内に周知されるべきものかもしれません。しかし実際に WACC を意識した固定資産への投資判断や在庫の金利管理、プロジェクト管理を行っている会社（メーカー）は必ずしも多くはないようです。もちろん WACC を使わないという選択肢もあり得ますが、その場合は会社の負担する金利や期待収益率の分担関係をきちんと整理しておかなければなりません。

　仮に WACC（或いはそれに代わるもの）を知らされてないとすれば、会社の皆さんは何を目標にして日々頑張っていることになるのでしょうか？　日本の製造業の行く末が、ちょっと心配です。

第9講 第三の原価計算？

――― 全部原価計算vs直接原価計算 ―――

第9講の内容

1. 会計には目的に合わせて、幾つかの種類があるべきことについて考えます。
2. 伝統的な「全部原価計算」の限界から生まれた「直接原価計算」について概観します。
3. 製造業における生産様式の変遷と原価計算との関係について考えます。

会計の種類と目的（外部会計と内部会計）

　ここまで、会社の実態を適切に表すという観点から、様々な財務数値について見てきました。ですからここで突然に「客観的であるべき会計数値に幾つかの種類があってもよい」などと申し上げれば奇異な印象を持たれるかもしれません。しかし会計の利用目的や想定利用者が変われば会計数値の集計方法が変わっていくのは、実は自然なことです。会計には、その目的や性格に応じて最適な形があります。もちろんそれが公正なものである限りにおいてではありますが。

　それでは会計にどんなものがあるのか見てみましょう。まず、企業外部の資金提供者等（株主や債権者、更には徴税当局）に対して資金の運用状況を報告するのが「制度会計」と呼ばれるものです。会社法や金融商品取引法、税法など法律上の要請に基づいて行われます。（制度会計→外部会計）

　こうした決まりごとの多い公的な会計に対し、会社内部での利用目的に

沿った自由な会計を「管理会計」と呼びます。管理会計は経営上の適切な意思決定のために、経営者や管理者に情報提供をするものです。報告の目的が異なれば具体的な会計の在り方も変わってくるのです（管理会計→内部会計）。

固定費の計算の問題点

ところで、製造業とは固定費業であるということを見てきました。そのためこのビジネスモデルにおいては設備の能力一杯まで生産を行って在庫を積み上げてしまうという動機を常に有しています。会計的な視点に立てば、こうした傾向を特に強めてしまう原因の1つとなっているのが、制度会計上の原価計算における固定費の取り扱いなのです。

固定費（製造間接費）の配賦計算（第6講参照）には多くの問題点があります。まず配賦の係数の決定はどうしても恣意的になりがちです。また、配賦計算に使う単価を求めるには固定費の予定発生額を適切な操業予定時間で割らなければなりませんが、この操業予定時間の決定がなかなか容易ではありません。そもそも操業時間を算定するための基礎とすべき売上高を正確に見積ることができるでしょうか？

もちろん、会社に売上高の予算はあるとしても、それはあくまで「目標値」であって「予測値」ではないと思います。そして正確な稼働時間の見積もりが困難である以上、正確な固定費の配賦もまた困難なのです

固定費配賦の問題点　①操業時間の正しい予測が困難
　　　　　　　　　　②配賦係数が恣意的になりやすい

更にもう1つ制度会計における固定費計算の問題点を挙げるなら、それは操業度差異（第7講参照）というものの取り扱いが難しいことかもしれません。本来は操業度に拘らず定額発生する固定費を、あたかも変動費であるかのように擬制して単価を求め製品への配賦計算を行う訳ですが、このことが必然的に操業度差異というひずみを産んでしまいます。

2つの原価計算（直接原価計算と全部原価計算）

　こうした従来の原価計算（全部原価計算と呼ばれるもの）の欠陥を補うために提唱されたのが「直接原価計算」という計算方式です。直接原価計算においては固定的な費用を無理に製造原価に配賦せず変動費のみで原価計算を行って、いったん「貢献利益」というものを求めます。その上で、そこから固定費の全額を期間費用として差し引く形で営業利益を求めます。操業度によって固定費の費用化額が変わることがないため、製造業者が在庫の積み増しに向かう動機を解消し、適切な短期的意思決定に資するといわれる原価計算方法です。

全部原価計算	製品原価に固定費を"含めて"算定する
直接原価計算	製品原価に固定費を"含めずに"算定する （固定費は期間費用として全額が控除される）

　なお「直接原価計算」という名称とはなっていますが、直接費のみで計算する訳ではなく、変動費で計算している点に御注意下さい。第6講でも検討しましたが、概ね現場では、直接費≒変動費、間接費≒固定費に近い状況が多いため、混乱しやすいところですが、厳密に見れば直接費の中にも固定費的な費目はあり、間接費の中にも変動費的な費目はあり得ます。以下に2つの計算方法によって生じる製造原価の構造の差を示します。

全部原価計算による製造原価の例

直接材料費（変動費）	＠80円
直接労務費（変動費）	＠10円
製造間接費（固定費）	＠10円
合計	＠100円

※固定的な製造間接費は一旦製品に配賦され、その後売上原価になったもののみが各期の費用として処理される

直接原価計算による製造原価の例

直接材料費（変動費）	＠80円
直接労務費（変動費）	＠10円
—	
合計	＠90円

※固定的な製造間接費を、製品に無理に配賦せず、全額を各期の費用として直接処理する

従来からの計算方法である全部原価計算では、同じ事業活動の結果が黒字になったり赤字になったりするケースがありましたが（第8講参照）、それは固定費の一部が配賦計算によって在庫資産の価値を形成してしまうことによる現象でした。しかし直接原価計算の場合は固定費の全てを期間費用として処理するためこのような問題を起こしません。これは全部原価計算と直接原価計算の固定費観の差によるものです。即ち全部原価計算では「固定費は製品に姿を変えて蓄積されており、翌期の利益に貢献する筈だ」と考えているのに対し、直接原価計算では「固定費は時間の経過と共に消えてしまうものだ」と考えているのです。

　奇妙な（そして有名な）譬え話ですが、ある製造業者（全部原価計算を採用している）が製品が思うように売れず赤字に転落しそうな状況に直面している場合、来期の販売見込みに拘らずどんどん工場を稼働させて在庫を積み上げれば、見かけ上は黒字化することが可能です。なぜなら、在庫を積み上げることにより固定的な費用は配賦計算を通じて資産化されるため費用計上を繰り延べられるからです。しかし当期はなんとか一時凌ぎができたとしても翌期はさらに厳しい状況に陥るかもしれません。倉庫に積み上がった在庫は金利や倉庫費を膨らませるばかりではなく、品質劣化し陳腐化し、後日に廃棄や投げ売りを余儀なくされることで更に深刻なインパクトを会社に与える可能性があります。廃棄損を出す場合には、一時的に繰り延べられていた固定費が一気に費用化されるばかりでなく、その在庫の生産のために投入された材料費などの変動費も全て無駄になり、ダメージは極めて大きくなるからです。

全部原価計算で発生し、直接原価計算では発生しない固定費の繰延
（10個生産し、2個が期末在庫になった場合）

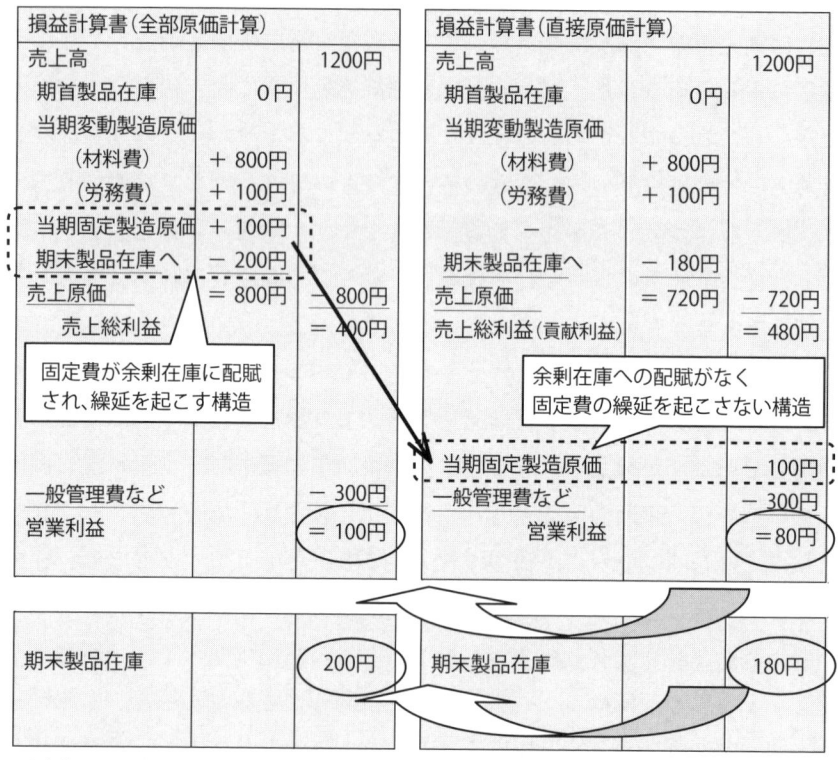

損益計算書（全部原価計算）		
売上高		1200円
期首製品在庫	0円	
当期変動製造原価		
（材料費）	＋800円	
（労務費）	＋100円	
当期固定製造原価	＋100円	
期末製品在庫へ	－200円	
売上原価	＝800円	－800円
売上総利益		＝400円
固定費が余剰在庫に配賦され、繰延を起こす構造		
一般管理費など		－300円
営業利益		＝100円

損益計算書（直接原価計算）		
売上高		1200円
期首製品在庫	0円	
当期変動製造原価		
（材料費）	＋800円	
（労務費）	＋100円	
－		
期末製品在庫へ	－180円	
売上原価	＝720円	－720円
売上総利益（貢献利益）		＝480円
余剰在庫への配賦がなく固定費の繰延を起こさない構造		
当期固定製造原価		－100円
一般管理費など		－300円
営業利益		＝80円

期末製品在庫	200円

期末製品在庫	180円

※固定費の配賦額（ここでは20円）だけ在庫金額が大きくなり、営業利益も大きくなっている

全部原価計算をしている時の固定費の処理（費用の繰延あり）

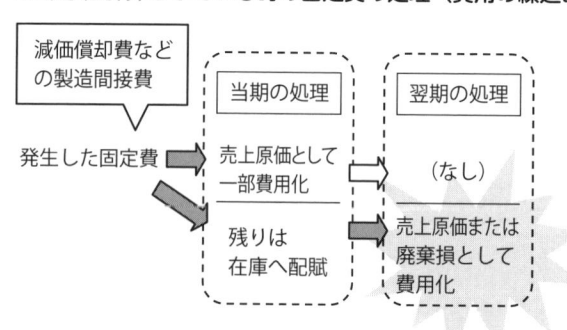

減価償却費などの製造間接費

発生した固定費

【当期の処理】
- 売上原価として一部費用化
- 残りは在庫へ配賦

【翌期の処理】
- （なし）
- 売上原価または廃棄損として費用化

直接原価計算をしている時の固定費の処理（費用の繰延なし）

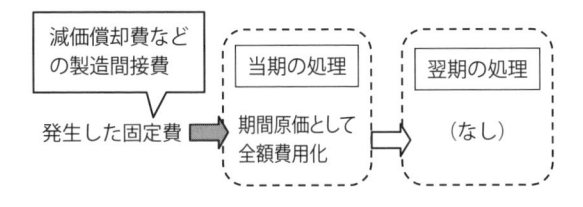

```
┌─────────────┐
│ 減価償却費など│
│ の製造間接費 │        ┌─────────┐   ┌─────────┐
└──────┬──────┘        │ 当期の処理│   │ 翌期の処理│
       │               ├─────────┤   ├─────────┤
  発生した固定費 ━━▶   │期間原価として│→ │ （なし） │
                       │全額費用化 │   │         │
                       └─────────┘   └─────────┘
```

　こうした経営判断上のミスリードの危険性を孕みながらも、出資者や債権者に対する公式な会計である制度会計が全部原価計算を採用している背景には、かつてはモノが不足していて作れば必ず売れた時代の感覚が未だに色濃く残っているのかもしれません。しかし昨今のモノ余りの環境下では、製品の陳腐化速度は極めて速く、前期に過剰生産して倉庫に積み上げた在庫が当期に売れるという保証は全くありません。仮に売れたとしても、品質劣化や型落ち品として投げ売りを余儀なくされる可能性は高いのです。

全部原価計算を前提にした利益操作の方法

　全部原価計算を前提とする場合、あくまでも架空計上には手を染めない範囲で当期の利益を合法的に調整する（水増しする）方法には、例えば以下のものがあります。

固定費の配賦を利用した利益操作の方法

1. 売れる見込が無くても、設備能力の上限一杯まで目いっぱい生産活動を行って余剰在庫を積み上げることにより、当期の固定費負担を軽くする
2. 配賦に用いる係数を調整し、期末在庫になるべく多くの製造固定費を負担させ、当期の固定費負担を軽くする
3. 共に固定費である一般管理費と製造間接費の区分を曖昧にし、なるべく多くの一般管理費を製造固定費として期末在庫に負担させることにより、当期の固定費負担を軽くする

　しかし実際にこんなことを続ければ、事業の実態は不明となり、会社はどんどん体力を失っていくでしょう。モノづくりの指導会や経営セミナー等で、再三「過剰在庫を持つな」と言われるのは、直感的にこうした弊害

を避けるためであるのかもしれません。

　どんなに不都合があろうとも、有価証券報告書等に開示する制度会計上の数値は全部原価計算で求めなければなりません。しかし内部的には並行して直接原価計算を実施し、経営上の意思決定や業績評価をこちらの数値で行うことは極めて有益です。固定費の正確な配賦には様々な障害がありますが（第6講でも見ました通り、結局の所、普遍的に正しい配賦というものは存在しません）、変動費分だけの原価計算であれば、それなりの精度で原価を決定することが可能だからです。そして会計の数値というものは科学技術のような普遍の真理ではなく、目的に応じて適切に変わるべきものです。

会計の種類

	報告目的	法律上の要請	原価計算
制度会計	外部報告目的 公平な徴税など	あり	全部原価計算
管理会計	内部管理目的 適切な意思決定	なし	直接原価計算

制度会計で直接原価計算が採用されない理由

　改めて、制度会計が直接原価計算を採用せず、全部原価計算の適用を指示するのは以下の理由によるものだと、しばしば説明されています。

直接原価計算が制度会計に採用されていない理由
1. 変動費と固定費の区分が難しく、恣意的になりがち
2. 製品原価に固定費分が含まれていないため、誤って売価を安く設定してしまう

　「1」については、例えば正社員の給料は固定費かもしれませんが、残業をすれば変動費的な性質を帯びます。このとき、定時内の単価と残業による追加的な単価は同じではないでしょうから、1時間当たりの作業単価は総作業時間に応じて複雑な変化をすることになります。逆に非正規社員の手待時間はどう処理すべきでしょうか。こうした場合、何が固定費で何が

変動費かを公正に切り分けることは実務的に難しく、客観性や公平性を要求する制度会計では固定費と変動費を一律に同じ方法で扱う全部原価計算を採用しているのだとされます。

「2」については、全部原価計算は固定費込みの原価であるため、比較的長期の価格設定に適していると言われます。これに対して直接原価計算による原価は固定費を含まない不完全な原価であるため、長期の価格設定に適さないとも言われます。

しかしながら、ここで改めて「1」について考えてみますと、確かに製造原価の中の固定費と変動費を同じく扱うことで、固定費／変動費の区分における恣意性を排除できているかもしれませんが、同じく固定的な費用である一般管理費と製造間接費の区分においては恣意性を排除しきれていません。それは製造部門内で発生する恣意性に比べて遥かに大きな影響を会社全体に及ぼす可能性があります。事業環境の変化によって研究開発費や様々な支援活動費など一般管理費の重要性が増しているからです。こうした一般管理費と製造間接費の区別を曖昧にする様々な手加減が、会社内部と外部、経営者と実務担当者、製造部門と管理部門といった組織を跨ぐコミュニケーションを不適切にしている場面は多々あります。一体的な取り扱いが検討される必要性を強く感じます。

「2」についても、製品原価の真の値は、もし可能なら一般管理費に含まれる研究開発等の負担も含めて総合的に判断されるべきであると考えられます。一般管理費に含まれてしまっている様々な製造原価的な要素の欠落を論じないまま、全部原価計算と直接原価計算のどちらが包括的で長期的な価格決定に適しているかという議論は片手落ちなのかもしれません。

フォードシステムと全部原価計算

そもそも現在の全部原価計算が確立したのは、20世紀初頭頃に大量生産型の製造業が勃興してきた時代でした。今から100年も前のことです。その頃の代表的な製造業者がフォード自動車でした。フォードは同じものを繰り返し大量に作り続けることでコストダウンを徹底し、庶民にとって

手の届かない高嶺の花だった自動車を、誰でも買える商品としたのでした。カイゼンの元祖ともいうべきテイラーの科学的管理法が創始されたのもこの頃です。以来、現場の生産効率の管理にはストップウォッチが必需品になり、製造現場の労務費という固定費とベルトコンベアや自動化機器等の固定的生産設備の稼働率を高める努力が続けられて来ました。

　原価計算の上では製造固定費の効率アップが至上命題だったはずです。当時は作り過ぎを心配する必要は全くなく、設備がフル稼働していなかったとすれば、それは現場の設備管理や人員手配の失敗として責められるべきものだったことでしょう。「作れ、作れ、作れ！」の時代。だからこそ製造現場における固定費の配賦計算には意味があったのです。

カンバンと直接原価計算

　歴史的に見れば、生産システムは原価計算の体系に影響を及ぼし、原価計算の体系が生産システムの在り方に影響を及ぼすという循環が続いています。20世紀前半のフォード自動車で始まった大量生産のシステムと全部原価計算には密接な関係がありました。そしてフォードに続く20世紀後半の生産システム上の一大革新が、トヨタ自動車によるカンバンを用いたジャストインタイム方式の発展だったのです。

　生産技術に従事している方ならご存知の事と思いますが、「カンバン」とは工程間の仕掛品の数を自律的に調整する仕組みとして考案された物理的なカードです。品名と数量を書いたプラスチック板や厚紙のカードを、工程間や会社間でやり取りして工場の生産管理を行います。いわゆる後引き生産方式（後工程からの引取の結果として手持品がなくなる都度、補充生産するという生産方式）においては、このカンバンの発行枚数が在庫の数を決めることになります。カンバンが5枚あれば5個になるまで、10枚あれば10個になるまで、現場は在庫を積み上げようとがんばります。こうして補充された品物はできるそばから（ジャストインタイムに！）後工程に引かれていくため、補充活動の連鎖として生産が繋がっていく訳です。

在庫数を決めるカンバン

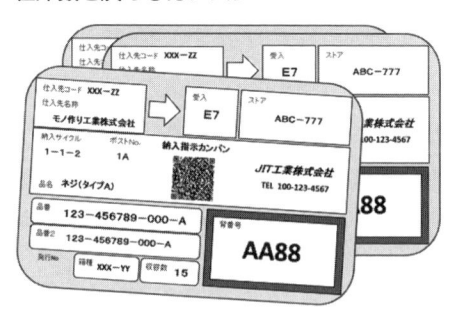

　「カンバン」と「カイゼン」（後述）は日本のモノづくりを代表する生産管理のツールですが、ある共通の時代背景を背負っています。それは両者共に社内の指示系統の弱さを補完するものだったということです。カンバンは今から50年以上も前に生み出された仕組みです。当時はまだ世の中に電卓（1964年に登場）さえなかった時代で、紙とそろばんと鉛筆で生産管理をしなければなりませんでした。ところが製造業には宿命としてどうしても生産設備の能力一杯まで生産活動を行って在庫を積み上げてしまう動機が内在しています。その結果として現場が不良在庫を積み上げ、会社が経営危機に陥ってしまったりする訳ですが、こうした現場の盲目的な行動を戒める場面で、カンバンという自律的な生産管理ツールが大きな力を発揮してきました。

　他方、カイゼンもまた現場に自律的な努力と行動を求めるものでした。そしてフォード時代の少品種大量生産から、多品種少量生産への移行を支え、日本の製造業の繁栄を演出してきたのです。

新しい生産システムと、それを支える原価計算

　このようにカンバンは、一世を風靡した生産管理の革新でしたが、これだけ目覚ましく情報通信技術が発達した今、物理的なカンバンを回すより遥かに精緻な生産管理ができるようになってきてもいます。管理部門がきちんと合理的な生産計画を立て、大局的な見地から順序良く現場に生産指

示を出していく方が無駄がない場合があります。今日では多品種少量生産が更に進み、1品1様生産ともいうべき状況になってきていますから、カンバンそのものにも新たな発展が求められるようになってきたのでした。

　物理的なカンバンがその真価を発揮していたのは、20世紀初頭の「少品種・大量生産の時代」から、戦後の「多品種・少量生産の時代」への移行の場面でした。それはプロダクトアウト（工場からひたすら製品を送り出す）の時代であり全部原価計算という原価計算制度が有効だった時代から、マーケットイン（お客様が要求する製品を生産し供給していく）の時代であり直接原価計算という原価計算制度が有効な時代への移行であったとも言えます。しかし、今後更に時代が進み、完全な「1品1様の製品を個別に生産する時代」に突入すれば、もはや生産管理は旧来のカンバンの手には負えなくなってしまうでしょう。カンバンが登場して既に半世紀、ここでも新しい進化は始まっています。

　これからは製造業者における生産の計画と管理という重要な業務を、現場の自律的な行動に委ねてほったらかしにするのではなく、受注から生産、出荷までの情報管理と生産指示を管理部門がしっかりと出していく必要があります。

デジタル生産方式

　昨今急速に進展しつつあるデジタル生産方式は、擦り合わせ型の技術の重要性を下げ、モノづくりの在り方を根本から大きく変えようとしています。とりわけ、製品を基本的な機能を有する共通的なモジュール（半製品）に分割して設計・生産し、お客様の要望に応じて複数の標準モジュールを適宜組み合わせることで最終製品化するという「モジュール化」の進展により、モノを作るという行為そのものの付加価値は今後更に低下していくでしょう。

生産システムの移行（フォード方式→ジャストインタイム方式→デジタル方式）

第一段階	フォード生産方式（20世紀前半）
時代背景	少ない品種を大ロットで生産する時代
行動目標	現場は自律的に行動し、設備能力が許すかぎり最大限に生産し続けることを目指していた。設備を遊ばせないことが重要だった
在庫管理	作れば売れるため、在庫統制の必要性は低かった

第二段階	ジャストインタイム生産方式（20世紀後半）
時代背景	多品種を小ロットで生産する時代
行動目標	現場は半自律的に行動し、カンバンが許す範囲で生産し続けることを目指していた。作りすぎこそが悪であり、操業度差異については現場は責任を負わなかった
在庫管理	過剰在庫が重大な損失に繋がる可能性があったため、物理的なカンバンで在庫の積み上げを統制していた

第三段階	デジタル生産方式（21世紀前半）…（※）
時代背景	客先の要望に応じ、1品1様で個別生産をする時代
行動目標	個別ユーザーの要望に対応するため、製造現場には超短納期化が求められる。情報通信技術の発達を踏まえ、現場は指示された生産計画に従って整然と材料調達や生産活動を行う
在庫管理	超短納期とコストダウンの両立のため、標準的な機能モジュールを予め計画的に量産して貯蔵している。製品化工程においては生産指示に従って短時間で標準モジュールを組み立てて出荷する。一定量の標準モジュール在庫を常に確保しておく一方で、仕掛品在庫や製品在庫は余分に持たないことを徹底する

※擦り合わせ型の技術の重要性が低下し、標準モジュールを組み立てて行うモジュール化が進展しつつある。ここでは製品企画の段階でほぼ原価は決まってしまう。製品化工程は1品1品の生産計画に基づく個別生産方式となる

　今以上に陳腐化の速度が速くなるであろう製品に対して、陳腐化し難い標準モジュールを事前に準備しておくことで（陳腐化しない様にモジュールを設計しなければならないということです）材料の廃棄リスクを回避できる可能性があるという意味でもモジュール化の進展は必然だと思われます。その取り組みの成否が製造業者の盛衰を分けることになるでしょう。

　トヨタを始めとする自動車メーカーでも革新的な取り組みが始まっています。その時、会計や原価計算の仕組みもまた大きく変わらなければなり

ません。

第3の原価計算

　21世紀の今日、製造部門における人員の非正規化の進展や材料費の突出（第5講参照）で製造部門の固定費を集中管理することの重要性は下がりました。全部原価計算的な発想で不良在庫の山を築いてしまわないためにも、直接原価計算の考え方を導入し製造原価から固定費を切り離さなければなりません。その一方で、製造部門の労務費や固定費と一般管理費（特に研究開発費）を区別なく一体的に管理する仕組みの必要性も高まっています。会社が製品企画によって達成する付加価値や原価計画、それを実現するための研究開発の効率の管理こそが製造業者の生き残りのカギとなってきているからです。このテーマについては第15講、第19講などでも再度取り上げたいと思います。

生産方式と原価計算の関係

	製造現場の変動費の扱い	製造現場の固定費の扱い	一般管理費の扱い	相性の良い生産システム
①全部原価計算 重要テーマは 製造固定費の管理	製造原価とする		期間費用とする	フォード方式
②直接原価計算 重要テーマは 製造変動費の管理	製造原価とする	期間費用とする		ジャストインタイム方式
③新しい直接原価計算 一般管理費の効率管理 の重要性が増す	製造原価とする	期間費用とするのみならず、両者を同じ土俵で一体的に扱う		デジタル方式

（※）　製造原価とするか期間費用とするかの最大の違いは、製造原価であれば期末在庫への配賦が行われ費用の繰延が行われるのに対し、期間費用ではこうした繰延がないことです

　今や世界に広く物資は行き渡り、他方で原材料の価格が高騰するなど社会経済の環境が激変しています。「固定費の管理を基調としたコストダウン競争によるモノづくり」という単純なビジネスモデルはもはや成り立た

なくなろうとしているのかもしれません。その反面、製品や原価の企画、製品に付随するサービスの重要性が日々増しています。製造業というビジネスモデルの変化に合わせて生産管理や原価計算の仕組みもまた新たな進化を遂げるべきときを迎えているのです。

第9講のまとめ

　カンバンは優れた生産管理のツールだけれども、最近では従来からのカンバンを使った「指定席」という生産指示の他に、カンバンでは回せない「自由席」と呼ばれるタイプの生産指示も出されるようになってきた。物理的なカンバンだけではなく電子カンバンというものが使われている現場もあるらしい。これって、今までのカンバンとは少し様子が違う気がする。現場の状況は確かに変わってきていると思う。常に新しい時代の新しいモノづくりのセオリーを柔軟に構築していく必要を感じる。もちろん今のカンバンだって、そうやって生み出されて日本の高度成長を支えてきたものなのだから…。

COLUMN

稼働率と可動率

「ジャストインタイム生産方式」は、日本を代表するモノづくりのセオリーです。その中でも特に素晴らしいと常々感心させられるのが「可動率」という概念です。

日常会話でも用いられる「稼働」という言葉とジャストインタイム生産方式でいうところの「可動」という言葉の意味は、実はかなり異なります。「稼働」は実際に動いたかどうかを問題とするのに対し、「可動」は動ける状態にあったかどうかのみを問い、実際に動いたかどうかを問題にしないからです。これは必要がなければ敢えて生産はしないという考え方を背景とするものです。生産設備の減価償却費等の固定費配賦（埋没原価）を考慮しない直接原価計算的な発想に立つ考え方であり、昨今のビジネス環境によく適合し、ジャストインタイム生産方式の精神をよく示す言葉であると感じます。

ところで、今日でも使われている様々な生産設備の効率判断の指標の１つに「総合設備効率」というものもあり、以下のように定義されています。

総合設備効率＝稼働率×設備性能の発揮状況×製品の歩留り

ここでは式の中に「稼働率」という項があります。少しでも長い時間設備を動かして稼働率を稼ごうとする考え方は、作れば必ず売れた時代、即ち全部原価計算的な発想が通用した時代の考え方そのもののようにも思われますが、「可動率」と「稼働率」という２つの概念をどのように使い分ければよいのでしょうか？

例えば、設備の能力を設計する時には「稼働率」を用います。それに対していったん設置されてしまった設備の運用を考えるときには「可動率」を用います。しばしば誤解があるところですが、設備の設計時点では迷わず「稼働率」を重視しなければなりません。設置した生産設備が遊ばないように能力設計すべきことは、製造業者にとって当然のことであり基本中の基本です。その点はくれぐれも混同しないよう注意して下さい。

設備設計時の考慮→稼働率　設備運用時の考慮→可動率

第10講 期末在庫なんかどうでもよい

―――― 在庫回転率のワナ ――――

第10講の内容

1. 在庫管理の指標としての「在庫回転率」や「在庫回転期間」について概観します。
2. 期末日在庫高を用いた在庫管理の限界について考えます。
3. 「期間在庫面積」という考え方を紹介します。

在庫水準を適正に維持するための指標

　ここまで、製造業者には生産設備を目いっぱい稼働させて固定費を薄め、見かけのコストダウンを図りたいという動機が常にあるということを繰り返し見てきました。生産部門のみならず営業部門も販売活動を容易にするために「弾」を多めに持ちたいという動機を持っていますから、放っておけば全社を挙げて過剰な製品在庫を積み上げてしまう結果となるでしょう。しかし売上の見込みもなく無節操に積み上げられてしまった製品は、その後、廃棄損となる危険性を強く孕んでいます。当期に売れなかった製品在庫は来期においても売れない可能性が高く、しかも時間の経過に伴って金利は増え、品質は劣化しあるいは陳腐化してしまうかもしれないからです。

　こうしたリスクのある余剰な製品在庫を抱え込んでしまうことは、社内の指示系統の混乱の現れでもあります。それどころか、事業や会社の衰退の１つの兆候でさえあるかもしれません。その意味で、在庫水準は会社の経営状態を知るための重要な指標だとされています。

　実際の在庫の傷み具合は外部から窺い知ることができないため、一般的

には期末日在庫高と売上高という量的な関係に着目して在庫水準の適否を判断することになります。その評価指標としては「在庫回転率」が代表的です。計算式は以下の通りです。

在庫回転率＝年間売上高÷期末日在庫高

上式において、期末日在庫高としては実地棚卸を経た当期の期末日在庫高が用いられますが、前期末日と当期末日の2期末の平均値が用いられることもあります。計算結果は「回」で表現され、例えば年間売上高と期末日在庫高が等しければ在庫回転率が年1回転、年間売上高が期末日在庫高の2倍ならば在庫回転率が年2回転という具合に表現されます。また、在庫回転率の逆数を「在庫回転期間」と言います。計算式は以下の通りです。

在庫回転期間＝期末日在庫高÷年間売上高

何か数値を入れてみた方が理解が容易かもしれません。簡単な数値で表を作ってみましたので、これで感覚を掴んで下さい。一般に回転率が高い程（在庫回転期間が短い程）金利負担が小さく滞留した不良在庫も少ないと考えられるため、良い状態であるとされています。

年間売上高	期末日在庫高	在庫回転率	在庫回転期間
1000億円	1000億円	1回	1年 （12ヵ月または365日）
1000億円	500億円	2回	0.5年 （6ヵ月または182.5日）
1000億円	100億円	10回	0.1年 （1.2ヵ月または36.5日）

従来の在庫回転率の限界

　このように在庫回転率や在庫回転期間は、有価証券報告書などで公表されている財務諸表上の数値を用い"社外"から会社内部の事業の状況を窺い知ることのできる極めて重要な指標なのですが、それが重要な指標であるがゆえに、私はこの計算方法に少し違和感も感じてきました。在庫回転期間の式における分母には売上高がきていますが、これは毎日の売上高を期間合計した「面積（金額×時間）」としての性質を持った値です。これに対して分子の期末日在庫高はピンポイントの瞬間値にすぎません。このバランスの悪さに疑問を感じるのです。

　実際、管理者にとっては期末在庫を圧縮して在庫回転率を高く見せることが重要な経営目標になっていますが、こうした意識が行きすぎると在庫回転率の計算に直接影響を及ぼす期末在庫"だけ"をことさらに絞り込もうとする動機となることもあり、弊害を生んでいるケースが散見されます。

　例えば、期中は緩やかな管理（放ったらかしという意味です！）をしておきながら、期末になってから急に「在庫を一掃せよ」との指令が飛び、日常の整然とした購買活動のプロセスや生産活動のプロセスが中断してしまうという光景を見ることがあります。こうした本末転倒ともいえるオペレーションのあり方は、期末毎に在庫を点検し不要品を処分する契機にはなるかもしれませんが、年1回、或いは4回、或いは年12回の活動プロセスの中断が事業収益に及ぼす影響額は決して小さなものではないでしょう。

　昨今、世界規模で繰り広げられている熾烈な生存競争の下、期末在庫の投げ売りによる損失と、翌期首の欠品による販売機会の逸失は致命的なダメージを会社に与える可能性があります。例えば次頁の例では、見かけの在庫回転率を上げるため4半期末の棚卸の度にそれぞれ1週間、年では合計4週間もの生産・販売プロセスの中断が行われていました。これだけでも年に約8％（＝4週間÷年52週間）の逸失利益に繋がっていた可能性があります。

期末日の在庫のみに注目する場合の弊害①

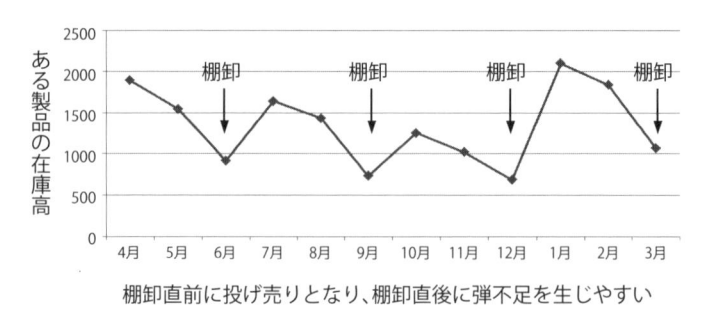

棚卸直前に投げ売りとなり、棚卸直後に弾不足を生じやすい

　期末日在庫高によってのみ在庫回転率を求める方法には、もう1つの弊害があります。それは「期末日の在庫」の状況が「期中の在庫」の状況を適切に示しているとは限らないことです。例えば期末日在庫高で見れば、下記はどちらも同じですから、従来の在庫回転率だけでは期中在庫の管理状況の違いを適切に把握することができていません。

期首・期末の在庫のみに注目する場合の弊害②

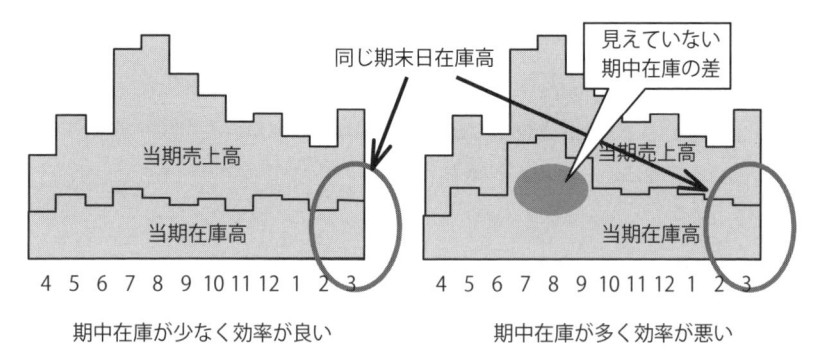

期中在庫が少なく効率が良い　　　期中在庫が多く効率が悪い

　こうした弊害への対処として、ここでは「期間在庫面積」という内部管理指標を使ってみたいと思います。そもそも売上は「毎日の売上金額を会計期間に渡って合計」した面積としての性格を持つ数値ですから、在庫も「毎日の在庫高を期間合計したもの」とすべきだとも思われるからです。「例えば年に4〜12回も棚卸をして回転率を求めるなら、いっそ毎日棚卸

（少なくとも電子的な棚卸）をすればよいのではないか…」これが在庫期間面積という考え方の出発点です。こうすれば会計期末の数字だけをメイクアップする意味も薄れますから、期末日前後において購買活動のプロセスや生産活動のプロセスを中断する必要もなくなるでしょう。

> 点ではなく、面積で管理しよう！！

期間在庫面積

　期間在庫面積とは、毎日末の在庫金額を会計期間に渡って合計したものです。こうした計算を提唱するのは、金利や保管費用が面積（金額×時間）に対して発生するものであるからでもあります。例えば10万円の在庫を20日間滞留させることと、20万円の在庫を10日間滞留させることは、在庫に関わる金利の負担という観点からは会社にとって同じインパクトを与えるものだと考えることができます。ピンポイントではなく面積という認識が重要です。

両者は同じ期間在庫面積であるため、実質的に同じ会計的インパクトを持つ

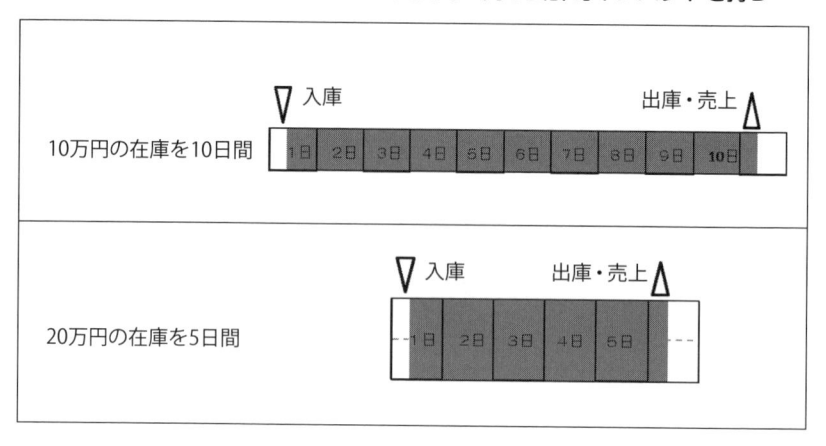

 「金利負担の回避のためにゼロ在庫を徹底しよう！」と叫ぶ一方で、金利のインパクトが実態に即して評価される努力が十分にはされてこなかったという事例の存在は問題だと感じます。恐らく従来の在庫回転率が、期末日のピンポイントの在庫額のみで期間全体の在庫効率を推し量ろうとしてきたこともまた、これらの指標が生み出された頃の時代背景が影響しているのかもしれません。事業環境の変化が緩やかだったという状況に加えて、当時は電卓さえなかったはずですから、手間のかかる計算は実務的ではなかったのでしょう。

 しかし現在では様々な情報機器の発達により、期間在庫面積を簡単に求めることができます。時代の変化の中で、関係者1人1人の意識を「期末の金額」ではなく「金額と時間の積」に振り向け、常に時間を意識して活動するように仕向けていくことが極めて重要になってきており、またデータの入手に制約のない会社内部においては、それが実行可能になってもいるのです。

期間在庫面積の計算

 ここで実際に期間在庫面積を求めてみましょう。例えば1年間の売上高と在庫高の実績が次表の通りだった場合を考えます。

	売上高	各日末の在庫高	
1日目（月）	51万円	38万円	
2日目（火）	80万円	30万円	
3日目（水）	60万円	46万円	
4日目（木）	95万円	44万円	
5日目（金）	70万円	33万円	
6日目（土）	休業日	33万円	
7日目（日）	休業日	33万円	
8日目（月）	86万円	50万円	
…	…	…	
365日目（月）	88万円	36万円	←期末日在庫高
期間合計	27284万円（売上高）	14020万円（期間在庫面積）	
回転期間	0.51日		

表中、期間在庫面積は以下の式で求めています。

第1日目の在庫 ＋ 第2日目の在庫 ＋ 第3日目の在庫 ＋ … ＋ 第365日目の在庫
＝ 38万円 ＋ 30万円 ＋ 46万円 ＋ … ＋ 36万円
＝ 14020万円

ところで、"通常"の在庫回転期間を求める式は以下の通りです。年表示の回転期間に12（＝12ヵ月）を乗じれば月数表示での回転期間、更に365（＝365日）を乗じれば日数表示での回転期間が得られます。

在庫回転期間 （年表示）	期末日在庫高÷年間売上高 ＝ 36 万円 ÷ 27284 万円 ＝ 0.0013 年
在庫回転期間 （月数表示）	期末日在庫高÷年間売上高× 12 ＝（36 万円 ÷ 27284 万円）× 12 ＝ 0.016 月
在庫回転期間 （日数表示）	期末日在庫高÷年間売上高× 365 ＝（36 万円 ÷ 27284 万円）× 365 ＝ 0.48 日

　ここで期末日在庫高に 365 を乗じたものは、実は期間在庫面積と次元的に同じものです。

在庫回転期間 （日数表示）	期末日在庫高÷年間売上高× 365 ＝期末日在庫高× 365 ÷年間売上高 ＝期間在庫面積÷年間売上高 ＝ 14020 万円 ÷ 27284 万円 ＝ 0.51 日

　上記において 2 つの在庫回転期間の計算結果（0.48 日と 0.51 日）が一致していないのは、実際の期中の在庫効率が期末在庫の状況より少し悪かったという真の実績が適切に反映されているからです。期末日在庫高から期間在庫面積への切り替えによって、在庫回転期間と在庫回転率の求め方は以下のように変わります。

在庫回転期間の求め方の変化

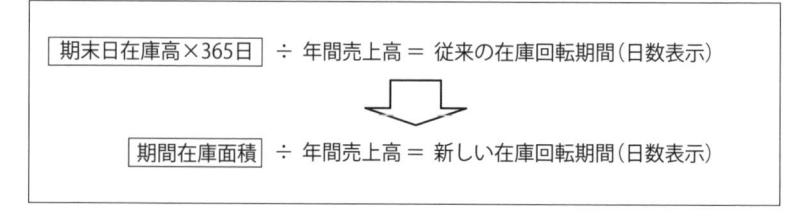

　|期末日在庫高×365日| ÷ 年間売上高 ＝ 従来の在庫回転期間（日数表示）

　　　　　　　　　　　⇓

　　|期間在庫面積| ÷ 年間売上高 ＝ 新しい在庫回転期間（日数表示）

在庫回転率の求め方の変化

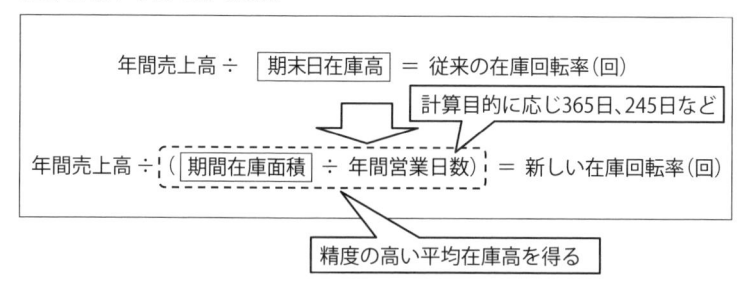

```
年間売上高 ÷ │期末日在庫高│ ＝ 従来の在庫回転率（回）
              ↓ 計算目的に応じ365日、245日など
年間売上高 ÷（│期間在庫面積│ ÷ │年間営業日数│）＝ 新しい在庫回転率（回）
                    ↑ 精度の高い平均在庫高を得る
```

　なお、在庫を集計すべき年間日数を具体的に年に何日とするのかは会社で基準を定めて管理すれば足りることですが（特に休日の扱い）、金利評価ではなく販売活動の評価をする場合には365日ではなく年間の営業日数（例えば年間245日）などとするのが妥当な場合もあるかもしれません。この期間在庫面積を営業日数で割って期間全体での平均在庫高を求めれば、従来と同じ使い勝手の在庫回転率をより良い精度で求めることができます。

在庫とリードタイムの関係

　生産技術系の方なら在庫回転期間というよりは「リードタイム」（滞留日数）の方が身近な言葉かもしれません。少し頭の体操になりますが、毎日の在庫額を集計する代わりに、各アイテムの金額に個々のリードタイムを乗じたものの合計値を求めることによっても期間在庫面積が得られます。これは「結果的に積み上がってしまったもの」として期間在庫面積を把握するのではなく、「なぜ、積み上がってしまったのか」という原因に注目して期間在庫面積を把握しようとする考え方です。これにより、在庫水準に異常があった場合、その原因を迅速に解析し対策することが、より容易となります。

当期在庫高の把握方法2つ

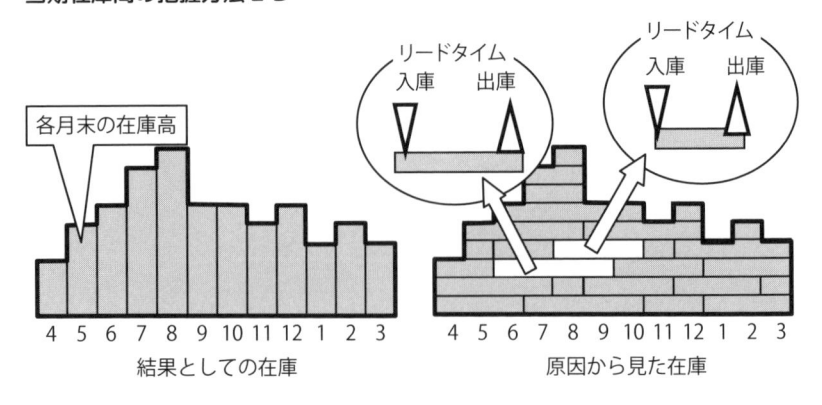

結果としての在庫 ／ 原因から見た在庫

こうした理解の仕方を試みるのは、在庫と生産リードタイムの関係を明確にするためです。製造業者における在庫には「原材料、仕掛品、製品」などがあり、そのそれぞれが在庫を構成しています。購買活動や販売活動の良否だけではなく、生産活動の良否もまた在庫の回転に影響を及ぼしているのです。

例えば下図の場合、リードタイムを1.5倍（2日から3日へ）に変更すると、在庫額も1.5倍になってしまう様子が見て取れます。この場合、在庫額を圧縮しようと思うなら、リードタイムを短縮すればよいということが直観的に御理解頂けるのではないかと思います（もちろん不良在庫はないという前提です）。

リードタイムが伸びると在庫も増える（その①）

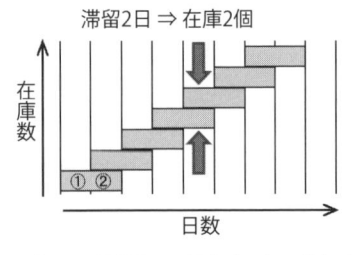

毎日1個仕入、1個売上、リードタイム2日の場合、在庫数は2個となる

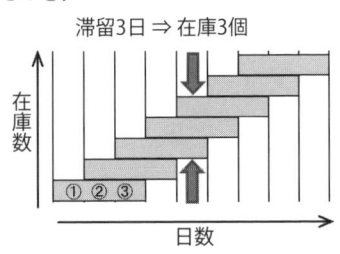

毎日1個仕入、1個売上、リードタイム3日の場合、在庫数は3個となる

更に下図においては、左から右に向かって工程が進捗し、材料が仕掛品、仕掛品が製品へと進んでいます。このときリードタイムが短ければ、在庫数（つまりは全体の期間在庫面積）が小さくなることは明らかです。リードタイムが合計4日から5日に伸びてしまうと、日々の在庫も4個から5個に増えてしまっています。ジャストインタイムの指導で「リードタイムを短くしなさい！」と口を酸っぱくして言われる理由がここにあります。逆に言えば、期間在庫面積（金額×時間）を評価することで、ジャストインタイムの実施状況が適切な水準にあるのかどうかについて知ることも可能です。

リードタイムが伸びると在庫も増える（その②）

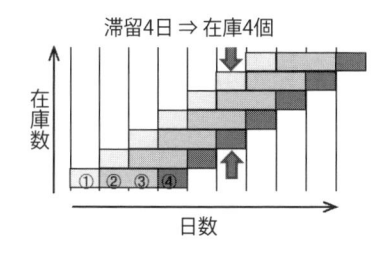

滞留4日 ⇒ 在庫4個

毎日1個仕入、1個加工、1個売上を想定
リードタイムは以下の通りとする
　材料1日(①)
　仕掛2日(②、③)
　製品1日(④) で合計4日
この場合、日々の在庫数は4個となる

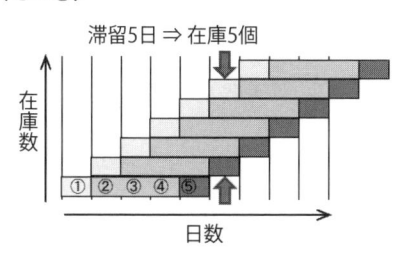

滞留5日 ⇒ 在庫5個

毎日1個仕入、1個加工、1個売上を想定
リードタイムは以下の通りとする
　材料1日(①)
　仕掛3日(②、③、④)
　製品1日(⑤) で合計5日
この場合、日々の在庫数は5個となる

　「在庫を減らす」という目標設定は、しばしば関係者の思考を萎縮させてしまいます。むしろ「お客様の要望に無駄なく最短のリードタイムで応える」と考えるなら、前向きな発想を生み、結果として在庫も適正化されていくことになるでしょう。まさにそれがジャストインタイムの出発点だったことを見失わないようにしなければなりません。

在庫と金利の関係

　製造業における固定費を配賦するための作りすぎ、そして恐らくはそれ

に伴う廃棄損や金利を戒めるため、ジャストインタイム方式では「在庫を持たない！」という思想が出てきました。これが過度に行きすぎて、災害やお客様からの需要の急増といった環境変化に対応できなくなるという弊害も昨今では見られます。

「管理できないから１つも持たない」というのは極論にすぎます。そもそも在庫を持ってはいけない理由は「金利負担の回避である」等と説明されます。その一方で従来のセオリーでは期末在庫のみが注目され、期中の在庫費用の計算（或いは期間在庫面積）には直接の注意が向けられてこなかったことはバランスが悪いと感じます。ただ闇雲に「持たない」を目指すのではなく、常に「適正な在庫水準とはどの位なのか？」を考えて実践する必要があります。そして期間在庫面積を用いれば在庫水準の一層の適正化を図ることができます。

以下に少し数字を挙げて、リードタイムベースでの在庫費用の評価を行ってみましょう。

製造業のように、部品〜仕掛品〜製品と進むにつれて棚卸資産の単価が大きくなっていく場合には、単品あたりの期間在庫面積も少し複雑な形状になります。下記がそのイメージ図です。材料は第一工程、第二工程で追加投入を受けて価値を増し、最終的に製品在庫となっていきます。

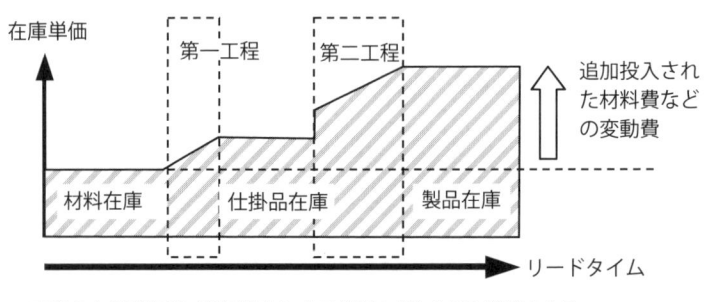

実際の在庫単価は、追加投入により製品に近づくほど増加する

以下では少し事例を簡略化し、１つの加工工程のみを有する場合の在庫

費用を検討します。期間在庫面積の形は台形と長方形の組合せとなっていますので、計算式にも台形の面積を求める公式（1／2×（左辺＋右辺）×幅）が要素として含まれてきます。

〈在庫費用の計算例〉
前提：材料費80円および追加投入10円、最終的な材料費90円、売価100円（粗利10円）
　　　想定納期は4週間後、保管費1％および資本コスト5％（1日当たりでは6％÷365）

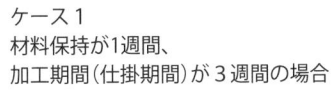

ケース1
材料保持が1週間、
加工期間（仕掛期間）が3週間の場合

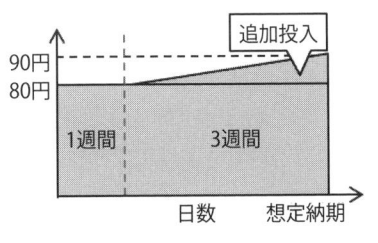

ケース2
材料保持が1週間、
加工期間（仕掛期間）が1週間の場合

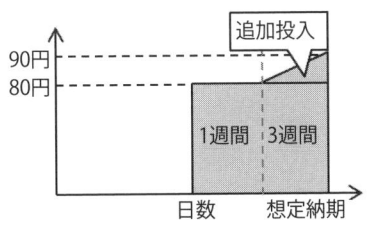

期間在庫面積
80円×1週間（7日）
＋1／2×（80円＋90円）×3週間（21日）
＝2345円

保管費および金利
2345×（6％÷365）＝0.39円

期間在庫面積
80円×1週間（7日）
＋1／2×（80円＋90円）×1週間（7日）
＝1155円

保管費および金利
1155×（6％÷365）＝0.19円

　仕掛品や製品の在庫を長期間保持する場合、金利負担は当然として、廃棄リスク（注文の取り消し、旧式化による型落ち、品質劣化等）が増えるであろうことにも注意が必要です。このケースでは、例えば1年間で20％の製品が型落ちすると仮定し、仕掛品と製品が廃棄損となる確率を3週間の保持で1.3％（＝1－80％$^{3/52}$）、1週間の保持で0.4％（＝1－80％$^{1/52}$）と想定するならば、その得失は以下の通りとなるでしょう。

第10講　期末在庫なんかどうでもよい　　**141**

	ケース1	ケース2
金利負担	0.39円	0.19円
廃棄損失	90円 × 1.3% = 1.17円	90円 × 0.4% = 0.36円
合計	1.56円	0.55円
見かけの粗利	10円	10円
実質的な粗利	8.44円	9.45円

　以上により、ここでは金利の増減よりは廃棄リスクの増減の方が影響が大きくなりました。結果は廃棄確率の見積もり方で大きく変わります。適正な在庫水準を決める場合には、金利に注意すると同時に、廃棄リスクにも十分な注意を払わなければなりません。またリードタイムの短縮が利益率の向上に直結することを常にしっかり意識して下さい。

　　　　　　　　時(リードタイム)は金なり！

会社を発展させるための管理指標

　財務指標とは、日々の活動効率の状況をそのまま表すことにより、活動効率の目安とするためのものですから、財務指標のために日々の活動が阻害されているとするなら本末転倒です。例えば、期末日だけ在庫を絞るという行動は会社の競争力向上に資するでしょうか？　仮に株主の方々の視線が気になるのなら、従来の指標に併記して会社が新しく工夫した指標も明示し、「会社はこの指標で効率化を目指しています」と宣言すれば、会社の努力は株主に伝わるのではないでしょうか。適正な指標による適正な目標管理は、結局の所、会社の真の体力を回復させ、旧来の指標数値の改善にも繋がっていく筈だと私は思います。

正しい指標が企業を発展させ、発展した企業が新しい指標を作っていきます。管理会計の世界では、既存の指標だけに縛られる必要はありません。会計指標のために会社が存在するのではなく、会社の発展のためにこそ会計指標が存在し随時工夫されていくべきだということを、改めて心に刻んで頂ければと存じます。

第10講のまとめ

　実は、うちでも期末在庫を抑制するため、いつも棚卸日の3日前から生産を止めている。材料も発注禁止になっちゃうから、棚卸が終わってからも2日間は生産が安定しないんだ。影響は実質1週間くらいにはなるだろうか。でも、それって何のためなのか本当はわかっていなかった。指標を改善しなければ人事考課が下がってしまうけど、期末日だけ在庫を減らしてどれだけ金利を節約できていたのだろうか？　もし仮に在庫回転率を良く見せるためだけに事業活動を止めてしまっているのなら、やはりそれは本末転倒のように思える…。

COLUMN

7つのムダの変化

　日本を代表するモノづくりのセオリーでは、付加価値に寄与しないムダ（いわゆる「7つのムダ」）を、例えば以下のように定義しています。

1. 作りすぎのムダ　…廃棄損の回避
2. 手待ちのムダ　…労務費の節減
3. 運搬のムダ　…労務費の節減
4. 加工そのもののムダ　…労務費の節減
5. 在庫のムダ　…在庫金利の節減
6. 動作のムダ　…労務費の節減
7. 不良をつくるムダ　…材料費・労務費の節減

　この7つのムダのうち、「手待ちのムダ／運搬のムダ／加工そのもののムダ／動作のムダ」の4つは直接労務費のムダに相当するものと考えられますが、第5講でも見た通り、労務費の割合が顕著に下がり、材料費の割合が突出する傾向にある現状においては、このムダの定義も見直しが必要な時期に差し掛かっているのかもしれません。
　これから特に注意すべき新しいムダとは、例えば以下のようなものではないでしょうか？

新しい7つのムダ

1. 作りすぎのムダ　…廃棄損の回避（材料費等の節減）
2. 在庫のムダ　…在庫金利の管理（付加価値の配分の問題）
3. 不良をつくるムダ　…材料費の節減

────　ここまでは従来通り　────　　（新しいムダ）

4. 材料を個別発注することによる内部経費のムダ　…材料費対策
5. 材料を個別発注することにより値引きを受けられないムダ
　　　　　　　　　　　　　　　　　　　　　　　…材料費対策
6. 材料を個別発注することによる運送費のムダ　…材料費対策
7. 材料切れによる利益逸失のムダ
　　　　　　　　　　　　　…在庫金利と売上機会逸失のバランス

　もちろん今後とも今まで通りのジャストインタイムのセオリーに則り、個別発注を継続すべき材料が大半だとは思われます。しかし常に上記のムダを包括的に金額評価し、バランス良く最善の発注方法を模索していかなければならないのだと、昨今では強く感じます。

　教科書の「7つ」にこだわらず、それぞれの会社の状況に沿ったムダを定義してみて下さい。

第11講 会社を迷走させる方法

―― 差額原価と埋没原価 ――

> **第11講の内容**
> 1. 制度会計上の製造原価で単純に内・外作の判断をすることの限界について考えます。
> 2. 差額原価、埋没原価、機会原価等の概念について概観します。
> 3. 評価範囲が変わると、結論が変わってしまう場合があることを確認します。

外注とコストダウン

　昨今、厳しいコストダウンが要求され、部品を内作すべきなのか外注に出すべきなのかという判断に迫られるケースも多くなりました。ところが、コストを比較して内作より安価だと判断された外注業者に部品加工を出したところ、なぜか会社の損益が悪化してしまったという事例が見られることがしばしばあります。どうしてこんな現象が起こるのでしょうか？ そのからくりには、前出の全部原価計算が絡んでいます。例えば、以下の事例はどうでしょうか？

部品1個当たりの製造原価		部品1個当たりの外注費用	
直接材料費	@220円	直接経費	@300円
直接労務費	@50円		
製造間接費	@80円		
合計	@350円	合計	@300円

　内作の製造原価は合計350円、外注費用は300円ですから、これをもっ

て外注費用が50円安いと判断し外注に切り替えてしまってよいでしょうか？　実は、この段階でこうした判断をすることは誤りなのです。上記では情報が足りません。何が足りないかお分かりでしょうか？　少し条件を補足します。

部品1個当たりの製造原価	部品1個当たりの外注費用
直接材料費（変動費）　＠220円 直接労務費（変動費）　＠50円 製造間接費（固定費）　＠80円	直接経費（変動費）　　　＠300円
合計　　　　　　　　　　＠350円	合計　　　　　　　　　　＠300円

この場合、会社が選ぶべきなのは、内作でしょうか？　外注でしょうか？

現在すでに内作している部品について外注するかの判断（差額原価と埋没原価）

　モノづくりにおいて「内作か外注か」という判断が必要とされる場面において、最初に登場するのが「差額原価」という概念です。差額原価を考える場合、内作した場合と外注した場合を比較して、どちらが現金の支出が大きいかという直接的な判断をすることになります。制度会計上、貸借対照表上に記載される在庫資産の金額評価は、全部原価計算によって求められる製造原価で行いますが、経理部門から報告されてくるであろうこの製造原価と外注費をストレートに比較して安い方を選択するという方法は、実は正しくありません。なぜなら製造原価には、内作を外注に切り替えれば減少する費用（変動費）と、外注に切り替えても減少しない費用（固定費）が含まれているからです。なお、この事例では製造間接費（固定費）の内容として生産設備の減価償却費などを想定しています。

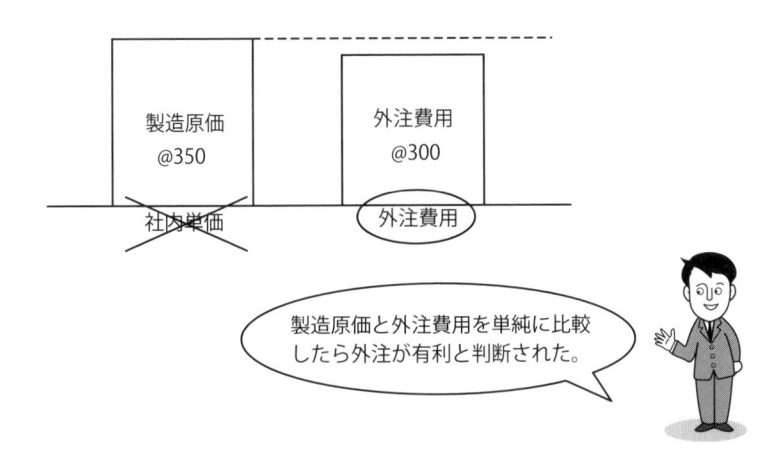

製造原価 @350
外注費用 @300
社内単価（取り消し線）
外注費用（丸囲み）

製造原価と外注費用を単純に比較したら外注が有利と判断された。

　例えば直接材料費は、通常は変動費であり内作を外注に切り替えることによって内部的には減少する費用です。この事例では労務費も変動費という設定にしていますから、外注によって減少する材料費や労務費と、外注によって増加する外注業者からの購入費用の大小関係で、外注に切り替えるべきか否かの直接的な判断が可能です。

　これに対して製造間接費（例えば、既に購入してしまった生産設備の減価償却費等）は一般に固定費であり、外注するか否かに拘らず将来的にも発生し続ける費用です。こうした外注化によって直ちには減少しない固定費系の費用を含めた製造原価で比較をすれば、判断を誤ってしまうのです。

　正しい方法は、外注化で増加する変動費と、外注化で減少する変動費のみを取り出して比較することです。これが差額原価と呼ばれる考え方です。この事例でも、改めて減価償却費を除外して比較したところ、内作が有利と判断され結果が逆転してしまいました。

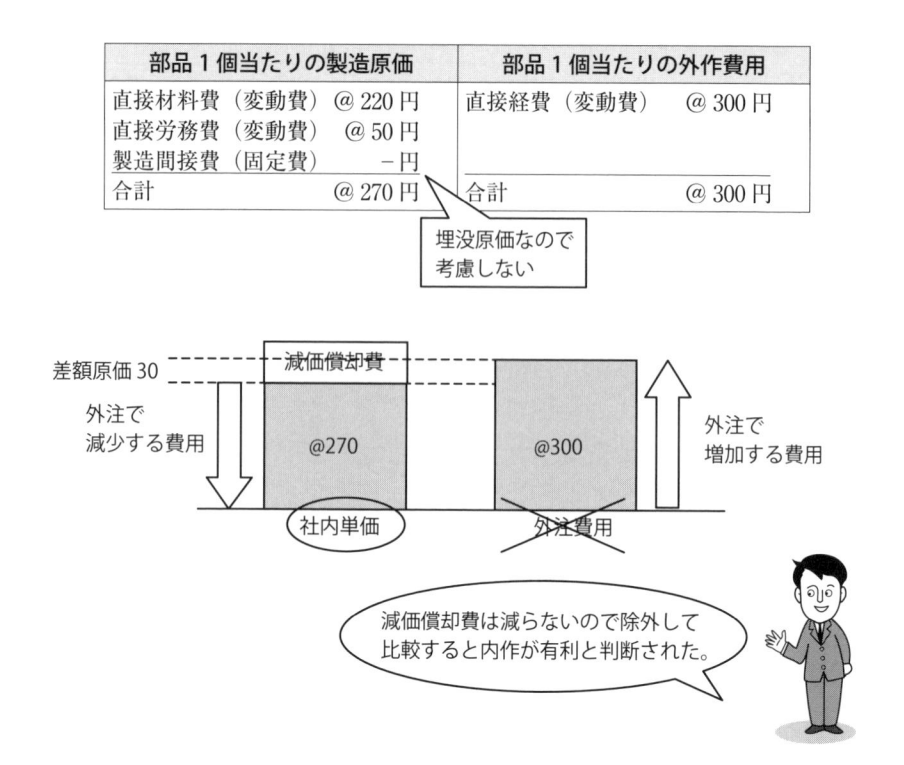

部品1個当たりの製造原価		部品1個当たりの外作費用	
直接材料費（変動費）	@ 220円	直接経費（変動費）	@ 300円
直接労務費（変動費）	@ 50円		
製造間接費（固定費）	－円		
合計	@ 270円	合計	@ 300円

埋没原価なので考慮しない

差額原価 30
外注で減少する費用
減価償却費
@270 社内単価
@300 外注費用
外注で増加する費用

減価償却費は減らないので除外して比較すると内作が有利と判断された。

　なお、この場合の減価償却費のように、過去の意思決定で決まっていて変えることができない原価要素（意思決定に影響を及ぼすべきではない原価要素）を「埋没原価」と称します。これは極めて重要な概念です。即ち、後で埋没原価になってしまう固定資産の取得は常に慎重に事前検討されなければなりませんし、逆にいったん取得してしまったら、その固定資産の存在（埋没原価）に囚われて誤った意思決定をしてしまわないよう、くれぐれも注意をしなければなりません。

現在すでに内作している部品について外注するかの判断（設備売却）

　外注への切り替えは行わないという方針で一件落着しかけていた会社ですが、ここで新しい情報が飛び込んできました。古い生産設備を買い取りたいという業者が現れたというのです。中古の生産設備をそっくり簿価で売却できるというのは比較的に稀なケースですが、活況を呈する海外市場

を背景に、某業者が極めて有利な条件で買い取りを打診してきたとのことでした。この売却に応じれば減価償却費も削減できることから、改めて内外作の比較を行った結果、今度は外注が有利と判定され、結果が再び逆転してしまいました。

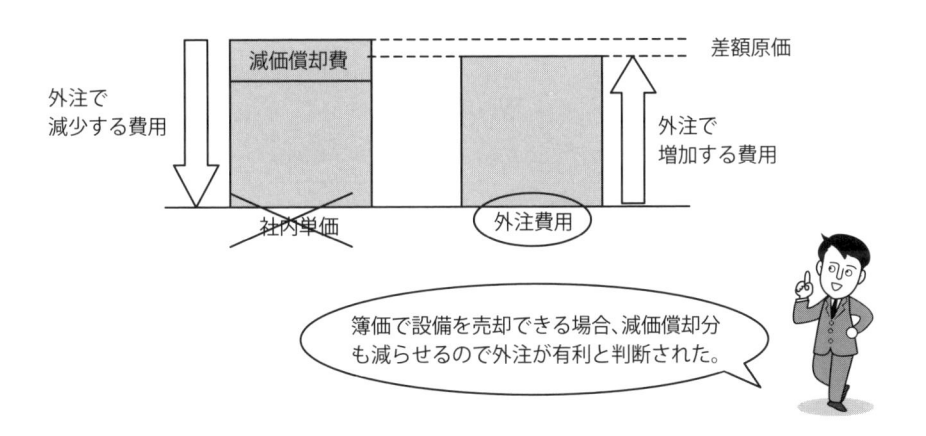

> 簿価で設備を売却できる場合、減価償却分も減らせるので外注が有利と判断された。

ところが、その後、よくよく買い取り条件を確かめた結果、買取価格はそれほど有利ではなく、撤去関連費用なども加えると多額の売却損が出てしまうらしい事が分かりました。この売却損を考慮に入れると、内作が有利と判定され、三度結果が逆転です。

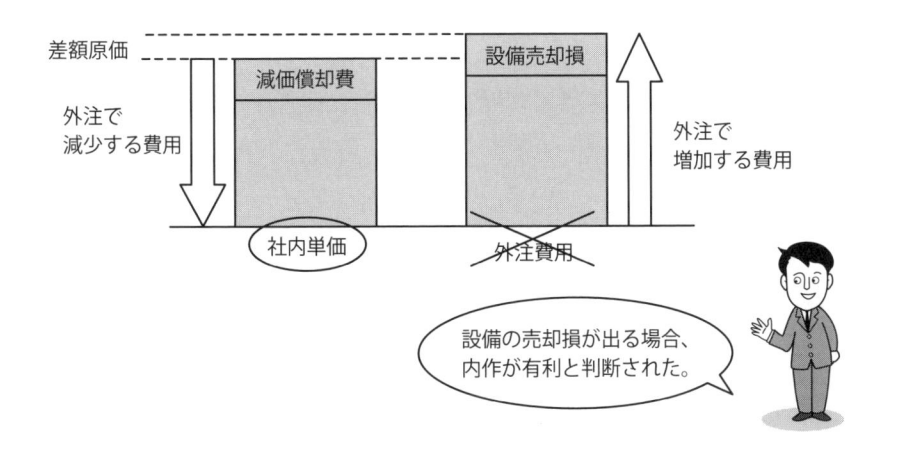

> 設備の売却損が出る場合、内作が有利と判断された。

現在すでに内作している部品について外注するかの判断（機会原価）

ここで更に新しい情報が加わります。内作をすっかり止めて加工場の跡地を製品置き場にすると、現在外部で借りている製品倉庫の賃料が節減できることが判明したのです。四度結果は逆転し、今度は外注有利と結論されました。

なお、この場合の倉庫費のような代替案の選択に係るコストを「機会原価」と称します。

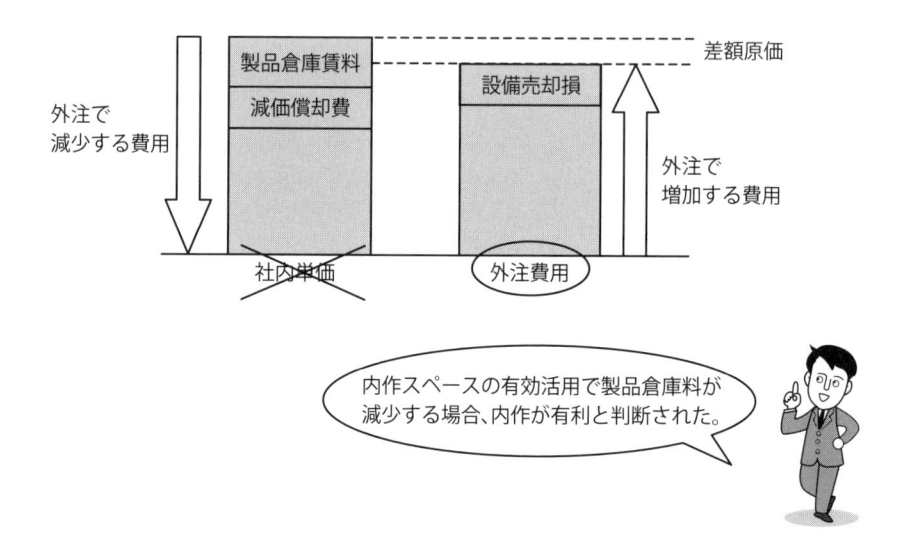

図中テキスト：
- 製品倉庫賃料
- 減価償却費
- 外注で減少する費用
- 社内単価（打ち消し線）
- 設備売却損
- 外注費用
- 外注で増加する費用
- 差額原価

吹き出し：内作スペースの有効活用で製品倉庫料が減少する場合、内作が有利と判断された。

以上の様に、どこまでを検討範囲とするかによって、比較結果は何度も逆転してしまう場合があることがわかります。

新規に加工部門を設置し内作するか外注するかの判断

ここまでは既存の加工部門を外注に切り替えるか否かという検討でした。これに対して新規に加工を開始するか否かの判断の場合には、全てがこれからの意思決定で決まってくるため、固定費であっても変動費と区別なく扱い検討することができます。この場合には、制度会計における製品原価（全部原価計算で算定され、貸借対照表に資産計上されるべき単価）と、

外注費用の単純比較を行えばよく、両者の差が差額原価となります。

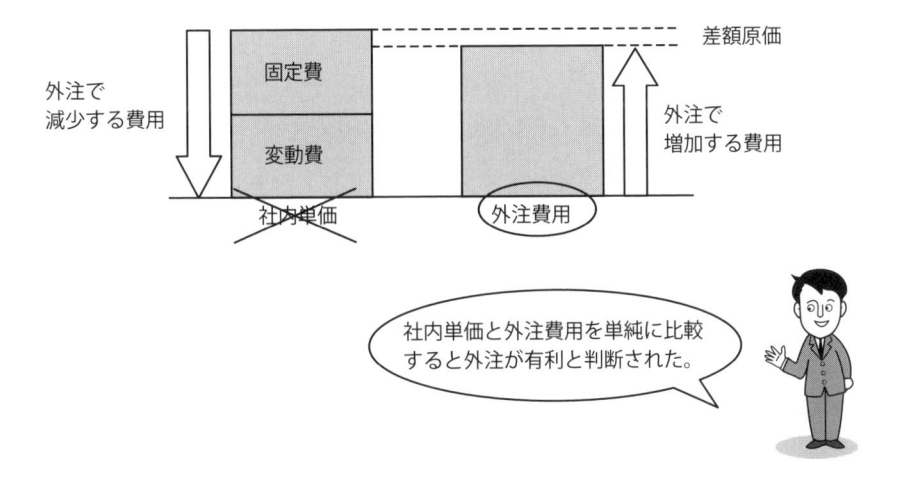

```
外注で          固定費                    差額原価
減少する費用                              外注で
              変動費                    増加する費用
            社内単価      外注費用
```

＜吹き出し＞社内単価と外注費用を単純に比較すると外注が有利と判断された。

この事例における比較結果（考慮の範囲によって、結論が変わる場合がある）

全部原価計算	差額原価を考慮	埋没原価を考慮	設備売却損を考慮	機会原価を考慮
外注が有利	内作が有利	外注が有利	内作が有利	外注が有利

　これらは一見複雑な計算のようですが、予測でき得る条件範囲において、単純にどちらが「会社の出費」が大きくなるかという比較を単純に繰り返す作業だと考えれば、イメージしやすいのではないでしょうか。

　なお、外注業者の利用には負荷の平準化という効果も期待されます。外注業者の活用により負荷全体のピークを凌ぐことができるなら、生産設備や人員をピーク時の負荷見合いで保有する必要がなくなるため、閑散期における非効率な固定費の発生を回避できます。それは、固定費を変動費に変換し損益分岐点を下げられるということでもあります（第6講参照）。

　製造業者が自社のどんな活動を自らの競争力の源泉と考え、どの部分を自社内部で維持し、どの部分を外部業者に委ねるのかを整理し慎重に決定しなければなりません。競争力の源泉でない部分なら固定費は極力変動費化し、余剰な固定資産を抱え込まないようにすることが大原則です。

確実な検証

　ここまで見てきましたように、検証の範囲を広げれば結論が変わる場合は多々あります。会社の日常業務ではしばしば「確実な検証」を求められることがあるかもしれません。しかし実際の所、絶対確実で完璧な検証というものは困難です。なぜなら、範囲を広げれば広げるほど検証の精緻さは増しますが、範囲を広げるほど不確定な要因もまた混じってしまうからです。では、どの範囲まで検証をして決断を下せばよいのでしょうか？

　恐らくそこに正解はありません。大切なことは、どこにどんなコストがあるのかを概ね把握できたなら、それを踏まえて「今後どんな事業にしていきたいのか？」というゴールのイメージを関係者で話し合いしっかりと共有することです。予測される差額原価が致命的なものでないなら（！）、仮に差額原価がマイナスであっても実行してみるという判断はあってもよいのかもしれません。事前に読みきれない要素は数多く、関係者の思いの強さというものは計算しきれないからです。

〈イメージしよう！〉
会社が目指しているものは何か？

　見方を変えれば、関係者でゴールのイメージが共有できていない場合に、差額原価だけで意思決定をすることは極めて危険です。ゴールのイメージがなく、ただ表面的な差額のみで意思決定されるケースは現実に多々ありますが、評価の範囲を変えれば自由自在に都合のよい結論が引き出せてしまう可能性があることには注意をして下さい。ゴールのイメージがない意思決定を繰り返すなら、方針が振れて会社は迷走し、結果的に何も達成できなかったという事態に陥ってしまうでしょう。

例えば会社がコスト競争力を失って危機に直面したとき、恐らく最初にしなければならないことは原価の検証ではありません。事業の目指すべき社会的ミッションを再確認することです（第20講参照）。

> **第 11 講のまとめ**
>
> 　いつも上司から、確実な検証を求められるけど、検討の前提や範囲が変われば評価の結果も大きく変わっちゃうから困ることも多いんだよな。少し係数をいじれば「GO」という結論も「NG」という結論も出して出せないことはないんだ。でも固定資産の取得はくれぐれも慎重にやらなければ。やっぱり大切なのは、どんな事業をどのようにやって行きたいのかというゴールのイメージをみんなで話し合ってしっかり共有することだと思う。それがなければ適切な意思決定などできはしない。

COLUMN

今までのコストダウン、これからのコストダウン

　昨今の製造業を巡る事業環境には極めて厳しいものがあります。会社の存続を賭けて自社の製造現場や下請業者に対して「毎年5％のコストダウンを必達せよ」等と指示が出ます。それで足りなければ目標値は更に上がるでしょう。6％、7％、8％…。間接部門も予算や標準原価を安易に絞って製造現場を締め上げます。9％、10％、11％…。

　確かに、外注費も社内コストも、毎年の目標を掲げてコストダウンに励むことは大切ですが、こうして目標を掲げることと、実際に事業の損益がどうなるかを予測することは全く別ですので、その点にはくれぐれも御注意を下さい。

　経験曲線という言葉があります。曰く「累積生産量が上がれば、モノづくりのコストは一定の割合で下がる」 しかしそれが未来永劫に渡って成り立つのかどうかについては慎重な検討が必要です。昨今の原価構造を見れば材料費が突出し、製造現場の労務費の割合が小さくなってきています。これは長年の現場のカイゼン等の1つの成果かもしれません。しかし理由はともかくも、材料歩留が極端に悪くて改善の余地がある場合を例外とすれば、今後、製造現場の努力（モノづくり力）だけで戦える領域は随分小さくなってしまったと考えるべきでしょう。

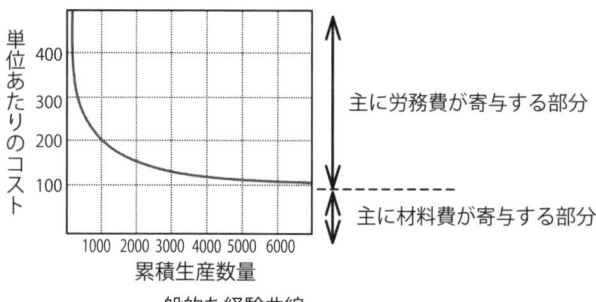

一般的な経験曲線

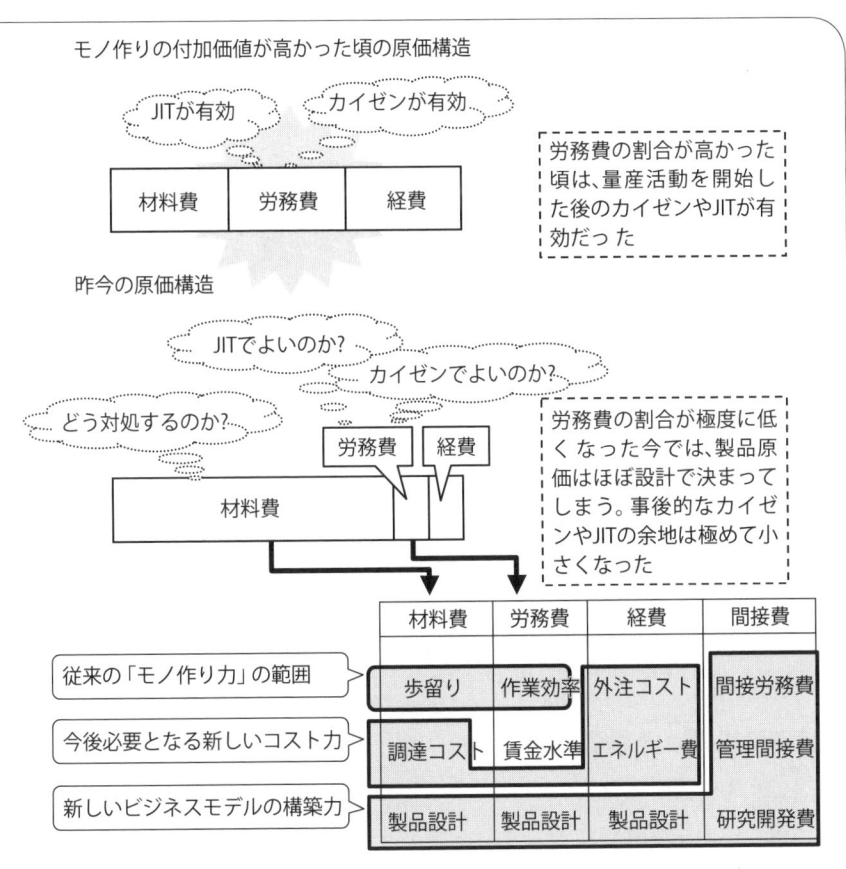

モノ作りの付加価値が高かった頃の原価構造

- JITが有効
- カイゼンが有効

| 材料費 | 労務費 | 経費 |

労務費の割合が高かった頃は、量産活動を開始した後のカイゼンやJITが有効だった

昨今の原価構造

- JITでよいのか?
- カイゼンでよいのか?
- どう対処するのか?

| 材料費 | 労務費 | 経費 |

労務費の割合が極度に低くなった今では、製品原価はほぼ設計で決まってしまう。事後的なカイゼンやJITの余地は極めて小さくなった

	材料費	労務費	経費	間接費
従来の「モノ作り力」の範囲	歩留り	作業効率	外注コスト	間接労務費
今後必要となる新しいコスト力	調達コスト	賃金水準	エネルギー費	管理間接費
新しいビジネスモデルの構築力	製品設計	製品設計	製品設計	研究開発費

　それでも、モノづくり力のアップ（例えばカイゼン）だけしかコストダウンの余地が見当たらないというのであれば、一度、材料歩留り100%、直接労務費ゼロで事業の損益分岐点分析を実施してみる必要があります（第6講参照）。

　これは現実にはあり得ない究極のカイゼン条件による見積りですが、それでもなお材料費の高騰や為替の動向などを見込んで将来の事業損益が赤字となると予想されるなら、どこかでカイゼンを打ち切り、会社に体力が残っているうちに（！）思い切ったビジネスモデルの転換に向かって踏み出さなければなりません。どうにもならなくなってからビジネスモデルを転換しようとしても、間に合わないからです。

Part 3 そのプロジェクトをどう評価する？

第12講 設備投資は決意表明！

―― 設備投資評価という壮大なはったり ――

> **第12講の内容**
> 1. 正味現在価値法による設備投資評価について概観します。
> 2. 内部利益率法による設備投資評価について概観します。
> 3. 回収期間法による設備投資評価について概観します。

固定資産に関する投資計算

　この講では設備投資について考えてみたいと思います。技術者の皆さんは、しばしば設備投資に関する意思決定という場面に遭遇するのではないかと思います。それは研究開発設備の購入であったり、研究開発の成果としての新しい生産設備の導入や、製造現場の増産投資の支援だったりするかもしれません。しかし設備投資は固定比率を上昇させるリスクの高い活動でもあります。

　製造業が製造業である以上、生産設備への投資は不可避な訳ですが、それをどのように行うかが会社の長期的な運命を決めてしまうことにもなります。さて私達は、個々の設備投資案件の妥当性をどのように判断していけばよいのでしょうか？

　設備投資の評価方法に関する、教科書的な表現は大体以下のようなところかもしれません。

「設備投資は多大な資金を伴うので、採算性を事前によく検討することが極めて重要です」
（…そんなことわかってるって！）

「設備投資の採算性を評価する方法としては、様々な方法があります。目的に応じて適切に使い分ける必要があります」
（…その『適切に』ってどうやってやるんだ？？）

複雑な計算や理論を振り回されても実務では困惑するばかりです。そこで今回は、代表的な設備投資プロジェクトの評価方法について概観した上で、その意味について考えてみたいと思います。少し煩雑かもしれませんが、いったんは教科書的に代表的な計算方法を並べてみます。「え、知らないの？」と言われるのは悔しいですから、代表的な計算方法の名称はぜひ入口の知識として知っておいて下さい。

代表的な設備投資評価の方法
1. 正味現在価値法
2. 内部利益率法
3. 回収期間法
4. 会計的利益率法　など

1. 正味現在価値法

まず設備投資プロジェクトの最も基本的な評価方法である正味現在価値法を御紹介しましょう。これは概ね以下のように説明をされるものです。

「正味現在価値法とは、資本コストを用いて将来キャッシュフローを現在価値に割り引いて正味現在価値を求め設備投資の採算性を評価する方法である。ここで現在価値とは、現在時点での価値を意味する、云々」

…と言われても、何のことを言っているのかなかなかイメージが湧きませ

ん（私は湧きませんでした）。資本コストや現在価値という言葉も何やら難しく感じられますが、資本コストについては第3講で少し検討を致しました。ここでもう一度確認を致しましょう。

　企業は投資家や銀行から資金を調達して設備投資等を行い、事業を伸ばしていきます。これらの資本や借入金などの資金調達に要するコストが資本コスト（WACC）と呼ばれるものでした。会社が投資家や銀行に支払わなければならない目標金利と考えてよいと思います。厳密に言えば、株式を購入した投資家に対しては金利ではなく配当金（無配政策を採っている場合なら、企業価値の上昇による株価の上昇）を支払う訳ですが、資金提供者が見返り（リターン）を要求するという点では株主も借入金の貸主も同じです。ただ、資本は元本保証のないハイリスクな資産ですから、概して借入金より高い見返りを要求されることには注意が必要でした。結果的に資本と借入金を総合した全体の金利である資本コストも借入金利より高いものとなります。ここまではよろしかったでしょうか。

　設備投資プロジェクトから得られる毎年の回収額をこの資本コストで割り引くと、その現在価値を求めることができます。ここで再び「現在価値への割引」という理解の難しい言葉が出てきてしまいました。教科書的に「現在価値とは現在の価値である」と説明しても同語反復的で、やはりイメージが難しいのではないかと思います。そこで「現在価値」とは何かを考えてみるために以下の表を作ってみましたのでご覧下さい。ここでは資本コストを5%と仮定しています。

資本コストが5%とした場合の、お金の価値の変化

現在	100.0万円	95.2万円	90.7万円	86.4万円
1年後	105.0万円	100.0万円	95.2万円	90.7万円
2年後	110.3万円	105.0万円	100.0万円	95.2万円
3年後	115.8万円	110.3万円	105.0万円	100.0万円

　現在手許にある100万円は、会社に対する資金提供者の期待に応えるため、少なくとも資本コストである年利5%で運用され利益を生み続けなけ

ればなりません。1 年後には 100 万円が 105 万円（= 100 万円×(1.05)）、2 年後には 110.3 万円（= 100 万円×(1.05)^2）、3 年後には 115.8 万円（= 100 万円×(1.05)^3）と複利計算で増やしていく必要があるということです。それが経営に求められている至上命題となります。逆に 1 年後の 100 万円は、現時点では 95.2 万円の元手に相当する勘定ですから、目標通りの利益率を実現する積りなら、現在手許にある 95.2 万円を 1 年で 100 万円に増やさなければなりません。これが 1 年後の 100 万円を 95.2 万円の現在価値に割引くという計算（100 万円÷1.05）の意味するところです。同様にして 2 年後の 100 万円の現在価値を求めると 90.7 万円（= 100 万円÷(1.05)^2）、3 年後では 86.4 万円（= 100 万円÷(1.05)^3）となります。

　少し見方を変えると、この状況を以下のように説明することもできます。
　ここにある設備投資プロジェクトがあり、1 年後と 2 年後と 3 年後に 100 万円ずつの回収が期待されているものとします。会社が資金提供者から要求されている資本コストが 5% であるとすれば、その付託に応えるためには、1 年目の 100 万円については元手を 95.2 万円、2 年目の 100 万円については元手を 90.7 万円、3 年目の 100 万円については元手を 86.4 万円以内ですまさなければなりません。その合計が 272.3 万円となりますから、初期投資額が 272.3 万円であればピッタリ期待通りの成績が予測されることを意味しています。このように資本コストから計算される元手の許容額と、設備投資計画上の実際の元手が等しい状態を「正味現在価値はゼロである」と呼ぶのです。正味現在価値がマイナスであれば目標未達成となって資金提供者の期待に応えられませんし、プラスであれば期待を超えた回収が予想されているということです。

正味現在価値がゼロという状態の説明

> 　　　95.2万円→年利5％で1年間事業活動を実施→1年後に100万円になる
> 　　　90.7万円→年利5％で2年間事業活動を実施→2年後に100万円になる
> 　　　86.4万円→年利5％で3年間事業活動を実施→3年後に100万円になる
> 合計　272.3万円
>
> 即ち、会社が資本コスト5％の達成を目標としている場合
> 1年後に100万円、2年後に200万円、3年後に300万円を回収するための元手は現在手許にある272.3万円"以内"の資金ですまさなければならない。

　更に少し事例を挙げて考えてみたいと思います。仮に、今100万円を投資して1年後に100万円回収するプロジェクト（事例1）があった場合、その収支は「-100万円+100万円でプラスマイナス・ゼロ」とはなりません。1年後の100万円の現在価値が95.2万円であるからです。その結果、この投資プロジェクト全体の正味の現在価値は-4.8万円（=-100万円+95.2万円）となり、マイナスとなってしまいます。この状態は事実上1年間お金を寝かしていたに等しく、経営者は資金提供者からの付託にきちんと応えていないことになります。このままではプロジェクトの判定結果は「NG」です。

　このプロジェクトの正味現在価値をゼロに回復させ資金提供者の付託に応える方法は2つあり、1年後の回収額を105万円まで上昇させるか、初期投資を95.2万円以下に圧縮する必要があります。

〈事例1〉
初期投資額：100万円
投資により1年後に獲得される回収見込額：100万円
資本コスト：年5％

	初期投資額 （キャッシュアウト）	回収見込額 （キャッシュイン）	現在価値
現在	-100万円	0万円	-100.0万円
1年後	0万円	+100万円	95.2万円
合計	-100万円	+100万円	-4.8万円

即ち、この投資プロジェクトの正味現在価値は-4.8万円

なお、毎年の回収見込額（キャッシュイン）の計算は本来は減価償却費の節税効果等を考慮したものとなりますが、関連する書籍も多いのでここでは詳細を省略します。これに対して下記の事例2では正味現在価値がプラスの値（14.3万円）となっていますから、資金提供者の期待に十分応える計画となっています。正味現在価値法に基づいた投資判断としては「GO！」ということになるでしょう。この場合にはプロジェクト全体の収益性が資金提供者の期待値（資本コスト）を上回っているので、実行すれば理論上は（！）会社の株価が少し上昇するはずです。

〈事例2〉
初期投資額：100万円
投資により1年後に獲得される回収見込額：120万円
資本コスト：年5％

	初期投資額 （キャッシュアウト）	回収見込額 （キャッシュイン）	現在価値
現在	－100万円	0万円	－100.0万円
1年後	0万円	＋120万円	114.3万円
合計	－100万円	＋120万円	14.3万円

即ち、この投資プロジェクトの正味現在価値は14.3万円

　更に以下の事例3では、初期投資450万円、5年間での回収総額が500万円ですから一見すると50万円の黒字のように見えます。しかし正味現在価値ではマイナス（－17.1万円）となっていますので、資金提供者から託されている5％という期待値には応え得ないプロジェクトとして「NG」と判断されることになります。敢えて実行するなら会社の株価は少し下がるでしょう。

〈事例3〉
初期投資額：450万円
投資により獲得される毎年の回収見込額：100万円（5年間）
資本コスト：年5％

	初期投資額 （キャッシュアウト）	回収見込額 （キャッシュイン）	現在価値
現在	－450万円	0万円	－450万円
1年後	0万円	＋100万円	95.2万円
2年後	0万円	＋100万円	90.7万円
3年後	0万円	＋100万円	86.4万円
4年後	0万円	＋100万円	82.3万円
5年後	0万円	＋100万円	78.4万円
合計	－450万円	＋500万円	－17.0万円

即ち、この投資プロジェクトの正味現在価値は－17.0万円

　このように理論的には厳密だとされながら、実はこの正味現在価値法は現場であまり使われていません。おそらくその最大の理由は、毎年の回収額を正確には見積れないことでしょう。そもそも下期や来期の予測ですら容易に当りはしないのですから、5年後あるいは10年後の回収額を実用的な精度で予測することはまず不可能です。確度の低い予測値をどんなに精緻に弄くり回しても精度の高い評価をすることはできません。その意味で、計算の労多くして得るものが少ないと感じる実務担当者が多いのかもしれません。しかし正味現在価値法は様々なプロジェクト評価の基本になる重要な考え方なので（それは固定資産への投資以外の様々な場面でも活用できます）、その大まかな流れはしっかりマスターしておいて下さい。

2. 内部利益率法

　実は正味現在価値法には、毎年の回収額を正確に予測するのが難しいということのほかに、もう1つ重要な欠点があります。それはプロジェクトの「効率」を評価できないということです。この欠点が規模の違う投資案件の比較を困難にしてしまいます。例えば、以下の事例ではどれが最優先的で実施されるべきプロジェクトかおわかりでしょうか？

	プロジェクトA	プロジェクトB	プロジェクトC	プロジェクトD
初期投資額	1000万円	2000万円	2000万円	1500万円
実施期間	10年	10年	5年	8年
想定資本コスト	5%	5%	5%	5%
正味現在価値	200万円	400万円	400万円	400万円

　まずプロジェクトAとBとの比較では、プロジェクトBはプロジェクトAに対して初期投資が2倍になり正味現在価値も2倍となっています。実施期間は10年で同一ですから、両者に効率上の差異はなさそうです。

　次にプロジェクトBとCではどうでしょう？　両者は初期投資額も正味現在価値も同じですが、プロジェクトCの実施期間は5年でありプロジェクトBの半分ですから、直感的にはプロジェクトCの方が有利そうです。

　ではプロジェクトCとDではいかがでしょう？　正味現在価値は同じですが、初期投資ではプロジェクトDの方が小さくてすみます。実施期間はプロジェクトCの方が短く有利です。このままではプロジェクトCとDの優劣が判定できません。そこで、正味現在価値法の逆算を行って、正味現在価値をゼロにする資本コストを求めてみます。

	プロジェクトA	プロジェクトB	プロジェクトC	プロジェクトD
逆算した資本コスト（内部利益率）	8.9%	8.9%	12.0%	11.2%
正味現在価値	0万円	0万円	0万円	0万円

　計算の結果、プロジェクトCの逆算資本コスト（これを内部利益率と呼びます）が12.0%で最も高いことがわかりました。このとき、最優先して実施すべきプロジェクトはCプロジェクトであると結論されるのです。このように内部利益率の大小でプロジェクトの実施順位を決める方法を内部利益率法と言います。仮に、求めた内部利益率が会社の資本コスト（ここでは5%）を下回るプロジェクトEがあった場合、そのプロジェクトは

「NG」と判定されることになります。もっとも、何も行動せず資金を寝かしておくなら内部利益率はゼロになってしまいますから、「何もしないよりはまし」という判断はあり得るかもしれません。

	プロジェクトA	プロジェクトB	プロジェクトC	プロジェクトD	プロジェクトE
内部利益率	8.9%	8.9%	12.0%	11.2%	4.0%
実施順位	3位	3位	1位	2位	実施しない

　内部利益率においても、正味現在価値法と同様、毎年の回収がどの程度正確に予測できるかという問題を抱えています。これはあくまでも「予測」と捉えるのではなく、「このようにプロジェクトを実施したいと思う」という関係者の決意表明であると受け止めるべきものなのかもしれません。

3. 回収期間法

　正味現在価値法や内部利益率法はやや煩雑な内容でしたが、回収期間法はとても簡単な計算です。投資額を、投資によって得られる毎年の回収見込額の累計値がいつ超えるか、という計算で投資資金の回収期間を算出する方法であり、回収期間が短いプロジェクトほど有利と判定されます。

〈事例4〉
回収期間法による投資評価
初期投資：450万円
毎年の予想回収額：100万円

	投資額 （キャッシュアウト）	回収見込額 （キャッシュイン）	総合収支	
初期投資	－450万円	0万円	－450万円	
1年目	0万円	＋100万円	－350万円	
2年目	0万円	＋100万円	－250万円	
3年目	0万円	＋100万円	－150万円	
4年目	0万円	＋100万円	－50万円	
5年目	0万円	＋100万円	50万円	←5年目で回収完了

計算が簡単であるためか、これが国内では最も多用されている設備投資の評価方法かもしれません。回収完了後の収益を考慮に入れていないといった問題点も指摘されますが、昨今の激しい環境変化の下、5年後10年後の利益予測を無理に行わず早期の投資回収を目指すべきだという考え方が基底にあります。一般的には回収期間が約2～3年を大きく超えてしまうプロジェクトは「NG」と判断されることが多いようです。上記の事例4の回収期間は5年ですから3年基準で判断するなら「NG」です。

回収期間法には、毎年の回収額を資本コストで割引いて現在価値に変換してから累積額を求めるという計算方法もあります（割引回収期間法）。これは概ね正味現在価値がいつプラスに転じるかを求める計算でもあります。事例5に計算例を示します。事例4と同じ前提でも回収期間は長くなってしまいます。

〈事例5〉
回収期間法による投資評価（割引あり）
初期投資：450万円
毎年の予想回収額：100万円

	初期投資額 （キャッシュアウト）	回収見込額 （キャッシュイン）	現在価値	総合収支	
初期投資	− 450万円	0万円→	0万円	− 450.0万円	
1年目	0万円	＋100万円→	＋95.2万円	− 354.8万円	
2年目	0万円	＋100万円→	＋90.7万円	− 264.1万円	
3年目	0万円	＋100万円→	＋86.4万円	− 177.7万円	
4年目	0万円	＋100万円→	＋82.3万円	− 95.4万円	
5年目	0万円	＋100万円→	＋78.4万円	− 17.0万円	6年目
6年目	0万円	＋100万円→	＋74.6万円	57.6万円	←で回収完了

4. 会計的利益率法

最後に会計的利益率法を御紹介します。これは投資案件によって増加すると想定される利益額の平均値を、投資額（平均投資額または総投資額）で割ってプロジェクト固有の利益率を算出し評価を行う方法です。複数の案件がある場合は利益率の大きなものが有利と判定されます。資本コスト

との直接的な比較は行いませんが、会社全体の利益率と比べて利益率が大きなプロジェクトを実施すれば、会社全体の利益率を引き上げることができます。

〈事例6〉
会計的利益率法による投資評価

> 投資額：450万円
> 毎年の利益見込額：100万円
> 会計的利益率＝100万円÷450万円＝22.2％

設備投資の適切な評価方法とは？

　どうしても製造業は多額の固定資産を抱え込みがちですし、一旦取得した固定資産は処分が難しく長期間に渡って減価償却費を発生させ続けます（埋没原価）。固定資産の取得の判断は特に慎重に行わなければなりません。しかし結局の所、どんなに慎重で精密な評価方法を採ろうとも、将来の回収見込み額を操作すれば結果は大きく変わってしまいます。

　現実的に将来回収額の正確な予測が困難である以上、やはり回収期間法などの簡便な方法で早期の投資回収を目指すのが最善なケースが多いのかもしれません。その際に重要なことは、些末な数値の差を論じるよりは、大きく見てどんな事業の姿をゴールとして思い描くのかを関係者でしっかり話し合い、イメージを共有することではないかと思います。

　また、関係者の思いがあまりにも非現実的なものに傾斜してしまわないようにするためには、プロジェクトと直接の利害を有しない社内の第三者による計画のチェックを事前に受けることが必要です。

固定資産回転率という考え方

以前、在庫の検討で回転率という考え方を見てきましたが、固定資産にも同じような回転率の指標があり、以下の式で求められます。

固定資産回転率＝売上高÷固定資産額　（当期末・前期末の平均）

固定資産回転率とは固定資産と売上高の比率で、固定資産が有効活用されているかどうかを判断することができる指標です。第4講で検討した固定比率などと併せて、会社全体の固定資産の保有状況を時々点検しておくことも大切です。

全業種の固定資産回転率の平均は2001～2002年度で1.34程度だったということですが、一般に非製造業では高く、製造業など多額の設備投資を有する業種では低くなっています。

固定資産の金額変動は在庫に比べれば遥かに少ないので、2期末平均の固定資産額を用いた計算によって会社の固定資産が重くなりすぎていないかを判断する1つの目安が得られます。

第12講のまとめ

一旦固定資産を取得すると回収までには長期間を要するから、特に慎重な意思決定が必要だ。とはいえ、毎年の下期の売上予測すらめったに当たりはしないのだから、5年後・10年後の事業の状況を予測するなんていうことは絶対に不可能だと思う。精度の低い予測値をどんなに精密にいじくりまわしても確度の高い評価ができるとは到底思えない。でもこれが5年後・10年後に向かってどんなミッションを実現したいと思うのかという意思の問題であるならば、少し話が違ってくるような気がする。設備投資評価なんて壮大なはったりだと感じていたけれども、実は関係者の決意表明の1つの形であったようだ。

第13講 本当は怖い自動化の話

―― 見果てぬ夢「自動化工場」 ――

> **第13講の内容**
> 1. ある事例により、自動化が陥りやすい失敗について考えます。
> 2. 良い自動化と悪い自動化の違いについて検討します。
> 3. 自動化が、固定費の変動費化という流れに逆行してしまうことについて考えます。

自動化によるコストダウンという罠

　前回の設備投資に続いて、今回は自動化投資について検討を行います。昨今、日本の製造業の苦戦が続いています。会社の利益を回復するためにコストダウンの必要性が叫ばれ、そして自動化こそが製造業者におけるコストダウン実現のツールであり起死回生の切り札だという論調もしばしば耳にするようになりました。確かに自動化は非常に強力なコストダウンツールとなり得る場合があります。しかしながら私は、長年現場でコストダウンに全く寄与することのない奇妙な自動化に繰り返し遭遇してもきました。

　いったいどんな場合になら自動化は力を発揮し得るのでしょうか？　自動化推進に当たって注意しなければならないこととは何でしょう？

　今回はこうしたテーマについて考えてみたいと思います。

　そもそも自動化が製造業の起死回生の切り札だと主張されるのはなぜでしょうか？　日本国内においては、高度成長期の成功体験を踏まえて「モノづくりへの拘り」や現場の「カイゼン活動」を再び活性化しようとして

いる会社も多いようです。それだけ現場の自主的な努力に依存しておきながら、歴史的に見れば現場の直接労務費は厳しく目の敵にされ続けてきたという現実もあります。直接労務費の効率化をターゲットとするカイゼン活動、派遣やパートなどによる非正規化、更には国内の直接労務費が高いからという理由で、多くの製造業者が安価な労働力を求めて中国やASEAN諸国などへ製造部門を移転してしまいました。その一方で、安価な労働力を求めて研究開発部門を海外に移転したという話は不思議とあまり聞きません。

しかしながら近年の製造原価に占める加工費（直接労務費）の割合は大幅に低下してきています。例えば製造原価報告書を見れば、多くの会社で材料費率が80〜90％にもなっている反面、労務費率が10％程度に留まっているケースが見られます。資源やエネルギーの不足で材料費が高騰する一方、現場における労務費のコストダウンが徐々に成功してきたことの証であるのかもしれません。こうしてすっかり寄与の小さくなってしまった現場の人減らしが、今後とも製造業者の本質的な生き残り策であり得るのかどうかについて、再検証が必要な段階に差し掛かっています。例えば材料費率が90％を占め労務費率が10％程度に留まる場合、材料費のコストダウンと労務費のコストダウンのどちらを優先すべきかは明らかです。そして改めて言うまでもなく、自動化や無人化は労務費のコストダウンに寄与するものであって、材料費のコストダウンに寄与するものではありません。

製造業者における原価構造

以下は、トヨタ自動車の製品製造原価明細書ですが、材料費に対して労務費の割合が極めて小さくなっていることがわかります。単体で見れば労務費は製造原価の8％でしかありません。製造業者においても「作り方」以上に原材料の「買い方」が重要になってきているのです。更に一般管理費も製品を開発、生産、販売するに要する原価の一部だと考えれば、製造部門の労務費の割合は売上高の約6％しかありません。そもそもこの中に

は製造間接費としての労務費も含まれていることを想定すれば、直接労務費の割合は一層下がってしまうでしょう。昨今の国内各社の状況が概ね同じ傾向であるならば（！）日本の製造業の生き残りを賭けた起死回生の切り札とは、本当に自動化による直接労務費の削減なのでしょうか？

トヨタ自動車の製造原価（単体・2013 年 3 月）

		金額		金額	
売上高				9756	100%
	材料費	7059	83%		
	労務費	624	8%		
	経費	781	9%		
製造原価／売上原価		8464	100%	8460	87%
販売費・一般管理費				1054	11%
営業利益				242	2%

製造部門の労務費は製造原価の8%を占めるのみ。ここに一部の間接労務費を含むと想定すれば、直接労務費の割合は更に低下する

（単位：10 億円）

　優先順位はともかくも、製造工程の自動化を進め直接労務費を節減していくこと自体は経営的に重要なテーマではあります。しかし自動化にも様々なものがあり、「攻めの自動化」や「良い自動化」がある一方で「逃げの自動化」とでも呼ぶしかないような不利な自動化があることもまた事実です。それではどんなとき、自動化が有利になり／不利になるのでしょうか？　現場のイメージをお伝えするために1つの事例を示します。実話そのものではありませんが、私自身が実際に体験した幾つかの事例の雰囲気が伝わるような設定としてみました。

ある自動化の事例

　5000万円の自動化設備（償却年数5年、定額償却、残存価額ゼロ）によって現場の作業者を100人から90人へ削減する計画がありました。この計画の前提として、現場の作業者の年間の労務費（直接労務費）を1人600万円、間接部門の技術者や保全技能者の労務費（間接労務費）を800万円と仮定して効果を試算することとしています。

自動化計画の前提

自動化の効果	現場作業者を100人から90人へ削減する
現場作業者の労務費	1人あたり年600万円とする
間接部門の労務費	1人あたり年800万円とする
自動化設備の投資額	5000万円（5年で定額償却、残額ゼロ）

　この自動化プロジェクトにより期待されたコストダウンの効果は以下の通りです。即ち現場作業者10人を削減することにより、年6000万円の労務費節減と設備の減価償却による年1000万円の費用増加が相まって、全体としては年5000万円のコストダウンが期待されました。

自動化プロジェクトで計画されたメリット

売上高	−	
売上原価	−	
直接労務費	6000万円	人員削減（＝600万円×10人）
間接労務費	−	
間接経費	▲1000万円	設備償却（＝5000万円÷5年）
売上総利益	5000万円	
一般管理費	−	
営業利益	−	
営業外損益	−	
経常利益	5000万円	

　こうして大きな期待を背負って認可された自動化プロジェクトでしたが、実際に実行してみると会社は赤字になってしまいました。現場では一体何が起こっていたのでしょうか？

　プロジェクトの実際の実施状況は以下の通りです。まず複雑な機械装置の導入によって生産設備全体の故障が増えました。チョコ停（設備トラブルなどによる短時間の生産停止）は1時間に合計3分程度だったため5％の稼働率の低下となりました。その間、90人の現場作業員の方々はじっと待機しているほかありません。このチョコ停の頻発を問題視した管理部

門は、「やるべき設備管理をきちんとやっていない」と製造部門を厳しく叱責した上で、現場の保全体制の強化を決定し正社員1名が増員されました。そのほか、自動化装置の改善や取扱マニュアルの作成、他工場への導入準備のため技術員2名が担当者として専任されることになりました。更に設備投資に関わる金利も計画時の考慮から漏れていたことがわかりました。これらを加味すると、結果的にこの自動化プロジェクトにより年350万円のコストアップとなってしまったことがわかりました。

自動化プロジェクトの実施結果（初年度）

売上高	－	
売上原価	－	
直接労務費	6000万円	人員削減（＝600万円×10人）
	▲2700万円	チョコ停発生（＝600万円×90人×5％）
間接労務費	▲ 800万円	保全の増員（＝800万円×1人）
間接経費	▲1000万円	設備償却（＝5000万円÷5年）
売上総利益	1500万円	
一般管理費	▲1600万円	技術者2名専従（＝800万円×2人）
営業利益	－	
営業外損益	▲ 250万円	投資資金の金利（＝5000万円×5％）
経常利益	▲ 350万円	

　計画時のメリット5000万円は雲散霧消し、デメリット▲350万円となっています。これは「目に見える原価」（直接労務費）から「目に見えない原価」（様々な間接費）への実質的な費用の付け替えと言うべき状況でもありましたが、更に金額換算できない深刻なデメリットも指摘され始めていました。

報告された自動化プロジェクトのデメリット

※現場の作業が固定化されたため、現場でカイゼン活動ができなくなった
※現場の作業が固定化されたため、新製品の生産対応が困難になった
※自動化設備は、個別設計であるため割高だった上に、転用も転売も困難だった

こうして使い勝手の悪い自動化装置を廃棄することもカイゼンすることもできず、老朽化で故障も増え始めた設備を、その後も現場は使い続ける羽目になりました。更に問題だと考えられたのは、こうした一連の取り組みが忙しいと言う理由で、技術部門がイノベーションに向き合わなくなってしまったことです。或いは、困難なイノベーションの苦しみから逃れるために自動化推進というルーチンワークを意図的に作り出してしまったのでないかとさえ現場では噂されました。こうして何のメリットもない自動化という検討テーマが各工場で延々と続いていくことになります。

（自動化ならお任せください!!）

安易な発想

　自動化全般について言えることだと思いますが、自動化によって直接人員の削減にはなっても、それを企画し、検討し、実行する技術者自身の労務費や、自動化設備の保全のための労務費、更にはそれでもなお発生するであろうチョコ停などのトラブルによる損失も忘れずに考慮しておかなければなりません。実際、これらの要因が適切に考慮されていないケースが非常に多いようです。

　また、自動化により現場の作業がブラックボックス化してしまうことにも注意が必要です。何か問題があっても作業者は容易には手出しができなくなり、自主的なカイゼン活動は起き難くなります。「カイゼンに期待する」としながら、現場のカイゼンを阻害する仕組みを次々に導入していくこと

は大きな矛盾です。そして更に決定的に重大な問題は、自動化推進というルーチンワークが、本来取り組むべき真のイノベーションから逃げる口実を関係者に与えてしまうことです。

　イノベーションを起こすよりコストダウンの方が発想としては容易であり、コストダウンの方法としては直接労務費の削減が発想されやすく、その直接労務費削減の方法としては自動化が発想として最も容易なのだろうとは思われます。しかしコストダウンを目標にしているにも拘わらず、多くの製造業者において自動化プロジェクトの成果が現場の直接労務費の削減だけで評価され、プロジェクトに従事する間接労務費の増加等が総合的な考慮から漏れているケースが多いことは非常事態です。自動化が及ぼす影響で注意が必要な事項には、例えば以下のものがあります。

自動化が及ぼす影響

＊現場の直接労務費	○〜×	減少する場合と、増える場合がある
＊技術や保全等の間接労務費	×	必ず増加する
＊トラブルによる損失	×	必ず増加する
＊資金繰り	×	資金繰りを圧迫する
＊設備投資資金の金利	×	必ず増加する
＊設備の減価償却費	×	必ず発生する
＊設備増設の機動性	×	手動機よりも長納期化し、動きが遅くなる
＊投資回収	×	設備の転売が効かず長期化する
＊流動比率	×	設備投資により悪化する
＊製品品質	○〜×	安定する場合があるが、全滅リスクもある
＊新製品への対応	×	困難になることがある
＊現場のカイゼン活動	×	実施が困難になる
＊技術者のマインド	×	イノベーションに向き合わなくなる
＊費用の区分	×	直接費（見える原価）から間接費（見えない原価）へ変わる
	×	変動費（回避できる原価）から固定費（回避できない原価）へ変わる

　そもそも昨今の労務費比率は著しく下がっている訳ですし、自動化設備への投資は、明らかに変動費の固定費化でもあります。現場の直接労務費

（おそらく変動費）が、固定資産の償却費（固定費）に置き換わってしまうことや、単純な加工作業が複雑な技術労働や保全労働に置き換わってしまうこと等により、損益分岐点は上昇してしまうでしょう。これは前述のような本来あるべき「固定費の変動費化」という方向性とは真逆の行動です。即ち、見える原価から見えない原価へ、そして回避できる原価から回避できない原価への費用の付け替えとなってしまうのです。このように自動化設備への投資は、単なる生産設備の増設より遥かにリスクの大きな固定的投資となる危険性を常に孕んでいます。

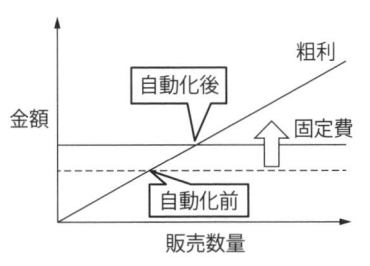

自動化による損益分岐点の悪化 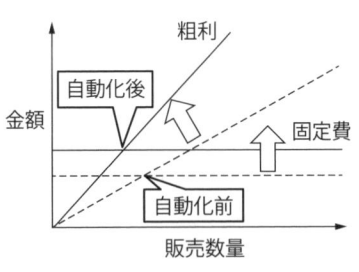 | **自動化による損益分岐点の改善**

粗利率が相当に向上しなければ、自動化は有利になりません

良い自動化と悪い自動化

　自動化のデメリットばかりを指摘してきましたが、自動化が有効な場面は確かにあります（私自身が、かつては自動化推進のエキスパートでした！）。この有効性の判断を行う前提として、まず自動化設備には大きく見て2つの種類があるということを御理解下さい。即ち「工程内の自動化」と「工程間の自動化」です。

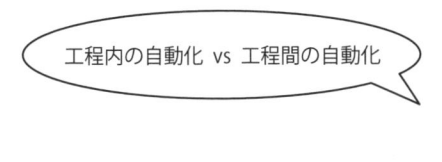

工程内の自動化 vs 工程間の自動化

このうち「工程内の自動化」は通常は製品の付加価値そのものを創造する工程であり、高度なスキルを要し、品質確保に直接関わるケースが多いので、自動化が可能であれば有利となります。例えば自動車組立工場であるなら溶接ロボットや塗装ロボット、自動検査装置なども該当するでしょうか。検査装置は無価値作業に分類されることもありますが、お客様の信頼に直接繋がるものであれば、付加価値を構成するものと考えるべきでしょう。定形的なロボットや検査装置などは中古市場にも比較的豊富に製品が出回っているので、その価格は合理的であり、設備の完成度は高く、万一不要になった場合の売却も比較的容易であろうと期待されます。近年「半自動ライン」と呼ばれるものがありますが、工程内の自動化のみを実施したラインであるケースが多いようです。

　これに対して「工程間の自動化」は通常は製品の付加価値には何ら繋がらないものです。最も典型的な例はコンベアなどの搬送装置ですが、工場の状況に合わせて1品1様に設計され設置される複雑な自動搬送装置は、どうしても割高なものとなり、完成度は低くチョコ停の温床になります。更に1品1様であるが故に中古市場での転売ができません。万一不要になった場合には、スクラップとして引き取ってもらうことになるでしょう。

自動化が適合する場面

		人でもできる作業か否か （品質確保、危険作業、高速作業）	
		NO	YES
汎用機が利用可能か否か	YES （一般に工程"内"の自動化が該当）	◎ぜひ自動化すべき	△自動化を検討する余地がある
	NO （一般に工程"間"の自動化が該当）	○自動化を検討すべき	×絶対に自動化すべきではない

　人がやって無駄な作業は機械がやっても無駄な作業です。人がやろうと機械がやろうと費用が発生することに変わりはありません。そして自動化装置は案外と高価なのです。力づくで自動化を推進する前に、工場内部の動線整理や工法それ自体の改善をまず検討すべきケースが多いようです。

より具体的には、自動化が有効となるケースは、

①人では失敗の多い工程の品質向上が期待される場合
②危険物や重量物を扱う場合
③目にも止まらないような極めて高速での稼働が可能な場合
④食品のパッケージング等、中身の変更はあっても作業内容が影響を受けにくい場合

などに限られてくるでしょう。数秒から数十秒に一回程度の緩慢な頻度の作業では、大概は人より自動化装置の方が高くつきます。人と同じ作業内容・同じ作業速度の場合には、まず間違いなく自動化の方が割高になることでしょう。自動化を検討される技術者の方は、以下の点に特に御注意下さい。

自動化に失敗しないための考慮
＊会社の業務の中で、自動化というテーマの優先順位を慎重に検討する
　（自動化による労務費の削減が、今本当に最優先すべきテーマなのか？）
＊原則として、製品の付加価値に寄与しない作業や動作を自動化しない
＊なるべく個別設計を行わず、市販されている汎用機を使う
＊事前の原価計画をしっかりと漏れなく行う。特に間接費の漏れに注意する。

固定費の変動費化

ここまで、会計という視点から製造業者のあるべき姿を考えて来ましたが、固定費を変動費化して損益分岐点を下げるというのが会計的な視点から見た場合の重要なテーマの1つでした（第6講参照）。製造業者に限ることではありませんが、固定資産や固定費を軽くするというのは経営上の普遍的な課題であり、それがためにリースの利用が試みられたり、特別目的会社（SPC）というものが設立されることもあります。

現場の直接労務費を、正社員からパート、アルバイト、派遣といった非正規社員へ切り替える動きも、固定費を変動費化しようとする動きです。

また、それが経済合理性だと言われます。しかし非正規社員／正規社員に拘わらず教育訓練などにより配置転換が可能という意味では、人はある程度変動費的な要素を持っています。人は適切な処遇をすれば大いに創意工夫し、カイゼン活動にも貢献してくれるかもしれません。

　これに対して自動化設備は転用が全く効きません。しばしば現場に合わせて個別設計されるので高価であり、完成度が低く、転売が困難です。そして年々故障が増えていきます。自動化のために設備と設備を繋ぐ複雑な搬送システムを構築した場合、もし万が一事業を中止することになれば、スクラップにするしかないでしょう。自動化装置は固定費の中でもとりわけ極めつけの固定費のチャンピオンなのです！　ある程度は流動性もある現場の労務費を、最も固定的な設備に置き換えてまで自動化を推進する価値が本当にあるのかどうかを、技術者の皆さんはどうか常に慎重に検討してみて下さい。そして真に実りある自動化を実現して下さい！

第13講のまとめ

　うちの会社でも自動化は良いことだと言われてきた。でも最近、隣に出来た最新鋭ラインの様子を見ていて何かおかしいと感じていた。複雑で難しい装置は、見栄えはとてもよいけれども、何があっても手が出せない。自分が当番の夜にトラブルが起きたら一体どうすればよいのだろう？　朝まで放っておくしかないのかな。新製品が出ても自動化ラインでは流せないという話も聞いた。本音を言えば、できれば自分は自動化ラインを担当したくない。向上心のない奴だと上司に思われたくはないけれども…。

第14講 技術者よ、大志を抱け

―― 研究開発という名のビジネス・プロジェクト ――

第14講の内容

1. ある製品開発の事例により、研究開発費と製造原価の区別の困難について考えます。
2. 研究開発プロジェクトにも採算性という概念が必要なことについて考えます。
3. スマイルカーブを示した上で、製造業が目指すべき２つの方向性について考えます。

ある新製品開発の事例

　私が研究開発費の会計的取り扱いに関する疑問を感じるようになったのは、ある事例を経験したときのことでした。今回は最初にその概要を御紹介しますので、どこに問題があったのか、ぜひ一緒に考えてみて下さい。

　ある日、私は会社から新製品の生産設備の見積りを命じられました。当時は月産100個だった製品を月産100万個に増産する計画とのことでした。開発チームからのヒアリングを進めたところ売価100円、目標原価80円に対する製造原価の実績が79.9円だと聞いたのですが、あまりに金額が微妙なので不安を感じました。そこで自分自身で慎重に原価を調べてみた結果、以下の事実が判明したのです。

ある新製品の開発事例

1. 製造部の作業員3名の他に技術部員4名が「生産補助」に入っていました。補助解消の目途は半永久的に立っていませんでしたが、あくまでも一時的な措置とのことで研究開発費として一般管理費に計上され、製造原価には算入されていませんでした。
2. 将来に渡って特殊な性能試験を全製品に施す契約がユーザーとの間で取り交わされていました。しかし試験のコストは研究開発費だという理由で製造原価には算入されていませんでした。
3. 試作中に製品設計上の重要な弱点が発見され、極めて高価な材料の使用を余儀なくされていました。これもまた一時的な措置とのことで研究開発費とされ製造原価には算入されていませんでした。しかし安価な材料へ切り替えるめどはまったく立っていませんでした。

　これらの事項を考慮に入れて試算すると、新製品の真の原価は800円位になってしまいそうでした。目標原価80円に対して原価差額が720円もあった訳ですが、当時の試作数である月産100個分を合計しても全体で7万2千円程度の持ち出しにしかならないため、他の研究開発費の中に埋もれて問題は顕在化していなかったのです。

　このとき、私は省人化と自動化のエキスパートとしての役割を期待されプロジェクトに参加したのですが、800円の原価実績のうち材料費だけでも300円以上はありましたから、仮に労務費部分の500円が省人化でゼロにできたとしても目標原価80円の達成が不可能なことは明らかでした。

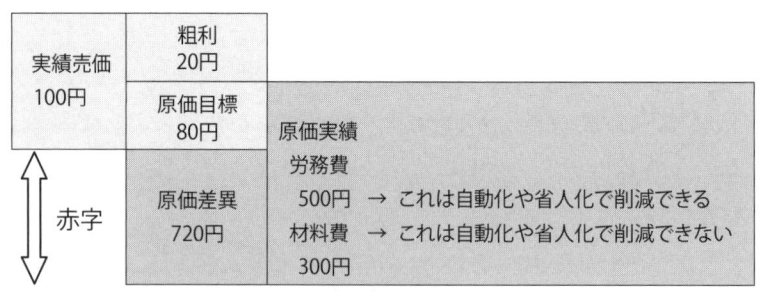

実績売価 100円	粗利 20円		
	原価目標 80円	原価実績	
		労務費	
↕ 赤字		500円	→ これは自動化や省人化で削減できる
	原価差異 720円	材料費	→ これは自動化や省人化で削減できない
		300円	

※赤字分は研究開発費(一般管理費)で補てん

　300円相当の高価な材料を使って100円で販売していた訳ですから、客先の反応は極めて良好で月産100万個（！）の増産依頼がきていました。

そのため役員の方々の期待も高く社運を賭けたプロジェクトとなります。しかし100個で7万2千円の持ち出しは、100万個なら7億2千万円にもなり赤字は確実です。そこで私は生産技術の立場から、原価80円が達成できると思われる新しい（そしてシンプルな）商品コンセプトを提案したのですが、「発想が後向き」とのゆえをもって解任されてしまったのでした。その後もプロジェクトは立ち上がらず何年間も迷走を続けます。その間、私はずっと自問自答を続けていました。プロジェクトを成功させるために、私達は何をするべきだったのだろうかと…。

製造業者の宿命、研究開発費

　第1講でも見てきましたように、研究開発費は生産設備の減価償却費と並んで製造業者を特徴づける重要な費目です。研究開発費の在り方こそが、製造業者の明日の運命を決めるといっても過言ではないでしょう。会社は何を売るのか？　利益率はどのくらいを目指すのか？　オリジナリティある製品の実現を目指すのか、それともありふれた製品ではあっても徹底したコストダウンを目指すのか？　そして将来どれくらいの研究開発費を背負い、会社は損益分岐点をどのように設定しようと考えているのか？…。

　こうしたテーマは研究開発の成否で概ね決まってしまいますし、その研究開発費を担っているのが技術者な訳ですから、技術者こそが製造業者の明日を担い、会社の明日の姿（即ち明日の財務諸表）をしっかりデザインしていかなければなりません。

　このように明日の会社（明日の財務諸表）をデザインする責務を負う技術者が、損益や財務諸表の成行きに関心がないとすれば奇異なことです。好むと好まざるとに拘わらず、技術者は財務諸表の構造をしっかりと理解し、明日の財務構造をイメージしながら、その中に自らの研究開発活動を位置づけていかなければなりません。そしてマネージメントを司る方々は、今日の研究開発が成功するよう人材を適所に配置し予算を付与するなど、資源配置を適切に行う責務を有しています。

なお会計基準（研究開発費等に係る会計基準）上では研究開発費は以下のように定義されています。改めて考えさせられる内容もあり興味深いと思いましたので紹介致します。皆さんの日々の活動は、どれかにしっかりと当てはまりますでしょうか？

会計基準上の研究開発の定義

研究とは、新しい知識の発見を目的とした計画的な調査及び探究をいう。

開発とは、新しい製品・サービス・生産方法についての計画若しくは設計又は既存の製品等を著しく改良するための計画若しくは設計として、研究の結果その他の知識を具体化することをいう。

実務指針に例示された研究開発

従来にはない製品、サービスに関する発想を導き出すための調査・探究
新しい知識の調査・探究の結果を受け、製品化又は業務化等を行うための活動
従来の製品に比較して著しい違いを作り出す製造方法の具体化
従来と異なる原材料の使用方法又は部品の製造方法の具体化
既存の製品、部品に係る従来と異なる使用方法の具体化
工具、治具、金型等について、従来と異なる使用方法の具体化
新製品の試作品の設計・製作及び実験
商業生産化するために行うパイロットプラントの設計、建設等の計画
取得した特許を基にして販売可能な製品を製造するための技術的活動

一般管理費と製造原価

　さて、先程の事例でまず問題なのは、既に客先へのサンプル出荷が開始されていて売上が立っているのに、研究開発費（一般管理費、一部は製造原価となることもある）のけじめがなかったことです。一般的に研究開発フェーズから試作や量産フェーズへの移行に際しては、関係者が一堂に会して行う品質審査会等、なんらかのセレモニーがあり、こうした審査会によって研究開発費を一般管理費から製造原価へと切り替えることが多いのではないかと思います。

研究開発費と製造原価の比較

	研究開発費 (一般管理費、一部は製造原価)	通常の製造原価
費用の繰延	発生時に費用化することが原則であり、費用の繰延は認められない	期末在庫に配分される過程を通じて、費用の繰延ができる場合がある
税法等の取り扱い	優遇処置が多い	優遇措置は少ない
財務指標	比率が高い事は好印象	比率が高い事は悪印象

　しかしながら既に認可され立ち上がりつつある製品の研究開発費を適切に区分することは、実務的にはかなりやっかいなケースが多いです。量産に移行した後になってから技術部門等の特別のフォローが必要になってしまった場合には、その費用が一般管理費に帰属するものなのか、或いは製造原価に帰属するべきものなのかについては慎重な判断を要します。

　そして一般管理費と製造原価のけじめのない管理は、①会社の損益管理と、②新製品開発プロジェクトの管理という2つの局面でしばしば重大な問題を生じることになります。先の事例でも、本当は量産化の目途の立っていない試作品の生産を無理に拡大しようとしたことが状況を困難で複雑なものとしてしまいました。少し詳細に見てみましょう。

その① 会社の損益管理上の問題

　第9講でも検討しましたが、会社で発生する様々な費用の処理には大きく見て2つの方法があります。

1. 発生時にその期の費用（期間費用）とする方法
2. 資産として翌期以降に繰り延べゆっくり費用化する方法

　一般管理費としての試験研究費に関しては、制度会計上は「1」が原則とされ「2」の資産計上は認められていません。これは研究開発が失敗して雲散霧消してしまうリスクが高いことや、資産計上する／しないに関する明確な基準の策定が困難なため、不正な利益操作の手段になってしまう

可能性があるからです。

　例えば医薬品の開発など後日に大きなリターンが期待される研究開発であれば、支出した費用をいったんは貸借対照表上で資産計上した上で（即ち支出時の費用とはしないで）、医薬品の開発が成功した時に、その生産・販売に合わせて少しずつ取り崩し費用化していくという方法も理論的にはあり得ます。しかし研究開発は極めてリスクの高い活動であり、失敗の可能性が常にあります。将来の成功を期待して資産計上された研究開発費は、後日に開発の失敗が明らかとなったときに一気に損失として計上しなければならなくなるかもしれません。そしてそれはインパクトの大きい負の会計処理になってしまいます。

　また「成功」「失敗」という曖昧な事象を、費用化する／しないの判断基準として容認してしまえば、研究開発費を利用してこれらの2つを恣意的に使い分けることにより利益操作が可能となってしまいます。例えば、期の利益が多ければ、研究開発費の費用化率を増やして利益を圧縮し、逆に期の利益が少なければ、研究開発費の費用化率を下げて利益を増やすなどです。しかしこうした操作を繰り返せば会社の事業実態は不明となり、関係者は誤った判断をしてしまうでしょう。そのため研究開発費は発生時に費用処理するのを原則とすべきなのです。ですから製品在庫に混じってしまう可能性がある製造原価との区分は合理的かつ慎重に行わなければなりません。その一方で、実態を無視して何でも研究開発費にしてしまうという訳にもいきません。

その②　新製品開発というプロジェクトの管理の問題

　ところで皆さんは日頃、御自身が携わっている研究開発プロジェクトの「収支」をどの程度、意識して活動していらっしゃいますでしょうか。研究開発という活動は、理論的には設備投資（第12講参照）のところでも見てきました「正味現在価値法」などで評価ができます。

　正味現在価値法とは、会社の資本コストによって将来の回収見込額を現在価値に換算し採算性を評価するという方法でした。研究開発活動におい

ても、プロジェクトから得られると予想される毎年の収支を現在価値に換算することで、プロジェクト全体の正味現在価値を求めることができます。その結果がプラスなら実施の価値があり、マイナスなら何等かの方向修正が必要だという判断になるでしょう。

プロジェクトの収支予測例（資本コスト5％という想定で現在価値を求めている）

	1年目	2年目	…	9年目	10年目	累計
投資額（※）	－800万円	－800万円		－200万円	－200万円	
回収見込額	0万円	0万円		＋3200万円	＋4500万円	
収支	－800万円	－800万円		＋3000万円	＋4300万円	
現在価値	－762万円	－726万円		＋1934万円	＋2640万円	＊＊＊万円

（※）投資額には、設備投資や在庫への投資に加えて、間接費の配賦や研究開発者自身の人件費も含む。

累計欄の「＊＊＊万円」は「正味現在価値」を示す。

より厳しく見れば、研究開発プロジェクトは様々なリスクを抱えつつ会社全体を背負って成長させる利益を上げなければならない訳ですから、ただ単に正味現在価値が正であるだけではなく内部利益率法などによって更に高い目標値をクリアしていく必要があります。現実には研究開発の成果を予測することは難しく、個々のプロジェクトに計画段階から過度に厳しい目標を課せば活動が委縮して成果が出なくなってしまうかもしれません。とはいえ「研究開発活動にも収支があるのだ」という意識を明確に持つ必要はあります。

もし万が一、量産フェーズへの移行後も一人立ちできていないプロジェクトがあるのなら、その事実を明らかにして適切な支援をしなければなりません。研究開発費を費用の逃げ場所とするのではなく、プロジェクト全体の収支を常に明確にすべきです。そして苦戦が予測されるなら、支援を強化するか、方向転換をするか、撤退するかを迅速に判断し、手を打たなければなければなりません。新製品の製造原価を研究開発費で調整してしまうと実態がわからなくなります。真実を曖昧にして不振のプロジェクトを引きずることは、結局のところ、誰の幸福にも結びつきはしないのです。

技術者による第三者チェックの必要性

　意識的であるにせよ無意識的であるにせよ、研究開発プロジェクトの評価は、当事者が自ら行う場合には、どうしても甘めでバラ色のものになりやすいものです。もっとも当事者でさえバラ色の将来像が描けないような研究開発プロジェクト（実際、そういうものが結構あるので驚かされますが）では困りますから、当事者が自らのプロジェクトの価値をバラ色に語ろうとするマインド自体は大切だと思います。とはいえ実際にそれを取り上げて大々的に事業展開してよいかという判断の段階であれば、慎重な対応が必要です。当事者が報告する将来の回収見込額（キャッシュフロー）の予測を、直接の利害関係のない誰かが慎重に検証し、問題点があれば適切なタイミングで方向修正を促していかなければなりません。

　そのためにも、会社内部に研究開発プロジェクトの会計的評価を行う独立性の高い「第三者組織」を設置する必要性を常々痛感します。経理部門がその責務を負っている会社も少なくないとは思いますが、経理の方々には技術の言葉や思いが十分に伝わらない場合もあります。技術の担当者が心象の良い数値を作り上げてしまうといった状況は日常茶飯事です。管理部門の方々も自らの思い入れの強いプロジェクトの抱える問題点を冷静に指摘して方向修正を促していくことは容易ではないかもしれません。そしていったん誤った方向に走り出してしまったプロジェクトの軌道を後から修正することは極めて困難です。

　ですから、なんらかのプロジェクトを大々的に発足させて関係者の面子や利害が絡み合ってしまう前に、適切なタイミングで誰かがプロジェクトの方向性を検証しておかなければなりません。そしてそれは、技術的バックグラウンドを持ち、併せて幾ばくかの会計知識をも併せ持った誰かが担うべき責務であると私は感じます。もし研究開発活動を統括する部門があるなら、将来予測に基づいた財務諸表を作成し、個々のプロジェクトを統合して研究開発活動全体の目標値を整合させていかなければなりません。

内部統制の及ばない聖域

　さて、改めて言うまでもないことですが、会社は多くの活動プロセスの集合体として成り立っています。購買プロセス、販売プロセス、棚卸資産プロセス、人事プロセス、固定資産プロセス…など、様々な活動があります。その中のどれが欠けても会社は成り立ちません。ですからどのプロセスが重要で、どのプロセスが重要ではないといった議論にはあまり意味はないかもしれません。ですが、それを承知で敢えて指摘するなら、製造業者で最も重要な活動プロセスは研究開発であると私は思います。なぜなら研究開発こそが、製造業者というビジネスモデルにおける競争力の核心だからです。それがなければ、これからの製造業は単なる流通業と差がなくなってしまいます。研究開発部門の担う責任は極めて重いのです。ところが困ったことに、研究開発は多くの会社でずっと放置されていて、その生産性にメスを入れられることは少なかったのでした。

　通常、会社には様々な内部統制機能があり、不正を防止したり活動プロセスの効率を維持するための対策が採られています。ところが研究開発は製造業者の運命を左右する核心的な活動であるにも拘わらず、積極的な統制管理の対象とはされてきませんでした。成果の測定が難しく、また専門知識や専門用語を盾にして外部者への説明責任が十分に果たされていないケースも多いからです。収支のイメージなしに実施されているプロジェクトも少なからずあるようです。こうして外からの風が入らなくなった研究開発は次第に活動効率が低下し、自らその存在意義を失ってしまいます。

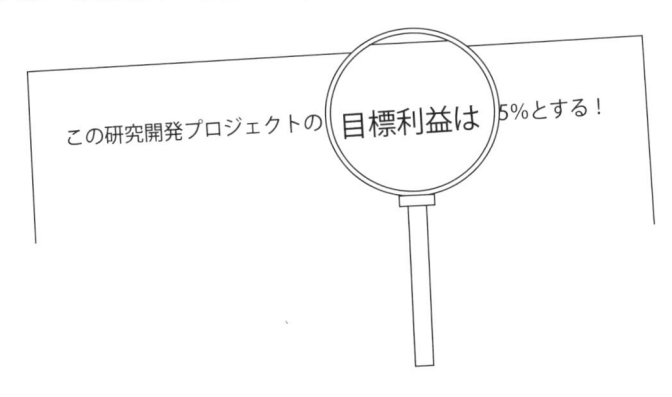

この研究開発プロジェクトの　目標利益は　5%とする！

第14講　技術者よ、大志を抱け

しかしどんなに専門用語だらけの研究開発活動であろうとも、それを経営的にきちんと管理するのは実はそれほど難しいことではありません。まず研究開発者自身に「どんな価値がある活動なのか」を明確に宣言する場を提供し、その価値について毎年きちんと報告を受け、差異があれば理由を正して支援をする…。ただそれだけのことで、研究開発活動の効率はきっと随分と上がります。

スマイルカーブ

　次に示すのは、スマイルカーブと言われる図です。これは昨今の製造業に共通して見られると言われる現象で、縦軸に収益性（付加価値）、横軸にサプライチェーンをとると、真ん中の加工組立という活動の付加価値が著しく低くなってきていることを示しています。スマイルカーブという名称は、この曲線の形から台湾のパソコンメーカーの会長が命名したものだと言われます。

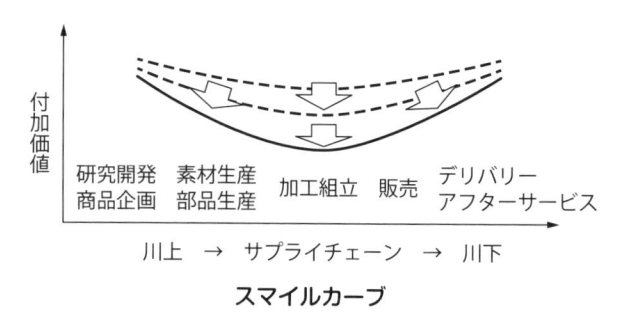

付加価値

研究開発　素材生産　加工組立　販売　デリバリー
商品企画　部品生産　　　　　　　　　アフターサービス

川上　→　サプライチェーン　→　川下

スマイルカーブ

　製造業者にとってスマイルカーブの意味する所は極めて重大です。例えばパソコン産業なら、パソコンという「箱」そのものを作っているメーカーはさほど儲からなくなり、OSやアプリケーションに強い会社、或いは販売やお客様に対するサポート力に優れた会社が勝ち組となりました。昨今では多くの製造業で同じような傾向が見られます。その背景には、昨今のインターネット等による生産技術の知識の普遍化やデジタル化の進展、更

には原材料費の高騰があるものと思われます。製造業者の利益率は伸び悩み、今まで以上に厳しいコストダウンや生産革新の必要性が叫ばれるようになりました。

　しかしながら長年日本が得意としてきた加工組立という活動（モノを作るという活動）そのものの付加価値は著しく下がっており、利益の確保は難しくなってきています。経済を復活させていくためには、日本の製造業者もモノづくりという局面ばかりに注目せず、サプライチェーンの上流や下流の活動に創意工夫を広げていく必要があります。そうした流れの中で、今後の研究開発者が目指すべきものとは一体何でしょうか？

イノベーションか？　コストダウンか？

　研究開発の全てが創造だという訳ではないかもしれません。画期的な新製品を生み出すことは容易ではなく、会社で行われている研究開発活動の現実は、既存の製品の若干の機能アップ、或いは既存の製品の若干のコストダウンを目指したものも多いように思われます。仮にもしそうであるのなら、どうしても原価の知識が必要です。なぜなら若干の機能アップを実現するために大幅な製造原価のコストアップになったのでは意味がありませんし、逆に若干の機能ダウンになっても劇的なコストダウンが果たせれば、それは価値のあることだからです。ですから常に原価を考えながら研究開発に係る意思決定をしていかなければなりません。

　次ページの図は概念的なものではありますが、製品の機能とコストの関係を示しています。製品開発には　①小さなコスト上昇と大幅な機能アップ、②小さな機能後退と大幅なコストダウンという２つの方向性があることを読み取って頂ければと思います。研究開発は常にコストと機能のバランスを取りながら、サプライチェーンの上流、或いは下流へとその活動ターゲットを広げていかなければならないのです。

製品の機能 ↑
良い方向
イノベーション①
イノベーション②
現状の製品
悪い方向
製品のコスト →

①小さなコスト上昇と、大幅な機能アップ
②小さな機能後退と、大幅なコストダウン

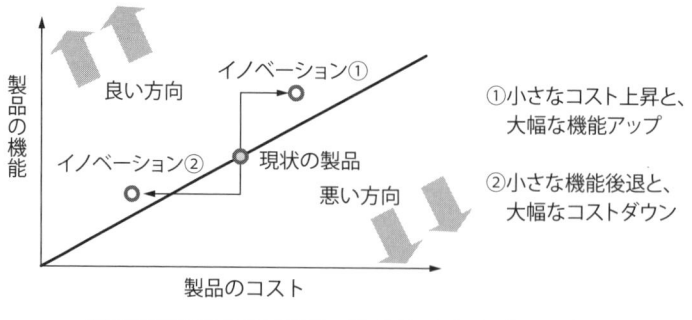

製品開発の2つの方向性（2つのイノベーション）

　「研究開発の価値はお金で測れない」と主張する技術者の方もいらっしゃるでしょう。確かに高い拘りとオリジナリティを持って独創的な研究開発が行われている場合、その価値が会計的には表現できないという状況はあり得るのかもしれません。もしそうであれば、その拘りやオリジナリティをなんらかの方法でしっかり表現していけばよいのだと思います。しかしそのオリジナリティとは「世界一」（少なくても業界一）の何か（原料調達、製品、サービス、販売方法、etc.）に繋がるものでなければなりません。オリジナリティーか？　コストパフォーマンスか？　皆さんが従事しているプロジェクトはどちらでしょうか？

研究開発は何を、そしてどちらを目指すのか？

　これからの研究開発は社会のニーズを正しく捉え、それに応えるものでなければなりません。しかし昨今の研究開発は、研究室という密室で行われる独り善がりなものになってしまってはいなかったでしょうか？
　今、社会は困難な問題でいっぱいです。こうした問題に技術の力で切り込んで明るい未来を築けるのは、まとまった研究開発費を有する製造業者

の技術者だけだという事実を改めて意識してプロジェクトを企画し、日々の活動に力強く取り組んで下さい。「日本の技術力」とは、即ち「日本の会社の技術力」なのですから。

第14講のまとめ

自分は社外の最先端の技術を学び「社内の第一人者だ！」と自負してきたけれども、自分がやってきたことは結局のところ、最新技術の導入プロジェクトにすぎなかったのかもしれない。それにも拘わらず自分自身の仕事がビジネス・プロジェクトであるという認識は今までなかったし、ましてやその収支を意識したこともなかった。明日、自分の研究開発をプロジェクトに見立てて正味現在価値法で評価してみよう。ところで、うちの会社のWACC（目標とすべき資本コスト）って、チームリーダーの田中さんは御存じなのだろうか？

COLUMN

原価企画の担い手

　原価企画という言葉があります。これは製品の企画・設計の段階から、コスト削減を考慮し、原価をしっかりと作り込んでおくことです。

　昨今のように材料費（或いは購入部品費など）の製造原価に占める割合がこれだけ高くなってくると、製品の原価は製品設計時の材料の選び方でほぼ決まってしまいます。見方を変えれば、習熟や工夫による労務費の節減はほとんど望めなくなり、量産開始後のカイゼン活動で達成できる事後的なコストダウンは極めて限られたものとなってしまったということです。

労務費の割合が高かった時代	事後的な作業習熟やカイゼンによるコストダウンが可能だった。また他社並みの製品を他社並みの生産技術で生産している限り原価設計に大きな失敗もなかった。（どんぶり勘定の原価計算でも支障はなかった。）
材料費の割合が突出する時代	事後的な努力によっては、コストダウンはほぼ困難であり、製品の企画設計段階での原価企画が極めて重要となった。消費者ニーズが多様化する中、独自の企画による製品を市場に送り出す際には原価設計に失敗するリスクも高くなった。

　ですから、従来のように生産活動が始まってからバタバタとコストダウンを実施するのではなく、企画・設計段階において適切な原価企画（特に材料費）を実施しておく必要があります。原価企画は、概ね以下の3ステップの循環により実施されます。

STEP1：市場のニーズを分析し、真に競争力のある売価や原価の目標を設定する。
STEP2：設定した原価目標の実現性について精度の高い見積計算を行う。
STEP3：見積結果に対して社内で第三者的な検証を行い、問題があれば是正する。

特にSTEP3が重要です。関係者が自らのプロジェクトへの強い思い入れのゆえに、原価の見積りが甘くなりすぎないよう注意を促していく必要があります。なぜなら、事後的な原価の挽回は難しく、甘い見積りが後で致命傷となる可能性が高いからです。そしてこの重要な任務は、十分な技術的バックグラウンドと一定の会計知識を持ち、プロジェクトに固有の利害関係を有しない技術系の誰かが担うべき責務であると考えられるのです。

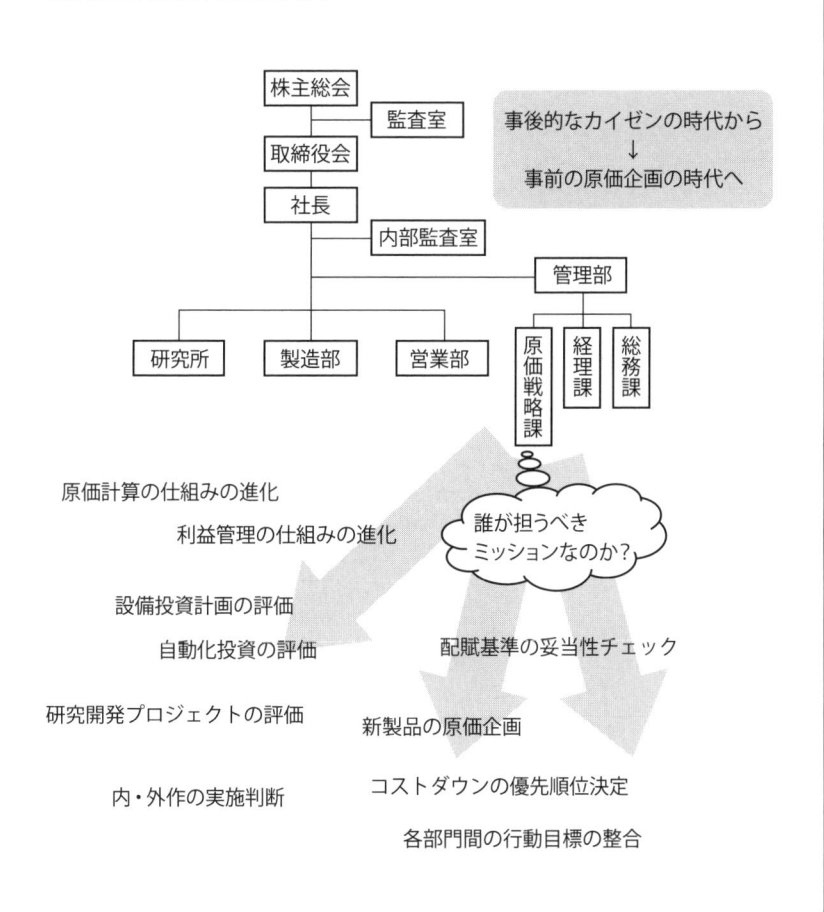

```
                株主総会
                   ├──── 監査室
                取締役会
                 社長
                   ├──── 内部監査室
                   │                    管理部
    ┌──────┬──────┼──────┬──────┬──────┐
  研究所  製造部  営業部  原価戦略課 経理課 総務課
```

事後的なカイゼンの時代から
↓
事前の原価企画の時代へ

誰が担うべきミッションなのか？

原価計算の仕組みの進化

利益管理の仕組みの進化

設備投資計画の評価

自動化投資の評価　　　　配賦基準の妥当性チェック

研究開発プロジェクトの評価　新製品の原価企画

内・外作の実施判断　　　コストダウンの優先順位決定

　　　　　　　　　各部門間の行動目標の整合

第14講　技術者よ、大志を抱け

第15講 何がカイゼンを駄目にしたのか？

―――― 労務費管理とカイゼン ――――

第15講の内容

1. ある事例を見ながら、昨今のカイゼンが変質してしまった理由について考えます。
2. 付加価値の式により、単純な直接労務費の削減だけでは価値が増えないことを見ます。
3. カイゼンが再び活発になるための条件について考えます。

カイゼンとは？

　さて、今回はいよいよ「カイゼン」について考えたいと思います。まず、昨今のカイゼン活動の様子を御存じない方もいらっしゃると思いますので、ここでまた1つの事例を挙げてみたいと思います。これは幾つかの実例を基にして再構成したもので、オリエンテーションにも掲げたものです。皆さんはこの会社の活動状況に何を感じるでしょうか？

あるカイゼンの事例

　ある会社は中国大陸で扇風機を製造していた。中国工場の作業者は200人。しかし物価は激しく上昇し、労務費も年10％の勢いで高騰しており、コストダウンをしなければ事業の赤字転落は確実だった。そこで会社は「モノづくり立国・日本」で成功したカイゼンの手法を導入することとした。優秀な生産技術者3名のドリームチームが派遣され、組立て作業者の動作解析を行った。その結果、以下の事項が明らかとなった。

1. 部品を組み立てて扇風機を完成するのに要する時間は、1台当り40秒だった。
2. ストップウォッチを駆使した精密測定の結果、この40秒の中に、後ろの棚から部品を取るための振向き動作が3回（合計1.2秒）、しゃがむ動作が1回（0.8秒）含まれていると判明した。

　こうして発見された振り向き動作としゃがみ動作（合計2秒）は、扇風機の付加価値に寄与しない無駄な作業であるとチームは結論づけた。そこでまず棚の高さを調整してしゃがむという動作をなくした。次に、約半年をかけて部品の自動供給装置を開発し、作業者の正面に設置することとした。これにより、振り向き動作をなくすことに成功したため、組立て時間は40秒から38秒に短縮され、生産性が5％向上した。

　ドリームチームの活躍から1年後、工場全体の作業者200名の5％にあたる10人が解雇されることになった。長年共に働いた僚友を解雇するには忍びなかったが、経済合理性の観点からきっちりけじめをつけた。しかし、こうした関係者のひたむきな努力にも拘らず会社の損益は悪化を続け、とうとう工場は閉鎖されてしまった。ドリームチームにはその理由がわからなかった。

カイゼンの変質

　改善活動は、日本の製造業で育まれたものであり、工場の作業者が中心となって行う生産性向上のための活動のことです。第二次世界大戦後の日本の高度成長を演出したのがこの改善活動であったと言っても過言ではなく、特別な意味を持つ言葉として改善は「カイゼン」とも表記されます。

　さて、カイゼンとはトップダウンで実行するものではなく「現場の作業者」が「自発的」な工夫や努力により工程を継続的に進化させていくという点に大きな特徴がありました。その対象は、生産設備の改良、作業効率の向上、作業安全性の確保、品質不良の防止など広範囲に及びます。日本の製造業全体に活気があった1980年代頃には、日本の製造業の強さを支える重要な要素として世界から注目されました。しかし昨今、現場の環境

は変わりカイゼンもすっかり変質してしまったように思われます。前述の事例の中にもその兆候が表れていますが、扇風機工場のカイゼン活動のどこに問題があったかおわかりだったでしょうか?

実は、先のカイゼン活動には、以下の問題があったのです。

問題1. まず人的生産性が5%向上したとはいえ、労務費の高騰は10%であり対策が追いついていません。これは事業がどうあるべきかという全体感や会計的な優先順位の判断をしないままに、手近なテーマから手をつけたことによる失敗でした。

問題2. また、日頃から現場の作業者との適切なコミュニケーションが取られていれば、「棚の高さが低すぎる」といった問題は、とっくに指摘され対策されていたはずでした。この工場には、中国人作業者の意見を吸い上げ、中国人作業者の自主的な改善活動をサポートしていくという本来の意味でのカイゼン活動が行われていなかったのです。

問題3. 部品の自動供給装置の開発という些末なテーマに優秀な生産技術者3名がかかりきりになってしまいました。日本人技術者1人当たりの労務費は中国工場の現場作業者の5倍以上だったため、チーム全体では工場作業者15人分の労務費がかかっていた計算となります。その上、開発した自動供給装置の減価償却費の負担が新たに発生し、装置の故障によるライン停止も頻発したため、装置の保全のため技能者1名の増員も行われていました。現場作業者10名の削減効果を差し引いても、労務費全体としては実質的に大幅増となってしまっています。

問題4. その後、改めて会社の製造原価明細書を調べると、70%が材料費、22%が外注加工費であり、製造原価に占める直接労務費の割合はたった8%にすぎませんでした。仮に労務費の5%の原価削減に成功したとし

ても、それは製造原価の内の 0.4%（＝ 8%× 5%）のコストダウンに過ぎません。他方、製造原価の 92%を占める材料費や外注加工費についても激しく価格高騰していたにも拘わらず、十分な対策が打たれていませんでした。関係者の視点を製造現場の作業者の管理だけに注ぐのではなく、もっと外部との関わりに向けていく必要があったのです。

問題 5. こうして会社が部品の自動供給装置の開発に血道をあげている間、ライバルの企業は DC モータを使った画期的な新型扇風機を開発し市場に送り出していました。DC モータの優れた微風調整機能は評判となり、付加価値は従来品より 50%もアップしたのです。この新型扇風機の登場で、会社が作っていた従来型の扇風機の価格は 20%も下がってしまいました。

いかがでしょう？　このように、昨今のカイゼン活動がすっかり変質してしまった背景については多くを指摘できますが、主なポイントは以下ではないかと思われます。

カイゼンが変質した背景

＊従業員の非正規社員化、多国籍化の進展などにより、管理部門と現場の一体感が失われてしまったこと
＊カイゼンの担い手が、製造部門の作業者から間接部門の人員へと変わってしまったこと
＊カイゼンが現場の"自主的"な活動から、経営層が期待する"必然的"な活動へと変わったこと
＊カイゼンの対象となる加工組立という活動の付加価値そのものが著しく低下してしまったこと
＊環境の変化が速くなり「モノづくり」を起点とした現場的な目線では対応が困難になったこと

カイゼンとはどんな活動かということについてネットで調べてみると「工場の作業者が中心となって行う活動・戦略である」という説明を見つけました。そして正にこの説明の中に、カイゼン衰退の本質が現れている

ように私は感じました。そもそもカイゼンとは、現場作業者の行うボトムアップの活動だったはずですから、全社的な視点を負わせるのは荷が重すぎます。カイゼンが「改善」である以上、それが戦略であるはずはないのです。

更にカイゼンは、現場の自主的な活動だったところに本来の強さがあったのですから、経営計画に組み込まれればその本質を失ってしまいます。現場に優秀な人材がいて会社の構造改革を担わせたいと意図するなら、その人材を登用し横断的な組織を別途にきちんと編成すべきだと思われます。

カイゼンの限界

カイゼンを製造部門の作業者（直接労務費）ではなく、間接部門の人員（恐らく一般管理費）などが主導するケースが多くなったことが、そもそもカイゼンがカイゼンではなくなってしまった事情の背景にある訳ですが、更に注意を促したいのは、製造現場の労務費削減のみが注目されて、その削減のために費やされている一般管理費の効率が十分には考慮されていないケースが多いことです。

例えば、現場作業の削減効果はしばしば時間などで表現され金額換算されません。（先程の事例でも、「合計2秒」という形で効果が表現されていました）これは、本来は時間差異に混合差異を混入させないという原価差異分析の手法（第7講参照）からきたことなのかもしれませんが、実際に労務費の時間単価を削減工数に乗じてみれば、会社を挙げてかかりきりになっている目標の小ささを理解できるケースも少なくないと思います。例えば年20万円の節減を実現するのに、年収800万円の正社員を専任で従事させているとしたらプロジェクトの正味現在価値（第12講参照）はマイナスとなってしまうでしょう。

ある会社の「カイゼン大会」では、10ヶ所あった製造現場の全てで20～30％のカイゼン成果があったとの報告がありました。しかし決算になっても、なんらその効果が損益に現れてこないことを経理担当者は不思議

がっていました。これもまた、直接労務費のみを問題として、間接労務費を考慮に入れていなかったことによる現象だったのだと思われます。おそらく直接費から間接費への費用の付け替えが起こっていたのでしょう。付け替えられた間接費は、製品全体に広く薄く配賦されてしまうため見え難くなります。対象部門では効果が出ているはずなのに、工場全体では何も変わらないという事態が起きるカラクリがここにあります。改めて会計的な視点からカイゼン活動全体を検証していくことが必要です。

モノづくりという活動の付加価値の低下

　昨今の新興国の台頭は、世界各国での旺盛な資源・エネルギー需要に火を点けました。資源やエネルギー価格は高騰しています。その一方で、インターネットの普及等により生産技術の知識はあまねく世界に広がってしまいました。

　先にスマイルカーブという指摘も紹介させて頂きました（第14講参照）。その結果「加工組立」（即ちモノづくり）という活動の価値が低下を続けています。国内の一部の製造業者においても、付加価値の下がってしまったモノづくりをもはや維持することができなくなり、労務費の安価な発展途上国に生産拠点を移す動きが広がっています。その結果、多くの製造業者で製造原価に占める直接労務費等の割合が10％を下回るケースが多くなってきました。こうした状況下においては、直接労務費の効率化で実現できることの範囲が随分と小さくなってしまったのではないかと懸念されます。

各社の製造原価明細書にみる製造部門の労務費の割合（単体・2013年3月）

	材料費	（外注加工費も含める場合）	労務費
トヨタ自動車	83.4%		7.4%
日産自動車	80.2%		6.0%
パナソニック	50.0%		25.6%
東芝	79.5%		8.6%
ソニー	81.4%		6.6%
東レ	50.2%	(70.1%)	8.9%
住友化学	69.5%		7.0%
村田製作所	60.8%	(66.3%)	18.0%
京セラ	27.6%	(39.4%)	25.7%
神戸製鋼所	61.0%	(72.3%)	7.9%
鹿島建設	15.1%	(77.5%)	8.9%
武田薬品工業	42.8%	(59.8%)	10.2%
伊藤園	83.7%	(83.8%)	5.7%

| 材料費 | 労務費 | 経費 |

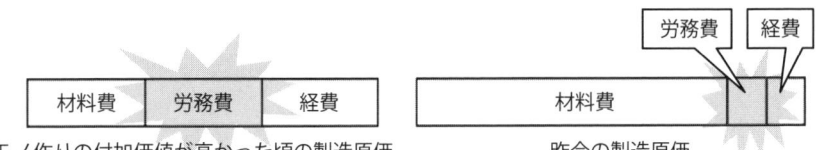

モノ作りの付加価値が高かった頃の製造原価

| 材料費 | 労務費 | 経費 |

昨今の製造原価

　そろそろ私たちは「モノづくり」（≒作り方）にのみ専念していた時代の呪縛を離れなければなりません。そして広く会計的な視点を持つならば、新たな飛躍のポイントがどこにあるかが明白になってくるように思います。製造業者は、カイゼンや直接労務費削減一辺倒の視点から、企業の社会的存在意義（ミッション）をどのように定義し、買い方や売り方を含めた事業活動全体の付加価値を如何に高めていくか、という視点へのシフトが必要となっているのです。

付加価値生産性の向上

　ところで、企業は原材料を買い入れ、それに機械や労働力を使った加工

行為を施して製品を生み出していきます。こうして完成した製品の販売額から原材料の価額を差し引いた額が、新たに生み出された価値となり、これを"付加価値"と呼びます。第5講の式の再掲ですが、企業が生み出す付加価値は、例えば以下の式で与えられました。

$$付加価値＝経常利益＋労務費＋支払利息＋減価償却費＋その他$$

式中の労務費とは、製造部門の労務費（直接労務費／間接労務費）だけではなく販売部門の労務費や、一般管理費に含まれる管理部門・間接部門の労務費も含んでいるのでご注意ください。

様々な労務費

製造部門	"製造部門"の直接労務費 →	製造原価
	"製造部門"の間接労務費 →	製造原価
非製造部門	"間接部門"の労務費 →	一般管理費
	"管理部門"の労務費 →	一般管理費
	"研究開発部門"の労務費 →	一般管理費
	"販売部門"の労務費 →	販売費

製造業者は、常にこの付加価値を高めていく努力をしなければなりません。会社の活動の付加価値がゼロになった瞬間が、その会社が社会的な存在意義を失ってしまった瞬間であるとも言えます。第6講では製造原価には直接費（見える原価）と間接費（見え難い原価）があることを検討しましたが、これからは見え難い原価である間接費にも光を当てながら、総合的な観点に立ち、会社の事業活動全体の付加価値を高めていく必要があるのです。

ここで改めて、更に簡略化した次の付加価値の式を見て下さい。

付加価値 ＝ 経常利益　＋　　労務費　　＋（支払利息＋減価償却費＋その他）

　　　　＝ 経常利益　＋　直接労務費　＋　他の労務費　　＋（その他）

　この式によれば、製造現場の直接労務費を削減して経常利益を増大させても、会社全体の付加価値は増えない点にご注目下さい。製造現場の労務費を削減して管理部門の労務費を増大させる場合も同様に付加価値は増えません。この場合はどちらも労務費なので、単に内部的に付加価値の配分を争っているだけです。どちらも昨今のコストダウン活動でよく見られる構図ですが、これでは会社はダウンスパイラルに陥ってしまうでしょう。

　あるとき、不景気で派遣を切ったら残った正社員ではモノが作れなかったという事例がありました。現場や派遣というよりは正社員の在り方にこそ問題が生じている場合があります。ですから一方的に直接労務費を削減してしまう前に考えてみるべきことがあります。そもそも会社の存在意義や社会的ミッションとは何であり、付加価値の源泉はどこにあるのでしょう？　製造業の競争力の源泉であるという「技術力」とは一体何であり、それは誰が担うべきものなのでしょうか？

労務費を一元管理する新しい損益管理の提唱

　モノづくりという活動の付加価値が高かった頃には、モノづくりを担う直接労務費の効率管理が極めて重要でした。原価計算においても材料費差異（価格差異、数量差異）と共に労務費差異（賃率差異、時間差異）が重点的に管理されてきたのです（第7講参照）。それが製造業者の競争力の源泉でした。しかしながら原価構成比率がすっかり変わってしまった今日、製造現場の直接労務費のみを取り出して殊更に叩く意義はなくなってきています。むしろ今後重点管理が必要となってくるのは、付加価値増大という企画業務に取り組む間接部門の労務費の生産性だと思われます。直接労務費だけを重点管理するのではなく、全ての労務費を一体管理することの

できる新しい損益管理の仕組みが必要になっているのです。

そこで下記に示すのは、直接原価計算を出発点としながらも全ての労務費（変動費／固定費を問わず）を等しく期間費用として一体管理する新しい試みです（第19講参照）。

労務費を集約した新しい損益管理の仕組み

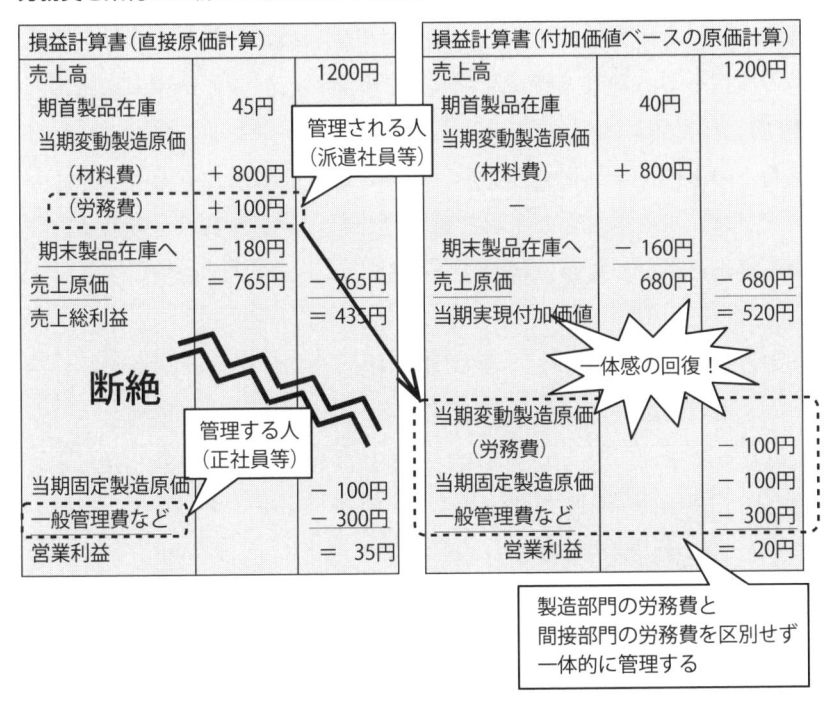

損益計算書（直接原価計算）			損益計算書（付加価値ベースの原価計算）		
売上高		1200円	売上高		1200円
期首製品在庫	45円		期首製品在庫	40円	
当期変動製造原価			当期変動製造原価		
（材料費）	＋800円		（材料費）	＋800円	
（労務費）	＋100円		—		
期末製品在庫へ	－180円		期末製品在庫へ	－160円	
売上原価	＝765円	－765円	売上原価	680円	－680円
売上総利益		＝435円	当期実現付加価値		＝520円
			当期変動製造原価		
			（労務費）		－100円
当期固定製造原価		－100円	当期固定製造原価		－100円
一般管理費など		－300円	一般管理費など		－300円
営業利益		＝35円	営業利益		＝20円

（管理される人（派遣社員等）／管理する人（正社員等）／断絶／一体感の回復！／製造部門の労務費と間接部門の労務費を区別せず一体的に管理する）

新たな時代のカイゼンを裏付けるもの

先日、カイゼンに奨励金を支払うべきか否かという議論がありました。そしてカイゼンがあくまでも自主的な活動である以上、お金を払わないのが本来の姿だという結論になっていたようです。ではカイゼンの効果はどのように経営に反映されるべきものでしょうか？　やはりそれが自主的なものである以上、カイゼン頼みの生き残り戦略というものもまたあり得ないように思います。本来のカイゼンとは現場のモラールアップのための自

主的な活動だったのです。もし仮にそれが通常の業務命令であるならば、正式な組織に組み込んで行うべきものでしょう。ある会社の海外工場ではカイゼンの強要が「労働強化」であるとしてストライキさえ起きています。またカイゼンは現場の改善活動なのであって、全社的な構造改革には結びつき難いです。むしろ全社的な視点をもって製造業者の構造改革を推進していく立場にあるのは、若い技術者の皆さんなのだと私は思います。

　製造業の明日をデザインするのは技術者です。技術者こそが全社的視点や将来の展望をしっかりと持たなければなりません。販売部門も製造部門も現場は日々の活動で精一杯です。しかし技術者が取り組む研究開発とは企画業務そのものです。研究開発活動の中にこそ会計の視点を加味し、「ビジネス・プロジェクト」としての意識づけをしっかりと持って利益率の高い企画を提案していかなければなりません。

　それでもあえてカイゼンに大いに期待したいという思いがあるならば（！）、カイゼンが継続的に起こる職場環境を改めてきちんと整備していかなければなりません。恐らくカイゼンが継続的に起こる仕組みとは、まずは管理部門と現場の一体感の回復であり、良いアイディアの正当な承認と評価、そして予算権限の適切な付与でしょう。例えば、良いアイディアを挙げた作業者が50万円のプロジェクトに成功したら、その次は100万円のプロジェクトに挑戦させる。100万円のプロジェクトに成功したら、更に500万円のプロジェクトに挑戦させる。成果が大きければきちんと処遇面で報い、正社員にも登用する…。こうして人材を育てていかなければカイゼンは深まりません。昨今の製造現場にできあがってしまった様々な立場の壁（正社員／派遣社員、日本人／外国人、直接部門／間接部門、男性／女性など）を取り払い、社内の一体感を回復し、成果を上げている人が誰でも正当に評価されていく仕組みが不可欠です。現場の作業者ばかりを締め上げる組織なら、明日はありません。本来のカイゼンとは、即ち会社と現場のコミュニケーションそのものだからです。

第 15 講のまとめ

　日本の成功体験であるカイゼンは、最近ではすっかり変質してしまった。かつてのカイゼンは、会社と現場のコミュニケーションの1つの形だったはずだ。誰もが無償で会社に尽くしていたというけれども、実は会社も従業員に何等かの形で報いてくれていたのだと思う。カイゼンは会社の成長あってこそのものだったんだ。しかし昨今、会社から厳しいリストラやコストダウンのターゲットとされている作業者の方々に、改めて無償の努力を要求することは酷なのかもしれない。モノづくりという活動そのものの付加価値が小さくなってしまった今日、日本の製造業には競争力復活のための新しいセオリーが必要になっているのだろう。

COLUMN

コストダウンの司令塔

　関係者が全員でがんばっているのに、コストダウンが進展しないという状況があるとすれば、それは関係各部門が部分最適に陥っているからかもしれません。

　例えば、材料費の高騰傾向の中、購買活動の重要性が増しています。しかし購買部門が相場の見極め・纏め買い・共同購入による値引など最適な購買条件を模索しようとしても、ジャストインタイム側の努力が「在庫を持たず、なんでも1個ずつ買いましょう」と足枷を課してしまうなら、関係者は身動きが取れません。購買や生産技術やその他の間接部門が一体となった新しいカイゼン？（その名称はともかくも）が必要になっているのです。

　どんな購買戦略を持ち、材料在庫をいかに持つのか／持たないのか、仮に持つ場合にはジャストインタイムとどう整合を取って行くのか、更には従来手つかずだった間接部門の活動の効率をどのように確保して行くのか…。それらを総合的に判断する司令塔として、コスト戦略を担う部門の設置が急務です。

昨今のコスト構造と責任分担

■材料費　▨直接労務費　■製造間接費　▨間接部門の費用　■営業利益

〈原価要素〉		〈責任部門〉		
①材料費	（購入価格）	購買部	従来の カイゼン範囲	これからの 活動範囲
	（使用量）	製造部 生産技術部		
②直接労務費				
③製造間接費		製造部		
④管理・間接部門の費用		責任分担？		

第16講 お金が尽きたら会社は終わり

―――― 費用の繰延とキャッシュ ――――

第16講の内容

1. 会社の倒産が赤字ではなく資金繰りの失敗で起こるということについて考えます。
2. お金の出入の状況を示すキャッシュフロー計算書の構造を概観します。
3. 損益とお金の出入が乖離してしまう場面についても概観します。

会社の倒産

　今回のテーマはお金（キャッシュ）の流れです。皆さんは少し奇妙に感じられるかもしれませんが、会社は必ずしも赤字で倒産する訳ではありません。むしろ資金繰りの失敗により倒産するものだと言えます。

　倒産の意味については様々な定義がありますが、概ね会社が債務を返済できなくなり経済的活動の続行が困難となった状態として認識されます。例えば会社が資金繰りに失敗し6ヶ月間に2回手形や小切手の支払いができなくなると、全ての銀行との取引が停止されてしまいます。すると借入金も当座取引も利用できなくなるためお金の流れが止まり、会社は事業活動の停止を余儀なくされるのです。

　赤字も、お金の支出超過が続くことによって最終的には会社の資金繰りに止めを刺すかもしれませんが、直接的には赤字が原因で倒産する訳ではありません。赤字の状況でも製品の製造や販売は可能だからです。逆に会社の決算が黒字でも資金繰りが滞って倒産してしまうという状況は多々あります。それゆえ、ただ単に損益計算書を見ていても会社の真の倒産リス

クは判断できないということから、昨今では「貸借対照表」や「損益計算書」に続く財務諸表の一部として「キャッシュフロー計算書」が作成され、有価証券報告書等でも開示されるようになりました。

キャッシュフロー計算書とは

　「キャッシュフロー計算書」とは、財務諸表という報告書の1つであり、各会計期間におけるお金の増減（キャッシュフロー）を示すものです。信用取引が発達した昨今、会社の損益とお金の出入りは必ずしも一致しません。会社が赤字でもそれを上回るお金をどこかから借り入れることができればキャッシュフローはプラスとなります。そのためキャッシュフロー計算書は、会社が計上している利益の額を出発点とし、損益と資金の出入りが食い違っている部分を順次修正していくという構造を持ったものとなっています。少し例を示してみましょう。

キャッシュフロー計算書の例／トヨタ自動車（連結・2013年3月）
（当期純利益から出発し、お金の動きを修正していく構造を持つ）

当期純利益	1083	※1
減価償却費	＋1105	※2
･･･		
受取手形および売掛金の増加	－ 168	※3
たな卸資産の減少	＋ 50	
･･･		
有形固定資産の購入	－ 854	※4
有形固定資産の売却	＋ 39	※5
･･･		
長期借入債務の増加	＋3191	※6
長期借入債務の返済	－2682	※7
短期借入債務の増加	＋ 201	※6
･･･		
現金及び現金同等物純増加額	39	
現金及び現金同等物期首残高	1679	
現金及び現金同等物期末残高	1718	

（単位：10億円）

※1：出発点の当期純利益はお金の増加そのものではない

※2：減価償却費が計上されるとき、実際には手許のお金は流出していないので償却費相当額を純利益に加算する

※3：売上があっても未回収の受取手形や売掛金が増えていれば、実際の手許のお金は減っているので減算する

※4：有形固定資産を購入すれば、費用の計上はなくても手許のお金は減っているので減算する

※5：有形固定資産を売却すれば、手許のお金は増えているので加算する

※6：借入金が増えれば、手許のお金は増えているので加算する

※7：借入金が減れば、手許のお金は減っているので減算する、など

キャッシュフローに関して、技術の立場からは設備投資と減価償却に関わる論点に特に注意を払う必要があると思います。例えば、設備投資を行えば会社から多額のお金が流出することがありますが、それが直ちに損益に影響を及ぼす訳ではありません。1億円の生産設備を現金購入しても1億円の費用が計上される訳ではないからです。あくまでも現金と生産設備の等価交換を前提としていますから、購入時の損益計算書には何も影響が現れません。

　このとき、注意深く貸借対照表を分析するなら、流動資産が1億円マイナスし、固定資産が1億円プラスしたことの影響を当座比率や固定比率の変化に見て取ることはできるでしょう。このように設備投資は損益に直接の影響を与えませんが、財務安全性上は会社に大きなインパクトを与えます。

　その後、この生産設備を稼働させて生産活動を行えば、毎年の減価償却費が計上されていくことになります。先程の1億円の生産設備を、残価ゼロで10年間、均等に償却するならば、1億円÷10年＝1千万円の減価償却費が毎年計上されることになりますが、この減価償却費が少し不思議な性質を持った費用なのです。

　通常、費用はなんらかのお金の流出（キャッシュアウト）を伴うものですが、減価償却費は計算上の費用なので実際のお金の支出を伴いません。そして会社が設備投資分のお金を取り返すのは、この生産設備を使用して事業活動を行い一定の収益を上げたときです。このように設備投資は、損益とお金の流れを乖離させるのみならず、取得時に多額のキャッシュアウトを発生させてその回収に非常に長期間を要するという点で極めてリスクが高いのです。特に慎重に取り組まなければならない活動だということが、改めてご理解いただけるのではないかと思います。

生産設備の取得に伴うお金の流れと費用計上のタイミングのずれ

	お金の流出 （キャッシュアウト）	費用計上 （減価償却費）	資産計上 （生産設備）
購入時	－100百万円	0円	100百万円
1年目	0円	10百万円	90百万円
2年目	0円	10百万円	80百万円
3年目	0円	10百万円	70百万円
…	…	…	…
9年目	0円	10百万円	10百万円
10年目	0円	10百万円	0円

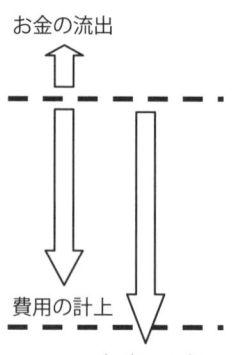

お金の流出 ↑
費用の計上 ↓
投資の回収 ↓

前払費用と繰延資産

　会計の重要なテーマには、会社の資産状況の適切な表示（貸借対照表）、経営成績の適切な表示（損益計算書）と並んで、資金繰り状況の適切な表示（キャッシュフロー計算書）というテーマがありました。そこで、お金の流れと損益が乖離する場面の例として「前払費用」と「繰延資産」についても少し考えてみましょう。まず比較的イメージしやすいと思われる前払費用から検討してみたいと思います。

　例えば半年分の家賃（6千円）を前払いしている場合、家賃の支払日からまだ1ヶ月しか経っていなければ残り5ヶ月分の家賃（5千円）は前払費用という資産となります。家賃を前払した分のサービス（家を貸してもらうというサービス）はまだ受け取っていない訳ですから、契約を解約すればお金が戻ってくるだろうという意味で、前払費用は換金価値のある資産だと考えることができます。

家賃の前払（支払いはすんでいるが、サービスは受けていない）

	前払する場合			前払しない場合		
	お金の出入り	費用計上（支払家賃）	資産計上（前払家賃）	お金の出入り	費用計上（支払家賃）	資産計上（前払家賃）
2**2年12月	－6000円	1000円	5000円	－1000円	1000円	0円
2**3年1月	0円	1000円	4000円	－1000円	1000円	0円
2**3年2月	0円	1000円	3000円	－1000円	1000円	0円
2**3年3月	0円	1000円	2000円	－1000円	1000円	0円
2**3年4月	0円	1000円	1000円	－1000円	1000円	0円
2**3年5月	0円	1000円	0円	－1000円	1000円	0円

　これに対して繰延資産は「既にサービスを受けてしまったにも拘わらず効果が翌期も持続するものがあれば、その持続部分は繰り延べて翌期の費用にしましょう」というものです。生活の中に身近な例がないのでイメージが湧きにくいかも知れませんが、例えば日曜日に6千円払ってマッサージを受けた場合を考えてみて下さい。体がリラックスして翌週の仕事の効率が上がり、効果が日曜日から金曜日まで持続していたと感じたなら、日曜日の夜に繰延資産6千円（マッサージ代）をいったん計上した上で、日曜日から6日間をかけて1千円ずつゆっくり取り崩し費用化していくことで、費用とその効果を時間的に同時に認識できます。

　しかしマッサージの効果がその日限りで持続などしていないと感じたなら、代金の全額6千円を日曜日に一気に費用処理することになるでしょう。次表の場合、繰延処理を行わなければ2**2年12月31日に6千円の費用が計上されますが、繰延処理を行う場合なら2**2年12月の費用は1千円となり、翌2**3年の1月に費用5千円（1000円×5日分）が計上され、歴年あたりの費用が異なることになります。また前払や繰延処理を行う場合には、実際のお金の動きと費用の計上時期が乖離している点にもご注目下さい。

マッサージ費用の繰延（支払いはすんでいる。サービスも既に受けている）

	繰延処理を行う場合			繰延処理を行わない場合		
	お金の出入り	費用計上	資産計上	お金の出入り	費用計上	資産計上
2＊＊2年12月31日	－6000円	1000円	5000円	－6000円	6000円	0円
2＊＊3年1月1日月	0円	1000円	4000円	0円	0円	0円
2＊＊3年1月2日火	0円	1000円	3000円	0円	0円	0円
2＊＊3年1月3日水	0円	1000円	2000円	0円	0円	0円
2＊＊3年1月4日木	0円	1000円	1000円	0円	0円	0円
2＊＊3年1月5日金	0円	1000円	0円	0円	0円	0円

※繰延と前払ではお金の出入が類似していますが、繰延では計上された資産には換金性がありません。また、前払や繰延を行う場合、お金の出入りと費用計上が時間的に乖離している点にもご注目下さい

　上記の事例でもおわかり頂けると思いますが、効果の持続のある／なしについては判断が難しく恣意的になりがちです。会社任せにしておくと処理がバラバラになってしまうでしょう。利益操作に利用される可能性もあることから、制度上は計上できる場面が厳しく制限されています。

　繰延資産というものをもう少し御理解頂くために「創立費」について考えてみましょう。例えば、ある会社の創立時に支払を済ませた設立事務費用や発起人への報酬、登録税などが合計で100万円あった場合を考えます。この会社が100年間存続する会社であるならば、支出した100万円を開業初年度に一気に費用計上してしまうことは費用と効果の対応という観点からは妥当ではないかもしれません。会計理論上はこの100万円をいったんは資産として貸借対照表に計上した上で、1年間で1万円（100万円÷100年間＝1万円）ずつ取り崩して徐々に費用化すべきだという考え方もあるのです。

　このように、既に支払ってしまった費用を繰延べるために経過的に計上されるのが繰延資産なのですが、これはあくまでも会計テクニック上の存在に過ぎず何等経済的な実体のない資産でもあります。曖昧な定義では混乱を招くため、制度会計上は繰延資産を5種類のみ（創立費、開業費、開発費、株式交付費、社債発行費）に限定した上で最低限での計上を認めて

いるケースがあります。しかも会社が今後何年間存続するかなど現実の世界では予め予測できないことですから、法定の一定期間内（創立費であれば5年など）での費用処理が求められます。

計上が認められることもある5つの繰延資産

創立費	会社創立の際の出費、最長5年で費用処理
開業費	会社創立後の営業準備の出費、最長5年で費用処理
開発費	新規ビジネス開拓の際の出費、最長5年で費用処理
社債発行費	社債発行際の出費、社債が償還されるまでの間で費用処理
株式交付費	株式発行などの際の出費、最長3年で費用処理

　実は研究開発費にも繰延資産として認められていた時代があります。費用と効果の対応を目指していた訳ですが、現在は認められていません。これも恣意性や失敗時のリスクの高さへの懸念によるものです。なお上の表に「開発費」というものが含まれています。この開発費はいわゆる研究開発費とは異なる概念ですので、この点にもご注意頂ければと思います（第14講参照）。

保守主義の原則

　当たり前のことかもしれませんが、会計にはルールがあります。ルールがなければ企業間の業績を比較できませんし、公平な徴税も困難だからです。そこで企業会計の実務において慣習として発達したものの中から一般に公正妥当と認められたものを要約した7つの原則が「企業会計原則」と呼ばれ、長年会計の基本とされてきました。

1. 真実性の原則
2. 正規の簿記の原則
3. 資本取引・損益取引区分の原則
4. 明瞭性の原則
5. 継続性の原則
6. 保守主義（安全性）の原則
7. 単一性の原則

上記のうち、例えば「保守主義の原則」は以下の要求をしています。

保守主義の原則
> 企業の財政に不利な影響を及ぼす可能性がある場合には、これに備えて適当に健全な会計処理をしなければならない

　これは、将来予測される様々な危険に備えて慎重な会計処理を行うことを求めるということです。具体的には、費用は極力に網羅的に計上する一方で、収益は確実なものだけを計上することにより、費用と収益の差額である利益をできるだけ控えめに計上してお金の社外流出（配当や税金）を防ぎます。もちろんそれは最も上位の原則である「真実性の原則」をゆがめない範囲でのことではありますが…。

　こうした観点に立つと、既に支出してしまった費用の将来への繰延という処理は保守主義の原則に反するものであり、厳しく戒められるべきものだということになります。否、むしろ企業会計にそういう傾向があるからこそ、保守主義の原則というものが生まれてきたのでしょう。もし仮に安易な繰延を認めれば、経営者は会社が赤字になったとき、どんどん費用を繰り延べて見掛けの決算成績を取り繕い、何等実体のない黒字を計上してしまうかもしれません。第9講で論じた在庫の積み上げにおいても「費用の繰延」という現象が発生していました。

　経営者は会社の業績が悪いとき、売れる見込みの有無に拘わらず、生産設備を目いっぱい稼働させて在庫を積み上げることで関連する固定費（労務費や間接経費）を繰り延べることができます。こういった在庫の積み上げも粉飾決算も、最初は「少しだけ」と思って始めると止められなくなってしまう麻薬のようなものです。そして何時か必ずキャッシュはショートし会社は倒産に至ります。

費用の繰延との戦い

　このように会社には、過剰在庫の積み上げという場面以外にも、常に何らかの形で費用を繰り延べて利益を水増ししようとする動機が働いてお

り、それが時にお金の動きと損益を乖離させ、黒字倒産などの重大な危機を招いてしまう危険性もあるのだということはぜひ理解しておいて下さい。戒められるべきことは在庫の積み上げだけではないのです。技術者の皆さんは、会社が向かっている方向に常に注意を払い、会社の未来を会計屋さんたちの計算に任せっぱなしにしないようにがんばりましょう！

費用の繰り延べによる利益の水増しが起こる場面の例

* 過剰在庫の積み上げ
* 固定費の不適切な配賦による在庫金額の水増し
* 研究開発費の製造原価への不適切な混入による在庫金額の水増し
* その他の場面での研究開発費の不適切な資産計上
* 減価償却方法の不適切な変更

※逆の手法によって、見かけの利益を圧縮する場合もあります。

第 16 講のまとめ

　そういえば「黒字倒産」という言葉を聞いたことがある。どうやら会社は損益上の赤字ではなく資金繰りの失敗で倒産するらしい。いつも製造部が在庫を減らせ減らせと言われている理由が少しわかってきた気がする。自分がやっている研究開発も資金繰りを悪化させる活動だから、お金の使い方には今まで以上に注意していこう。

COLUMN

日本のGDPと貿易赤字

　永らく日本のGDPは、アメリカに次いで世界第2位でした。しかし昨今の新興諸国の追い上げによってその地位を失った日本の産業には、全く元気がありません。中でも製造業の凋落が著しいと感じます。貿易収支は赤字に転落し、経常収支にも力強さがありません。

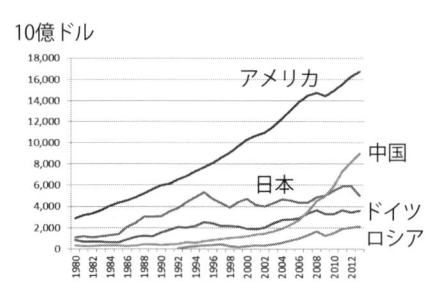

近年の日本の経済的地位の低下

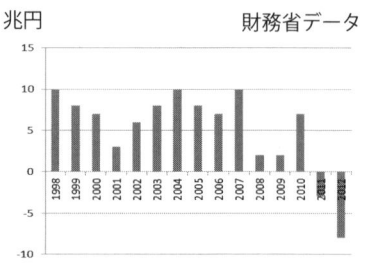

貿易収支は赤字に転落し、経常収支にも力強さがありません

　日本は地下資源に乏しく、国土にも限りがある島嶼国家です。幕末にやって来た黒船に驚いて欧米先進国の強大な国力を知り、殖産興業の道をひた走ってきました。太平洋戦争に敗れはしたものの、日本の産業は再び力強く復活して高度経済成長を果たし今日の繁栄を築きました。そして今改めて振り返ってみるならば、明治時代の人々が目指した殖産興業も、戦後の経済成長も、その主役は常に製造業だったことに思い当たります。

　製造業、即ちモノづくりこそが日本の活力の源であり続けました。社会の必要に応えるため、製造業はひたすらモノづくりに邁進し、専ら社内の生産活動の効率管理にのみ気を配ってきたのです。正にそれこそが、製造業が「製造業」と呼ばれてきたゆえんです。モノづくりという活動が苦しいとき、会社は5S（整理、整頓、清掃、清潔、躾け）に努め、カイゼン活動をやってがんばってきました。そこにはモノづ

くりそのものへの疑念は全くなかったのです。「良いものを安く作る！」それが技術立国・日本の屋台骨でした。そして今日、日本に元気がないことの原因もまた製造業にあります。付加価値の低下により製造業という伝統的なビジネスモデルそれ自体が揺らぎ始めているからです。

歴史を顧みると、極めて興味深い事に日本の江戸時代の人口は3千万人でほぼ一定しています。関ヶ原の戦いを経て江戸幕府が開府された頃は1千2百万人程度でしたが、その後、元禄時代頃まで急成長したのち、150年間もほぼ成長が止まっていたのです。

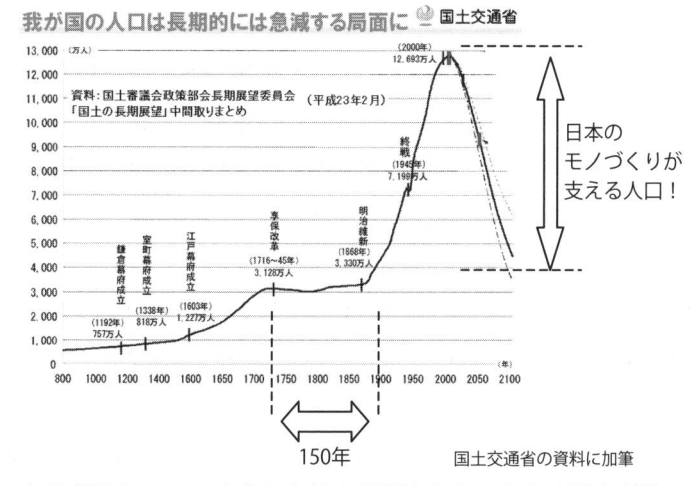

我が国の人口は長期的には急減する局面に 国土交通省

資料：国土審議会政策部会長期展望委員会（平成23年2月）
「国土の長期展望」中間取りまとめ

日本のモノづくりが支える人口！

150年

国土交通省の資料に加筆

これは鎖国によって完全な自給自足経済となった日本列島が養い得た人口の1つの目安だと考えられます。それに対して、現在の1億3千万人もの人口を支えているのは、モノづくりの力による外貨獲得と科学技術のおかげですが、日本の製造業が競争力を失い、科学技術の前提となるエネルギー資源や地下資源を世界が失ってしまうとき、日本列島はどれだけの人口を養い得ることになるのでしょうか。新しい発想で、なんとしても日本の産業を元気にしなければなりません。

Part 4　地球の未来と会社の未来

第17講　今度こそ石油がなくなる？

―――― 材料費突出の背景 ――――

> **第17講の内容**
> 1. 石油の可採年数が、長年変わらなかった理由について考えます。
> 2. 石油を含む全ての化石燃料が、何時ごろ枯渇するかについて考えます。
> 3. 資源とエネルギーの価格高騰が製造業に及ぼし始めている影響について考えます。

地球の未来と製造業

　前講まで、旧来のビジネスモデルでは製造業者の競争力が確保できなくなってきており、新たなチャレンジが必要になってきていることを様々に見てきました。そして会社が変わるためには、会計もまた変わっていかなければなりません。何事もきちんと数字で論理を組み立て、道筋を立てることが事業戦略では重要です。今回からは地球の未来というテーマに関し、これから製造業が受けるであろう影響やその対策について、なるべく数値を踏まえて考えてみたいと思います。

メタンハイドレートに感じた不安

　近年、日本近海で大量のメタンハイドレートが見つかりました。これは深海底の砂地などに沈積した天然ガス成分がシャーベット状に氷結したも

のです。その量は数百年分もあるとも言われ「日本もエネルギー大国！」と期待されたりもしましたが、当初、私はこの話に若干の不安も感じました。

　例えば、…
「数百年」とは経済成長に伴う年々の使用量の増加を織り込んだ見積りなのか？
　採掘や輸送に伴うエネルギーコストをどのように考慮した見積りなのか？…

　こんな疑問を列挙すれば、「折角の朗報にケチをつけるのか？」とお叱りを受けるかもしれません。しかしいかなる戦略も、きちんとした会計的見積りを前提にしなければ絵に描いた餅になってしまいます。厳しい生存競争を生き抜くために、事象をなるべく数字で追ってみましょう。数字、数字、数字です！！！

石油はいつなくなるか

　今後の長期戦略を考え、製造業者の新しいミッションを作り上げていくためには、地球全体の事業環境がどのように変化して行くのかというトレンドの予測が不可欠でしょう。特に現代文明を支えるエネルギーの供給に関する予想は極めて重要です。例えば「あと40年で無くなる」と40年前から（！）言われ続けてきた石油は、実際にはまだなくなっていません。だからといって、今後も永遠になくならないと安堵しても大丈夫なのでしょうか？

　以下に示すのは、米国議会下院で使用された資料における石油の発見量のグラフに、石油消費量のグラフ[※]を重ねたものです。2005年以降は予測値を使用しています。詳細に見れば瑕疵はあるかもしれませんが、少なくとも昨今では20世紀中盤頃のような巨大油田の発見はなくなり、新規油田の発見ペースは確実に低下していることが読み取れます。それと対照的

なのがエネルギー消費量の伸びです。石油ショックの頃の一時的な停滞はあるものの、ほぼ一貫して増大を続けています。省エネ技術の発展に大きな期待を寄せるとしても、エネルギーの消費はまさに経済成長そのものの現れでもあり、新興国の台頭や先進国化、全世界的な人口増大によって今後更に増大が予想されます。

※概ね「石油の消費量の伸び≒経済成長」であると仮定し、代替エネルギーへの転換を考慮せず、成長率2.6％程度という前提で計算したもの

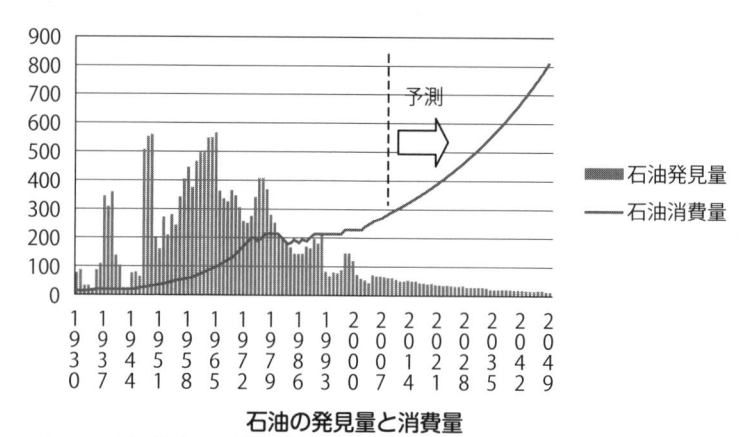

石油の発見量と消費量

出典：下記の米国議会下院資料を編集
"UNDERSTANDING THE PEAK OIL THEORY" Serial No.109-41 (DECENBER 7, 2005)

そこで、この石油発見量のグラフを使って、私は石油の可採年数の試算を試みてみました。石油があと〇年保つという言い方をする「可採年数」は、将来の経済成長を考慮に入れていませんから、計算そのものは極めて簡単です。累積発見量から累積消費量を減じた上で、その残量を各年の消費量で除して求めた可採年数が下記のグラフです。

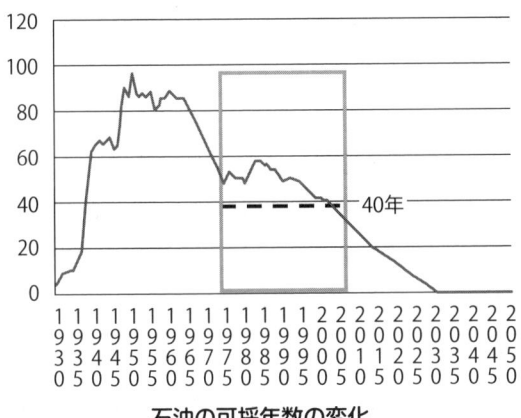

石油の可採年数の変化

　このグラフを見て私は愕然としました。確かに1973年の第一次石油危機頃からつい数年前に至るまで、石油の可採年数は実際に40年前後であり続けたのです。それは消費量と発見量が概ね拮抗していたことによるものでした。しかし21世紀以降、減少を続ける新規油田の発見量と伸び続ける消費量の予測値はどんどん乖離し、今後急速に可採年数が短くなっていく可能性もまた、このグラフから読み取れます。石油価格の高騰による代替エネルギーへの移行等を考慮しなければ2050年を待たずに石油は枯渇してしまう計算結果となってしまいました。
　ここで、こんな意見を伺いました。「石油には有機生成説と無機生成説があり、無機生成説を採るなら石油は無限に湧き続ける。」
　大変結構です！　しかしそれならどのくらいの速度で石油は生成するのでしょうか？　消費量の伸びにどこまで耐えられるのでしょうか？　そうした見積りデータなしに「石油が生成し続ける」と言ってみても意義はありません。数字で見積れないデータに基づいて事業を計画し、社会を設計する訳にはいかないのです。

化石燃料の未来

　すると、今度はオイルシェールがあるという話が出てきました。オイル

シェールの埋蔵量は膨大であり、エネルギー問題を一気に解決する救世主であるというのです。確かにそれはとても頼もしい存在です。オイルシェール（或いはシェールガス）の世界的な推定埋蔵量は2.8兆〜3.3兆バレルとも言われ、石油の残存推定量1.3兆バレルを大幅に上回ります。それに石炭も数百年分もあるから安心だということです。先程のメタンハイドレートの話もありました…。

次から次へといろいろなものが出てきて、いつまでも議論がかみ合いません。そこでオイルシェールを活用するために必要となる様々な付帯コストや、自然環境に与える負荷を全て度外視し「全ての化石燃料」が今後どうなるかをなんとか見積ってみることにしました。

見積りに使用したデータは一般に公表されているものを用い、複数のデータがある場合は、それが極端に異常なものでない限りなるべく楽観的な数値を使いました。再生可能エネルギーへのシフトはないとの仮定の下で、経済成長に伴うエネルギー消費量の伸びは、20世紀の実績を踏まえて控えめに（？）全世界で2.6％としています。その結果は以下の通りです。

各種化石燃料の利用可能量の計算例

資源	利用可能量の仮定	エネルギー量
石油	1.3兆バレル	7,896兆メガジュール
石炭	8,500億トン	23,800兆メガジュール
天然ガス	180兆立法メートル	7,362兆メガジュール
（合計）		39,058兆メガジュール
オイルサンド	0.27兆バレル	1,640兆メガジュール
オリノコタール	0.27兆バレル	1,640兆メガジュール
オイルシェール	3.3兆バレル	20,044兆メガジュール
メタンハイドレート		4,070兆メガジュール
（合計）		66,452兆メガジュール
ウラン鉱石	3,500万トン	7,358兆メガジュール
（合計）		73,810兆メガジュール

エネルギー使用量の予測例（成長率を2.6％と仮定した場合）

西暦	年間使用量	累積使用量
2010年	407兆メガジュール	407兆メガジュール
2058年	1,029兆メガジュール	39,058兆メガジュール
2074年	1,156兆メガジュール	66,452兆メガジュール
2077年	2,034兆メガジュール	73,810兆メガジュール

　今回の見積りでは、石油・石炭・天然ガスの合計熱量は39,058兆メガジュールでした。これにオイルサンド、オイルシェール、オリノコタール、メタンハイドレートを加えれば66,452兆メガジュールとなります。なお世界全体でのメタンハイドレートの量がわからなかったため、天然ガス使用量（全エネルギー消費量に対する使用割合は約10％と想定）の100年分としています。更にウランを加えて、全ての化石燃料の期待埋蔵量は73,810兆メガジュールと求まりました。なおウランは、数値的な見込の立っていない再処理プロセスを前提にしていません。

　これに対して1次エネルギー消費量は2010年時点で年407兆メガジュール等（石油・石炭・天然ガスの合計）ですが、経済成長に伴うエネルギー消費量の伸びが2.6％程度だと仮定したので、10年後に1.3倍（ $= (1.026)^{10}$ ）、

第17講　今度こそ石油がなくなる?　　**225**

50年後に3.6倍（= $(1.026)^{50}$）、100年後には13倍（= $(1.026)^{100}$）となります。これは累積使用量で見れば非常にインパクトの大きな数値です。この場合、先程求めた全ての化石燃料の期待埋蔵量73,810兆メガジュールを使い切るのは2077年頃という計算になってしまいました。仮に全資源量が2倍（！）あるとしても21世紀中に使い切ります。この計算を非現実的と思う方もいらっしゃるかもしれませんが、これは実際に20世紀の100年間で起こったできごとの再現にすぎません。

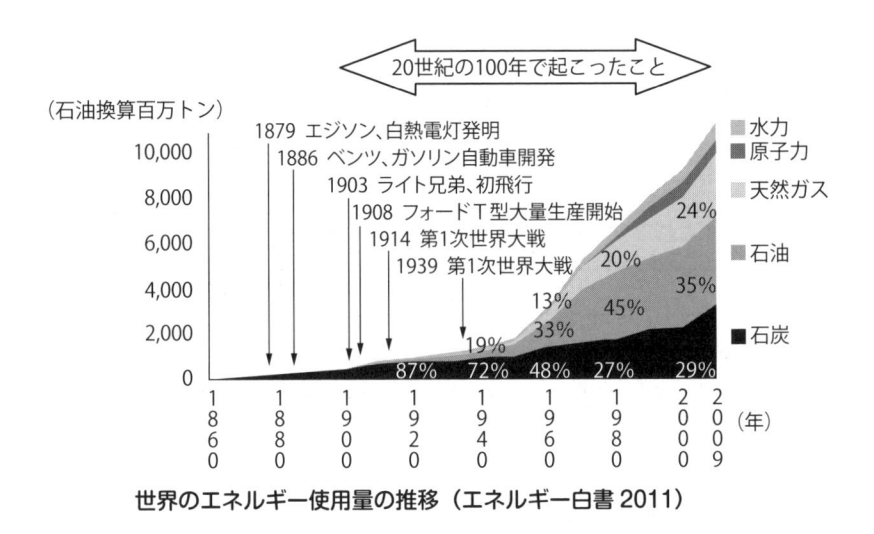

世界のエネルギー使用量の推移（エネルギー白書2011）

石油に限らず、ほとんどの地下資源が21世紀中に枯渇に向かうと予測されています。鉄も、銅も、ニッケルも、錫も、亜鉛も…。もちろんその過程では様々な代替技術が発明されるに違いありませんし、資源価格の高騰は、従前は不採算だった鉱山を復活させたりもするでしょう。再生可能エネルギーの導入も進むかもしれません。それでも、それは価格の上昇速度を若干鈍らせる事象にすぎず、20世紀の頃のような安価で豊富な資源が地球に戻ってくる訳ではありません。鉱山は掘りやすい所から掘り進められ、石油は浅くて自噴する油田から汲み出されています。鉱山や油田の立地は次第に悪くなり、大深度や深海底へと探査の範囲は広がっています。

どうやら大変なことになってきましたが、製造業の新しいビジネスモデルを組み立てようと思うなら、この事実から逃げる訳にはいきません。

鉱物資源の可採年数の推定例

鉄鉱石	銅鉱石	亜鉛鉱	鉛	スズ	銀	金
70年	35年	18年	20年	18年	19年	20年
チタン	マンガン	クロム	ニッケル	コバルト	ニオブ	タングステン
128年	56年	15年	50年	106年	47年	48年
モリブデン	タンタル	インジウム	天然ガス	石油	石炭	
44年	95年	18年	63年	46年	119年	

平成23年版環境・循環型社会・生物多様性白書

製造業に現れ始めた影響

実際、様々な資源やエネルギー価格の変化は、既に様々な局面で日本のモノづくりにも影響を及ぼし始めています。第15講でも示しましたが、例えば昨今の原価構成は以下のような状況となっていました。高度成長の頃に比べて材料費が異常に突出しているのです。

| 材料費 | 労務費 | 経費 |　　| 材料費・エネルギー費 | 労務費 | 経費 |

モノ作りの付加価値が高かった頃の原価構成　　　昨今の原価構成

```
ドル/バレル
160
140
120
100
 80
 60
 40
 20
  0
   89 90 91 92 93 94 95 96 97 98 99 00 01 02 03 04 05 06 07 08 09 10 11
```

今後も材料費・エネルギー費の高騰傾向は続く？（上記は石油価格の推移）

　現在の製造業の体制も原価計算も、恐らくはモノづくりの付加価値が高かった時代、即ち労務費管理（直接労務費の管理）を重視していた頃の仕組みをそのまま継承しています。カイゼンやジャストインタイム、自動化、全部原価計算や直接原価計算でさえそうでした。今も、発展途上国における労務費高騰という問題は引き続き製造業に重くのしかかっています。しかしながら資源やエネルギー価格の高騰という状況を鑑みれば、労務費管理をベースとした活動の付加価値は相対的には低下する一方であり、むしろ今後は材料費やエネルギー費の管理を最優先した活動や体制に早急に移行していく必要があります。そのためにも新たなコストダウンの柱として根本的な省エネ対策を推進すると共に、例えば下記のような原価計算（第15講、第19講参照）による原価管理体制への移行が急務であると思われます。

新しい内部的な原価計算の提案

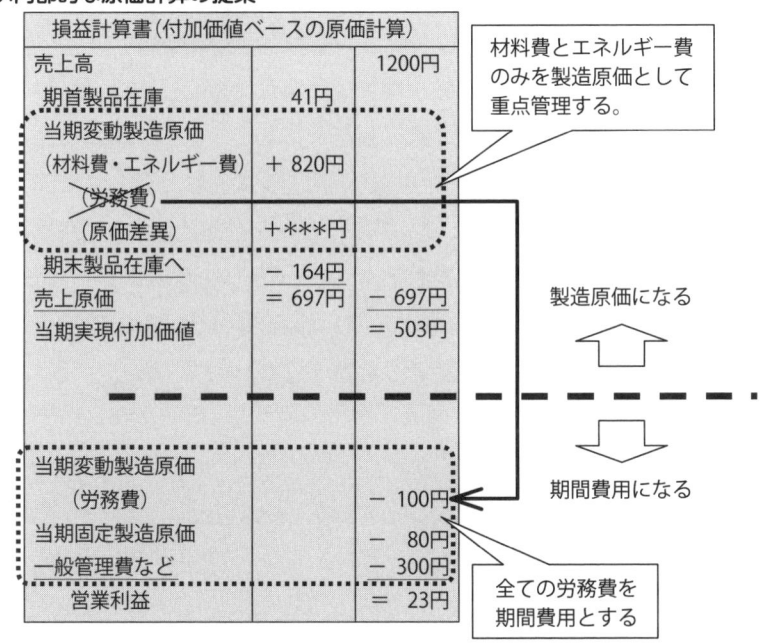

損益計算書(付加価値ベースの原価計算)		
売上高		1200円
期首製品在庫	41円	
当期変動製造原価		
(材料費・エネルギー費)	＋820円	
(労務費)		
(原価差異)	＋***円	
期末製品在庫へ	－164円	
売上原価	＝697円	－697円
当期実現付加価値		＝503円
当期変動製造原価		
(労務費)		－100円
当期固定製造原価		－80円
一般管理費など		－300円
営業利益		＝23円

材料費とエネルギー費のみを製造原価として重点管理する。

製造原価になる

期間費用になる

全ての労務費を期間費用とする

〈環境変化を反映した新しい原価計算〉

1. 材料費の管理を最優先するため、原価計算を材料費(外注加工費を含む)のみで行う。
2. 光熱費(エネルギー費)については、その新たな重要性に配慮し材料費に準じて取り扱う。
3. ただし製造業が製造業である以上、材料費に関する「価格差異」と「数量差異」については製造原価として厳重に管理する(第19講参照)。
4. 他方、相対的な重要性の下がってしまった製造現場の労務費は、その他の製造原価と共に全額を期間費用として処理する。(第15講参照)

(注) 上記は直接原価計算に類似する点もあるものの、材料費(外注加工費やエネルギー費を含む概念)以外の変動費を全て期間費用として扱う点で、直接原価計算とは異なるものです。また、近年管理会計の1法として提唱されているスループット会計では、スループットと呼ばれるものを「売上高－材料費」などで求めます。類似点もありますが視点が異なるため、このテキストでは付加価値で表現を統一しています。

第17講のまとめ

　一部の重要資源の可採年数が既に20年を下回るのは驚きだ。今後も多少は技術革新や新鉱山の発見があるにしても、指数関数的に拡大していく経済活動を考えれば本質的な危機は変わらないのだと感じる。原価管理のポイントも、歴史的なテーマである固定費の効率管理や労務費の節減から、材料費やエネルギー費の対策にシフトしていく必要がある。うちの会社は、今どんな対策を講じているのだろう？　どうやら片手間ですむような話ではなさそうだ…。

第18講 気候変動という巨大なニーズ

――― 危機か？ チャンスか？ ―――

第18講の内容

1. 地球環境問題と製造業の関係について考えます。
2. 製造業が直面しつつある根本的な事業環境の変化について考えます。
3. 製造業の有する研究開発費が問題解決のカギであることについて考えます。

地球環境問題と製造業

　前講ではエネルギー危機について考えましたが、様々な局面で、全ての産業を取り巻く事業環境が激変しつつあります。とりわけ巨額の生産設備を抱えて資源やエネルギーを大量に消費し、廃棄物やCO_2を大量に排出し続けてきた製造業が受ける影響には極めて甚大なものがあると予想されます。その一方で製造業は、全ての産業の中で唯一まとまった研究開発費を有する産業でもあります。今後の製造業の在り方こそ、地球全体の運命を左右するものであると言っても過言ではないでしょう。かつてエンジニアだった私自身も画期的な研究開発によって様々な問題を解決したいと願い、技術の道を志したのでした。

　ところで近年、異常気象が続いています。アルプスでは万年氷が溶けて5000年前のアイスマンが発見されましたし、激しい融解を続けるシベリアの凍土からは次々とマンモスの牙が掘り出され商売が成り立ってしまう程です。そして北極の氷は毎夏のように最小面積を更新するようになりました。この異常気象の原因の1つが経済社会の規模拡大に伴うCO_2濃度

の上昇であると考えられています。

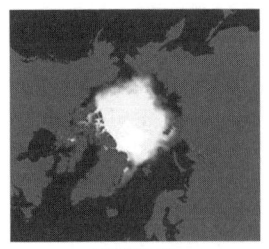

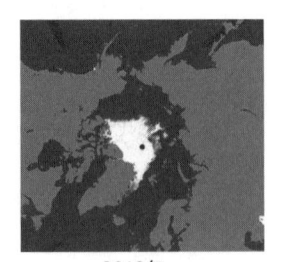

1980年代　　　　　　2012年

北極の夏季の氷結面積の変化（IARC − JAXA）

2050年に何が起こる?

　「石油不足は悪いことばかりじゃない。化石燃料が枯渇すれば、少なくとも地球の温暖化は止まる」という意見を伺いました。しかし今、恐るべき事実が判明しつつあります。

　地球温暖化の今後については様々な意見があって未だに決着を見ていませんが、南極の氷床コアの解析などから、地球のCO_2の濃度は少なくともここ数百万年間にわたって10万年周期で激しいジャンプを繰り返してきたことがわかってきました。ジャンプが始まると、短期間で概ね200ppmから300ppmまでCO_2濃度が急上昇し、その後10万年をかけてゆっくり下降して元に戻るというパターンを示します。このとき、同時にメタンの濃度や気温もジャンプしており、気温の上昇幅は10度以上にも達しています。CO_2が先か、メタンが先か、それとも気温上昇が先だったのか…。その真相はわかりませんが、少なくとも3者は相互に密接な相関関係を持っていることは明白です。それが人為的な理由であるか否に拘わらず、何か1つが急激に上昇すれば他の2つの因子にもフィードバックがかかり、相互に影響を及ぼしあってジャンプが始まるのだと考えられるのです。

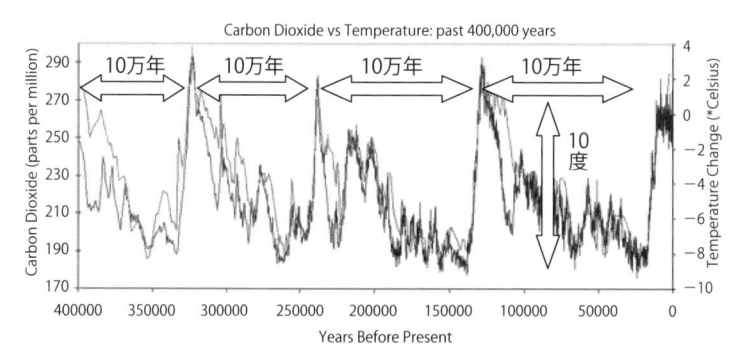

過去10万年周期で起きたCO_2濃度と気温のジャンプ（ボストーク基地氷床コアのデータ）

　現在は数万年前にジャンプが起こった直後なので、既にCO_2の濃度は300ppmに達しており気温はもともと高い状態にあります。ところが人類は産業革命以来の化石燃料の大量使用でCO_2濃度を更に大幅に上昇させてしまいました。2013年に濃度は400ppmを突破しましたが、昨今では上昇速度そのものも上がってきており2050年には500ppmにも迫る勢いです。既に北極圏のツンドラは溶け始めており、凍土から大量のメタンが放出され始めました。メタンはCO_2の数十倍のパワーを持つ温室効果ガスであるため気温を更に上昇させて行くと想定されます。仮に新たなジャンプが始まればもはや人類の手には負えません。地球の自然環境は人類がかつて経験のしたことのない未知の領域に突入する可能性があります。そのとき、社会は何を必要とすることになるのでしょうか？

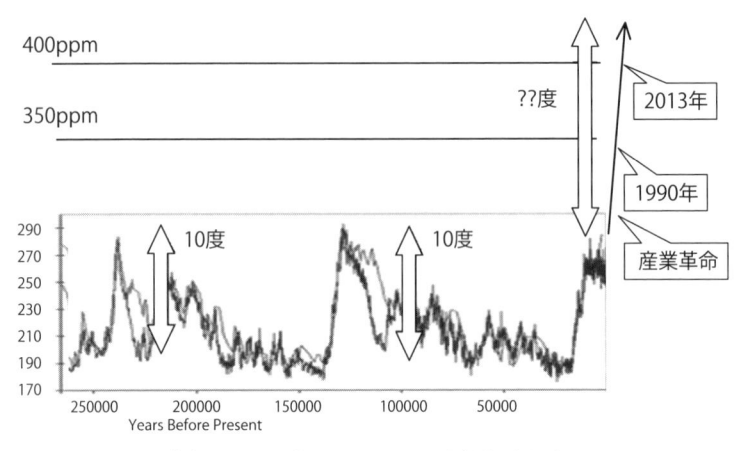

CO₂の濃度は2013年に400ppmを超えました

成長フロンティアを失った人類

　現在、世界で起こりつつあることは、恐らく今まで私達が経験してきたこととは全く異なります。これは単なる景気循環の波ではありません。100万年前にアフリカの大地に生まれてから、人類は一貫して人口を増加させてきました。当初は地球全体で1万人もいなかったといわれる弱々しい集団でしたが、やがて社会を作り爆発的に人口を増やしていきます。産業革命以来の200年間は石炭や石油などの化石燃料の力を使って更に経済成長のフロンティアを拡げてきました。人口は地球のキャパシティ一杯まで増え続けていますが、それを支える地下資源や化石燃料は減る一方です。気候パターンの大規模な変動も予測されています。いつか人口がキャパシティを超えてしまうことは必至です。このとき、人類は史上初めての厳しい人口淘汰と経済の停滞を経験することになるでしょう。飢餓、大規模災害、伝染病、戦争…。それがどれ程厳しいプロセスになるのか今はまだ予想さえつきません。でも適切な備えがあれば、私たちの運命は随分と変わることでしょう。

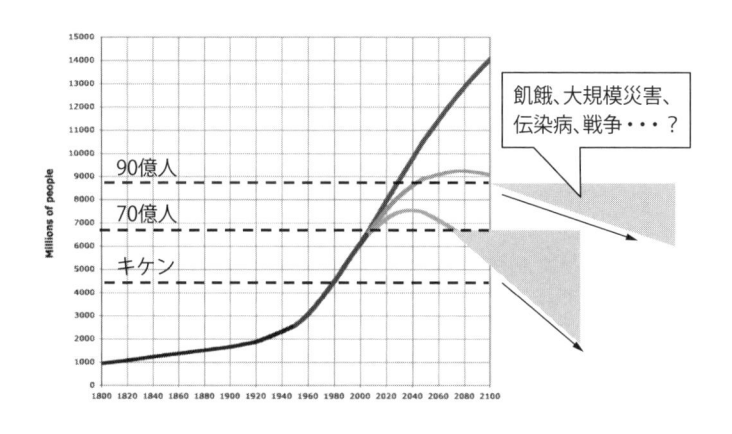

国連による人口予測の例

根本的な事業環境の変化

　製造業を取り巻く昨今の事業環境の変化は、景気変動のような一時的なものではなく、じっと我慢していれば解消するという性質のものではありません。それらを列記すると、例えば以下のような状況になるでしょうか。

1. 人口爆発を背景とした需要増による資源やエネルギーの価格高騰

　世界の人口が100億人にも迫りつつある一方で地下資源やエネルギー資源は次第に枯渇傾向が見え始めています。資源やエネルギー価格の高騰は、相対的にそれらを使って作り出される工業製品の付加価値を下げてしまいます。一部の製造業者の製造原価明細書を調べれば、材料費比率の高さと付加価値率の低迷に驚かされます。高価な材料費を負担してなお必要とされる製品と必要とされない製品の選別と淘汰が始まることでしょう。会社の業績評価の指標も、従来のROAやROEに代わり、エネルギー消費量やCO_2排出単位当たりの付加価値といった数値がクローズアップされるようになるのかもしれません。

2. インターネットなどによる発展途上各国への工業知識の普及

　永らく日本は技術立国であり工業先進国でした。そして日本を始めとする先進諸国が先進国たり得た重要な理由が"知識"です。しかし昨今のインターネットの普及は教育や知識を安価なものに変えました。かつて黒船を目の当たりにした日本人がそうであったように、アジアの密林やアフリカの奥地に住む人々も、自分自身と先進国との生活水準の差を明確に認識し、努力の目標を持つようになりました。しかも今や世界のどこからでも簡単に最先端の知識に触れることができます。国境を挟んで賃金が異なるという状況はもう長くは続かないでしょう。世界同一賃金の時代が迫っています。誰もが豊かになりたいと願っています。そして発展途上国においても手強いライバル企業が次々と誕生しています。国籍を問わず全ての人々が技術を学び簡単にモノを作れる時代がきてしまったのです。生産技術のデジタル化がこの傾向に更に拍車をかけるでしょう。先進国が知識を独占し、発展途上国の安い労務費によってモノづくりを行って世界にばら蒔くというビジネスモデルは、急速に崩壊しつつあります。

3. フロンティアの喪失と気候パターンの変化

　工業製品の相対的な付加価値が下がる一方で、社会全体が物品の生産体制を優先し過ぎてきたことによる社会構造のひずみや環境破壊が顕在化しつつあります。経済成長を続けるための無人の大地は既に地上になく、全ての資源と市場が誰かとの奪い合いでしか獲得できません。気候パターンの大規模な変化もまた深刻な状況です。今や400ppmを超えたCO_2の濃度は更に勢いを増して上昇しつつあり、それがCO_2以上に強力な温室効果ガスであるメタンの融解を促進し地球の気候を変えつつあります。近い将来、成長フロンティアもエネルギーも失って困窮した人類を、どんな災害が襲うでしょうか？　そんなとき、社会が必要とするモノやサービスもまた変わってくるのです。当然、製造業が果たすべき社会的ミッションも変わっていかなければなりません。

問題解決のカギは、製造業における研究開発活動

　強烈な台風や竜巻、豪雨や豪雪、海水面の上昇、干ばつや砂漠の拡大…。エネルギーを失った人間社会を、水不足や食糧難が襲うかもしれません。これから何が起こるのかは全く予断を許さない状況です。そしてもちろん、会社の事業計画（BCPと呼ばれるものも含みます）や設備投資計画もこうした未知のリスクを考慮したものでなければなりません。ですから私達は会計の力で進むべき方向をしっかりと合理的に見極め、新たな未来を力強く切り開いていかなければならないのです。それはきっと既存製品のコストダウンを遥かに超えた途方もない何かでしょう。この大きなリスクは危機ではありますが、新たな社会的ニーズであり膨大なチャンスだと考えることもできます。そしてこれらの困難な問題に対する解決策を見出すことができるのが、製造業における研究開発活動なのです。

　資源や環境の問題は往々にして「きれいごと」と受け止められがちです。しかし遠からず資源や環境問題への備えは会社の生き残りのための必然の戦略となるものと思われます。資源の枯渇も気候変動も、危機を招いたのは主として製造業の活動のゆえです。しかしながらその一方で、全ての産業の中でまとまった研究開発費を有するのは概ね製造業だけだという現実もあります。製造業だけが世界にない新製品を生み出す力を持っているのです。製造業における研究開発活動の成否が地球の（そして日本の）未来を大きく変えることになるでしょう。技術者の皆さん！　ぜひ研究室という密室に閉じこもらず外の世界へ目を向けて下さい。私達が解決しなければならない問題は社会の中にこそあります。人々の不安を解消できる新製品や関連するサービスこそが社会から支持され伸びていきます。これから世界の産業地図は大きく塗り替えられていくことでしょう。もはや、ためらっている時間はありません。

第18講のまとめ

　最近は異常気象が続いている。この夏は熱中症で亡くなった高齢者の方々も多かったようだ。ガソリンも高くなる一方だ。どうやら資源の枯渇や気候変動などにより急激な社会構造の変化が迫っているらしい。確かにこの変化は重大な危機であるけれども、新たなニーズでもあるのだと感じる。例えば省エネ型のエアコンという「箱」を売るだけではなく、古い住宅の電気代診断や、省エネのためのリフォーム支援など新たなサービスへのニーズも見えてきている。こうした社会構造の変化に対応していくカギとなるのが、まとまった研究開発費を有している製造業の技術者の行動なのだから、なんとか少しでも多くの人々の力にならなくては。明日から、もっともっと頑張ろう！

第19講 指標が行動を変える

―― 会社の付加価値が見えた！ ――

> **第19講の内容**
>
> 今日の製造業が抱えている様々な問題を解決するために有効と思われる、新しい業績管理の指標（付加価値ベースの原価計算）について考えます。

昨今の製造業が抱える問題

会計的視点を交えて考えると、かつて日本を支える柱であった製造業が直面している課題には、例えば以下のようなものがあります。

不良在庫	生産設備に関わる減価償却費などの固定費を薄めたり繰り延べることを目的として、売れる見込みのない製品在庫を積み上げ不良在庫化させてしまう傾向があること。	第8講 第9講
	会計の視点 → 固定費の配賦を行わない方がよいのではないか？	
在庫金利	期末在庫にのみ着目し、期中在庫の管理が手薄になっているケースがあること。ジャストインタイムに拘りすぎて適正な在庫量が数値的に検討されていないケースがあること。（その結果として、ゼロ在庫も実現されていない。）	第10講
	会計の視点 → 期間全体での在庫金利のインパクトを明示できないか？	
誤った 自動化	作業者の非正規社員化などによって労務費の変動費化を進める一方、自動化の推進等によって間接部門の固定費を上昇させているという矛盾。（結果的に会社の付加価値は増加していない）	第13講 第15講
	会計の視点 → 会社全体の付加価値の増減を、より明確に示せないか？	

カイゼンの機能不全	厳しく管理される人（直接労務費）と、それほど厳しく管理されない人（間接労務費など）という立場の分断が会社内の一体感を喪失させ、カイゼン活動を機能不全に陥らせていること。	第15講
	会計の視点 → 様々な労務費を一体的に管理することはできないか？	
事後的なコストダウンの困難性	材料費の突出により事後的なコストダウン（労務費の節減が主だった）が難しくなったことについての認識の不徹底。	第13講 第15講 第17講
	会計の視点 → 今まで以上に材料費やエネルギー費にフォーカスした原価管理を行うべきではないか？	
研究開発費	内部統制の及びにくい研究開発部門など、間接部門全般の活動効率が必ずしも十分に点検されていないこと。	第14講
	会計の視点 → 研究開発費を一般管理費等から分離し活動効率を明示できないか？	
外注判断の失敗	固定費と変動費が正しく分離されていないためコストシミュレーションが容易でなく、内作・外注の選択判断を誤るケースがあること。	第6講 第11講
	会計の視点 → 日頃から、固定費・変動費の明確な分離管理ができないか？	

　結局のところ、こうした問題の根本にあるのは、従来からの様々な会計の仕組みが現在の製造業の活動に必ずしも適合していないという現実です。全部原価計算に代表される現在の原価管理の仕組みは概ね100年も前に整備されたものであり、制度疲労を起こしているのかもしれません。しかし私達が会社の勤め人である以上、様々な会計指標を向上させて業績を上げなければなりません。会計指標が変わらなければ（そして恐らくはそれと連動するであろう人事考課の指標体系が変わらなければ）私達の行動も変わり得ないのです。事業環境の変化に対応して、会計上の指標もまた適切に変化していく必要があります。

　そこで、製造業者の行動目標がスムーズに是正されていくことを支援するため、新しい内部的損益管理の試みの一例を以下にご紹介させて頂きたいと思います。

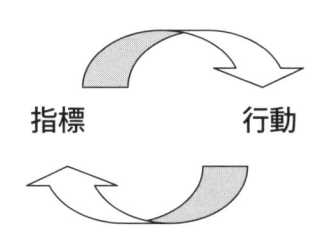

正しい指標が人の意識と行動を変え、
正しい行動が製造業を復活させます！

付加価値ベースの原価計算の提案

　そもそも従来の製造業における会計上の最大のミスリードの原因が、全部原価計算による固定費の配賦でした。原価に固定費が配賦され期末在庫への繰り延べ計算が行われるという構造が、しばしば製造業者を不良在庫の積み上げに向かわせる動機になっていました。

不良在庫積み上げの動機となっていた全部原価計算の構造

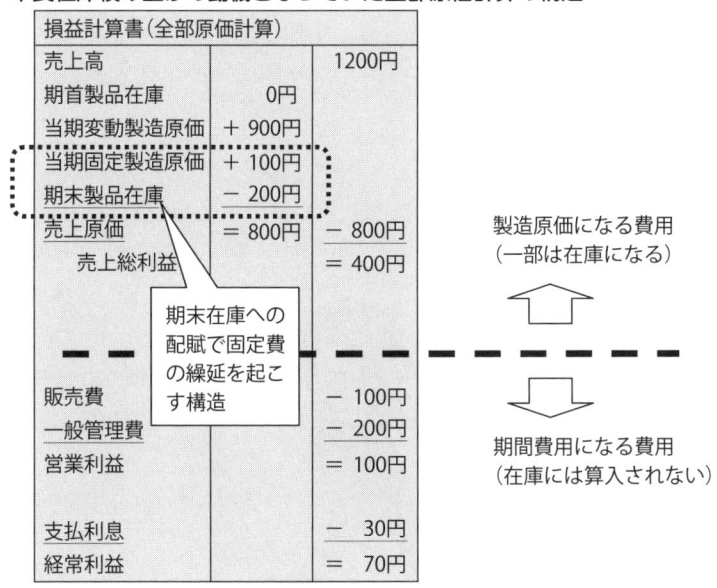

損益計算書（全部原価計算）		
売上高		1200円
期首製品在庫	0円	
当期変動製造原価	＋ 900円	
当期固定製造原価	＋ 100円	
期末製品在庫	－ 200円	
売上原価	＝ 800円	－ 800円
売上総利益		＝ 400円
販売費		－ 100円
一般管理費		－ 200円
営業利益		＝ 100円
支払利息		－ 30円
経常利益		＝ 70円

（吹き出し）期末在庫への配賦で固定費の繰延を起こす構造

製造原価になる費用
（一部は在庫になる）

期間費用になる費用
（在庫には算入されない）

　「ゼロ在庫の徹底を！」と口で言うよりも、社内事情で不要な在庫を積む動機そのものを会計構造的に解消してしまう方が効果的です。即ち当期製造固定費の一部が期末製品在庫に配賦され繰り延べられるという会計構

第19講　指標が行動を変える　**241**

造が解消され「固定費は期間費用である！」という意識が関係者に徹底されるなら、会社が固定費を薄めるために不良在庫を積み上げてしまう動機を自然に解消できるものと思われます。

　そこで新しい製造業の損益管理においては、直接原価計算的な考え方の広範な導入が望ましいと考えます。直接原価計算のテーマは固定費と変動費を明確に分離した上で、固定費を製品（在庫）に配賦しないことでした。以下に、全部原価計算による損益計算と、直接原価計算による損益計算の構造を比較します。

全部原価計算から、直接原価計算への移行（テーマは固定費と変動費の分離）

損益計算書（全部原価計算）		
売上高		1200円
期首製品在庫	0円	
当期変動製造原価		
（材料費）	＋ 800円	
（労務費）	＋ 100円	
当期固定製造原価	＋ 100円	
期末製品在庫	－ 200円	
売上原価	＝ 800円	－ 800円
売上総利益		＝ 400円

↓ここから下は期間費用になる

変動販売費		－ 60円
固定販売費		－ 40円
一般管理費		－ 200円
営業利益		＝ 100円
支払利息		－ 30円
経常利益		＝ 70円

損益計算書（直接原価計算）		
売上高		1200円
期首製品在庫	0円	
当期変動製造原価		
（材料費）	＋ 800円	
（労務費）	＋ 100円	
－		
期末製品在庫	－ 180円	
変動売上原価	＝ 720円	－720円
変動製造マージン		＝480円

↓ここから下は期間費用になる

変動販売費		－ 60円
貢献利益		＝420円

↑ここから上は変動費

↓ここから下は固定費

固定製造原価		－ 100円
固定販売費		－ 40円
一般管理費		－ 200円
営業利益		＝ 80円
支払利息		－ 30円
経常利益		＝ 50円

　直接原価計算では固定費の全額を期間費用とするので固定費の繰延が起こりません。しかしここでは、直接原価計算の考え方を更に一歩前に進めて、

1. 材料費のみで原価計算を行うこととする
2. 材料費を除く全ての製造原価と一般管理費を同列に扱う
　（但し、ここでいう材料費には外注加工費や光熱費等の外部流出費用を含んでいます）

べきだと考えます。なぜなら昨今の製造業において、現場の製造活動そのものの重要性が低下する一方で、購買活動、研究開発や新製品の原価企画、品質管理、といった間接業務の重要性が増しているからです。個性を増した製品の生産には技術部の厚い支援が必要となり、既に現場では直接労務費や製造間接費と一般管理費の区別が曖昧になってきています。そしてそのことが、コストダウンのプロジェクトやカイゼンや自動化において「ここだけ報告」の温床となり、費用のつけ替えや管理漏れ、ひいては適切な意思決定の妨げにもなっていました。また、昨今は一般管理費も含めた「正しい配賦」による原価の按分が模索されたりもしますが、例えば不確実性が高く量産開始前に費用化されて消えていってしまう製品の研究開発費を正しく配賦することは困難です。一般管理費を正しく扱えない配賦計算に過剰な労力を費やすことに、果たしてどれだけ意義があるでしょうか。

　そこで新しい製造業を支えるため、内部管理のための原価計算を、例えば以下の「付加価値ベース計算」のように変えてみることを提唱します。これは実のところ、非製造業の損益計算書の構造にかなり近づいたものです。

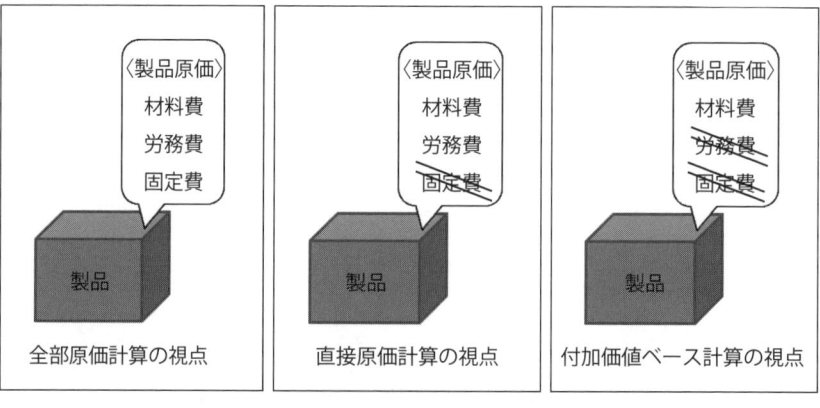

全部原価計算、直接原価計算、付加価値ベース計算の視点の比較

直接原価計算から、付加価値ベース計算への移行（テーマは製造費・非製造費の一体管理）

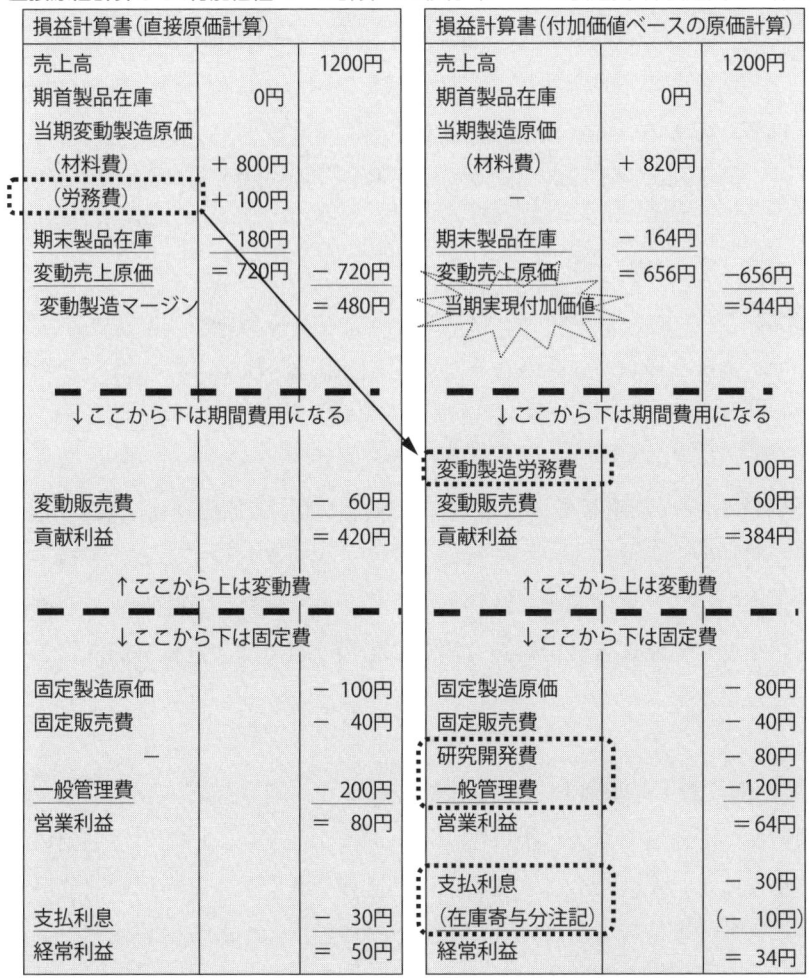

損益計算書（直接原価計算）

売上高		1200円
期首製品在庫	0円	
当期変動製造原価		
（材料費）	＋800円	
（労務費）	＋100円	
期末製品在庫	－180円	
変動売上原価	＝720円	－720円
変動製造マージン		＝480円

↓ここから下は期間費用になる

変動販売費		－60円
貢献利益		＝420円

↑ここから上は変動費

↓ここから下は固定費

固定製造原価		－100円
固定販売費		－40円
－		
一般管理費		－200円
営業利益		＝80円
支払利息		－30円
経常利益		＝50円

＊現実には労務費（直接／間接）を明確に変動費と固定費に分離することが困難な場合が多い。そのため全ての労務費を一体的に期間費用とすることを検討する必要が生じている

損益計算書（付加価値ベースの原価計算）

売上高		1200円
期首製品在庫	0円	
当期製造原価		
（材料費）	＋820円	
－		
期末製品在庫	－164円	
変動売上原価	＝656円	－656円
当期実現付加価値		＝544円

↓ここから下は期間費用になる

変動製造労務費		－100円
変動販売費		－60円
貢献利益		＝384円

↑ここから上は変動費

↓ここから下は固定費

固定製造原価		－80円
固定販売費		－40円
研究開発費		－80円
一般管理費		－120円
営業利益		＝64円
支払利息		－30円
（在庫寄与分注記）		（－10円）
経常利益		＝34円

＊材料費には、外注加工費や光熱費を含む
＊ジャストインタイムの展開で製品在庫が適切に抑制されている状況（作ったもの≒売ったもの）であれば、変動製造労務費と変動販売費を異なる方法で取り扱う必要性は低いと考えられる

　この「付加価値ベースの原価計算」による損益の内部管理を提唱する理由を改めてまとめると以下の通りです。

1. 製造原価（売上原価）を材料費（外注加工費や光熱費を含む）のみで

計算します。最も損益インパクトの大きい材料費を冒頭で売上高より控除することによって会社全体の付加価値を「見える化」できるからです。これにより関係者の意識を明確に会社外部との関わりに仕向け、会社全体の付加価値そのものへの直接的な向上に誘導します。

> (注) これは厳密な定義通りの付加価値ではありませんが、非製造業との比較において十分に有用な値となります。それがこの計算方式を「付加価値"ベース"の計算」と称している理由です。

2. 光熱費（エネルギー費）を製造間接費ではなく変動費として明示することで、高騰を続けるエネルギーへの対応状況を示し、エネルギー使用量で測定される CO_2 排出量への注意喚起も可能となります。

3. 但し製造業が製造業である以上、材料費に関する原価差異（数量差異、価格差異）の管理はしっかりと行います。この点においてこそ、製造業と非製造業の損益管理は明確に区別されます。また変動費ではあっても直接労務費を製造原価に含めず期間費用として扱う点では、直接原価計算とも異なるものです。

4. 製造間接費と一般管理費を一体的に管理し、製造部門、販売部門、管理部門等の労務費も同列に扱います。モノづくりという活動の付加価値が小さくなってしまった今日、製造部門の直接労務費のみを特別に取り出して厳重管理する意義は少ないからです。一方的に叩かれる労務費と、それほど叩かれない労務費があるのは不公正かつ不経済ですから、全ての労務費を同じ土俵で管理し、会社の一体感やカイゼン活動の復活を目指します。

5. 不良在庫の積み上げに向かう動機を解消するため製造間接費等の固定費を在庫へ配賦しません。また固定費と変動費をなるべく区分する努力をし損益分岐点の「見える化」を目指します。この点については直接原価計算の趣旨と同様です。

6. 研究開発費を一般管理費等に埋め込まず、独立に記載して「見える化」します。研究開発費の適正な管理は、製造業が生き残っていくための重要なカギだからです。

7. 期間在庫面積により求めた在庫の利息相当額を注記して「見える化」し、在庫を保持することによる金利のインパクトを明示します。これによりまとめ買いの是非等が金利の考察を踏まえてきちんと論じられ得るようになります。

材料費と全力で戦うための新しい損益管理の構造
適切な指標が健全な事業を作り、健全な事業が良い会計指標を作って行きます。

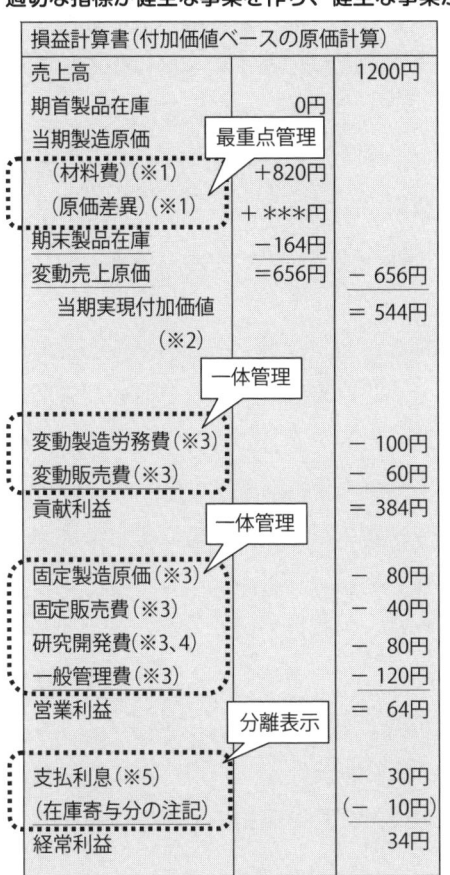

損益計算書(付加価値ベースの原価計算)		
売上高		1200円
期首製品在庫	0円	
当期製造原価	【最重点管理】	
(材料費)(※1)	＋820円	
(原価差異)(※1)	＋***円	
期末製品在庫	－164円	
変動売上原価	＝656円	－ 656円
当期実現付加価値(※2)		＝ 544円
変動製造労務費(※3)【一体管理】		－ 100円
変動販売費(※3)		－ 60円
貢献利益		＝ 384円
固定製造原価(※3)【一体管理】		－ 80円
固定販売費(※3)		－ 40円
研究開発費(※3、4)		－ 80円
一般管理費(※3)		－ 120円
営業利益		＝ 64円
支払利息(※5)【分離表示】		－ 30円
(在庫寄与分の注記)		(－ 10円)
経常利益		34円

※1
◎材料費(外注加工費、エネルギー費)についてのみ、数量差異・単価差異をしっかり明示する(第7講、第17講参照)
◎直接労務費を期末在庫に配賦しない。(第15講参照)
◎減価償却費等の固定費を期末在庫に配賦しない(第8講・第9講参照)

※2
◎付加価値の明示(第15講参照)

※3
◎直接労務費とその他の労務費を一体的に管理する(第15講参照)
◎日頃から変動費と固定費を意識的に区分管理する努力をし、損益分岐点分析を容易化しておく(第6講、第11講参照)

※4
◎研究開発費は一般管理費等に含めず独立掲記し、実現付加価値とのバランスに注意を払う(第14講参照)

※5
◎在庫分の金利相当額を注記し、インパクトを見える化する(第10講参照)

この付加価値ベースの原価計算の考え方の基礎になっているのが、第15講でも示しました付加価値の式です。

付加価値＝経常利益＋直接労務費＋他の労務費＋(その他)

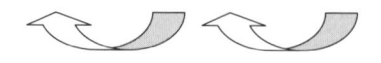

付加価値は、例えば経常利益に労務費・支払利息・減価償却費などを加えたものとして定義されます。見方を変えると、これは会社の売上から会社が購入した材料の価格（ここでは原材料や部品、外注加工費に加えてエネルギー費等の外部購入費用も含みます）を減じたものにほぼ等しいものです（日銀方式 vs 中小企業庁方式など）。

付加価値＝売上高－外部購入費用
　　　　≒売上高－材料費（外注加工費、エネルギー費を含む）

そこで売上高から材料費のみで計算した製造原価を差し引いて会社が実現した付加価値をいったん求めた上で、それが会社のそれぞれの利害関係者間でどのように分配されるかを整理したものが、この付加価値ベースの原価計算なのです。

ここでもう1つの重要な特徴は、労務費を全て同じ場所に集めて同列に扱っていることです。第5講で労務費が損益計算書のいろいろな場所に分散して記載されていることを見ましたが、それはやはり不自然です。会社が一致団結して難問の解決に当たるためには、労務費もまた一体管理されるべきだと私は思います。但し研究開発は敢えて独立して明示しました。これは研究開発の担う責任の重さと、会社や社会からの期待の大きさによるものです。技術者の皆さん、自覚を新たにして頑張って下さい!!

制度会計が要求する全部原価計算は、今から100年近く前から整備されてきた仕組みであり限界も見えてきています。そこで付加価値をベースにした原価管理の方法を採れば、例えば不適切な自動化やカイゼンを実施しても付加価値はなんら変わらず、内部での小さな付加価値の奪い合いになってしまっているという構図が見やすくなります。また、会社が今本当に全力で取り組むべき課題が、社会的ミッションの再確認と付加価値の向上による売上価値の増大、資源の利用効率の改善による材料費率やエネルギー費率の低減などであることが、改めて御理解頂けるのではないかと思います。

付加価値の内部的な分配に専ら専念してきた、従来の製造業

付加価値ベースの原価計算		カイゼンの効果	自動化の効果	
売上高	＊＊円			
－材料費	＊＊円			
－外注加工費	＊＊円			
－エネルギー費	＊＊円			
＝実現付加価値	＊＊円	変わらない	変わらない	
－変動製造労務費	＊＊円	減少	減少	付加価値の分配
－変動販売費	＊＊円			
＝貢献利益	＊＊円			
－固定製造原価	＊＊円		増加	
－固定販売費	＊＊円			
－研究開発費	＊＊円			
－一般管理費	＊＊円			
＝営業利益	＊＊円	増加	増加	

利害関係者の間で小さな付加価値を奪い合っていたのでは、いつか製造業は社会的存在意義を失ってしまいます。

「製造業における付加価値ベースの原価計算」と「非製造業の損益計算」の類似と相違

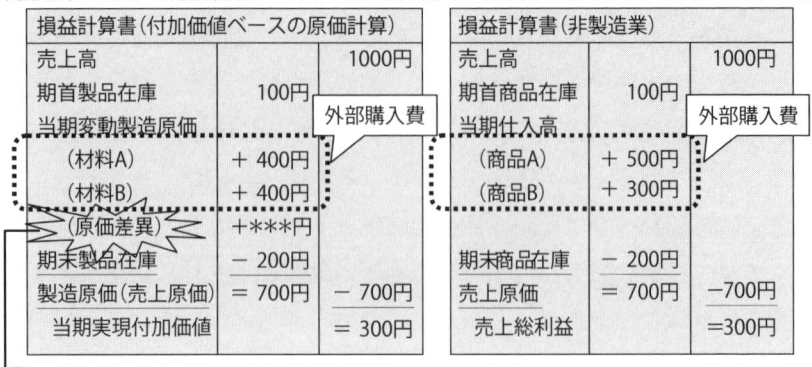

損益計算書（付加価値ベースの原価計算）		
売上高		1000円
期首製品在庫	100円	
当期変動製造原価		← 外部購入費
（材料A）	＋400円	
（材料B）	＋400円	
（原価差異）	＋＊＊＊円	
期末製品在庫	－200円	
製造原価（売上原価）	＝700円	－700円
当期実現付加価値		＝300円

損益計算書（非製造業）		
売上高		1000円
期首商品在庫	100円	
当期仕入高		← 外部購入費
（商品A）	＋500円	
（商品B）	＋300円	
期末商品在庫	－200円	
売上原価	＝700円	－700円
売上総利益		＝300円

⇒ 外部購入費のみで原価を求める点で両者は類似しますが、製造業が製造業である以上、付加価値ベースの計算においては材料費の原価差異をしっかり管理します

第19講のまとめ

　どんなときでも整理整頓（5S）やカイゼンや在庫削減は大切なことだと思う。しかしそこに不安も感じるのは、会社が何を目指しているのかという全体観が見えなかったからかもしれない。もし会社の社会的ミッションが明確になり、会社が実現しようとしている付加価値がはっきり見えるようになれば、1人1人の思いは1つになり、きっと大きな力を発揮できると思う。時代の変化は速くなり古いセオリー通りにやっていればすむという時代は終わってしまった。これからは「なぜ？」「なぜ？」「なぜ？」と自ら問い続けることが大切だ。何が正解かなど誰にもわからないのだから、常に自分の力で考えてしっかり歩いて行かなければならないなぁ。いつも数字を友として…。

COLUMN

付加価値と資本コスト

　このテキストの前半で資本コスト（WACC）について説明いたしましたが、資本コストと付加価値には、例えば以下のような違いがあります。

資本コスト…資金提供者の視点　付加価値…社会的ミッションの視点

　会社が資金提供者から資金（資本や借入金）を預かって運用する存在である以上、資本コスト（WACC）は会社が最低限達成しなければならない利益目標です。しかしながら資本コストもまた会社の社会的ミッションから切り離されて存在するものではありません。

　第2講でコロンブスの譬え話をいたしましたが、実の所イザベラ女王はコロンブスの達成しようとしていた新大陸発見という社会的ミッションに感銘を受け期待したからこそ出資もしたのでした。社会的ミッションにより付加価値が実現されて初めて、資本コスト（WACC）も達成されることになるのです。

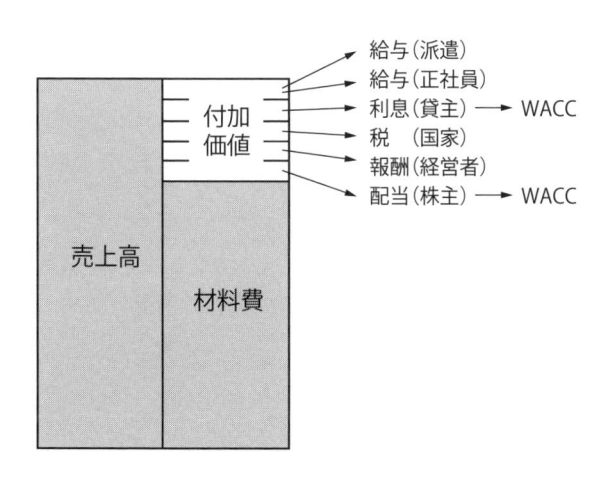

```
                            → 給与（派遣）
                            → 給与（正社員）
          ┌─ 付加 ─┐       → 利息（貸主） → WACC
          │  価値  │       → 税　（国家）
          └───────┘       → 報酬（経営者）
                            → 配当（株主） → WACC
  ┌─────┬─────┐
  │      │      │
  │ 売上高│ 材料費│
  │      │      │
  └─────┴─────┘
```

第19講　指標が行動を変える

第20講 ニーズは会社の外にある

―――― 製造業の責任と可能性 ――――

第20講の内容

ここまで一緒に学んできた会計的視点を踏まえ、日本の製造業が取り組むべき課題について整理してみます。

製造業のこれから

ここまで皆さんと一緒に数字を使いながら、製造業をとりまく様々な事象について考えてきました。会計という視点から見たときの製造業者というビジネスモデルの特性、在庫管理の指標、設備投資の考え方、カイゼンや自動化の限界などの論点がありました。また第17講、第18講では、地球規模での事業環境の変化によって厳しい生存競争の時代が迫っていることにも触れました。こうした状況認識を踏まえ、日本の製造業者はこれから何を目指し、どのように世界で生き残っていかなければならないのでしょうか？

さて、これから私達は何をどうするべきなのか…。以下に5つのステップで、日本の製造業者が早急に取り組むべきと思われるテーマを会計的視点を交えてまとめてみました。

STEP1. 会社のミッションの再確認

日本の経済的地位は下がりました。しかし活力を失ってしまった製造業においては、未だに新しいビジネスモデルが見えてきていないようです。一部の現場では定番の古い成功セオリーにのみ活路を見出そうとしています。確かにそれらは大切なことかもしれませんが、会社全体の生き残りを

賭けた起死回生の戦略たり得るものなのでしょうか？

　今や労務費率の著しい低下と材料費率の突出により、「作る」という活動の付加価値が小さくなり、損益構造における製造業と非製造業の区別さえ曖昧になってきてしまった状況下、もはや「モノづくり」を起点とした発想だけでは、進むべき道を見誤ってしまう可能性があります。

・儲けを出発点としない

　内外作の議論（第11講）でも触れましたが、どんなに客観的で確実な検討をしようとしても、検討の範囲や前提条件が変われば結論はどんどん変わってしまいます。また正味現在価値法の議論（第12講）でも見てきましたように、将来の回収見込額（キャッシュフロー）の予測などなかなか正確にできるものでもありません。予測は常に困難であり、利益だけを判断基準にすれば方針が振れて行動が定まらないでしょう。

　とはいえ、会社がやるべきこと、会社が果たすべきミッションは必ずある筈です。会社は社会に対しなんらかの貢献をするために存在しています。厳しい時代の変化の中で、どんな人々のどんな役に立とうとするのか？どんなことに困っている人々に手を差し伸べようと思うのか…。

　昔はそれを「社是」と呼びました。社是を見失ってしまった会社がもしあるとするならばミッションを改めて再確認しなければなりません。それが新たなビジネスの始まりであり、新たな需要の創出でもあるからです。（皆さんは、御自身の会社の社是を御存知ですか？）そしてそこに利益が生み出せるかどうかこそ、日本の製造業が得意としてきたコストダウン力の真価が問われる場面です。

　ミッションが定まらなければ関係者の足並みは揃いません。そもそもコストが高いのか／安いのか判断さえできないのです。ムダの排除もできません。そしてひとたびミッションが定まったなら、コストダウンの実行に際しては会計的に合理的な方法で優先順位が決定されなければなりません。

売上	「思い」を大切にし、社会的ミッションの視点で売上を伸ばしていく
	理由：儲けを起点とすると行動が振れ、行動目標にならない
	視点：誰のどんな役に立つのか？どんな製品やサービスを届けようとするのか？

⇕ 両者の差が、会社が実現する付加価値となる！

原価	会計的な優先順位の判断と合理的な手段で原価を削減していく
	理由：世界で最善の効率で原材料を集め、サービスや製品を提供できれば、必ず利益が出るはず
	視点：誰よりも効率良く、必要なものを必要な人に届けるためにどうすべきか？

> そもそもミッションが定まらなければ、コスト（原価）が高いのか/安いのかの判断基準が持てません。果たすべきミッションが明確になって初めて、高い/安いの判断が可能となります！

・「製造業」から「創造業」への進化

　製造業は多額の固定資産を抱える固定費業としての性格を強く有するビジネスモデルでした。しかし今やモノづくりの知識はあまねく世界に行き渡ってしまいました。中国の部品工場は最新鋭の加工機を並べ、日本企業をリストラされたベテラン作業員から最高のノウハウを吸収し安価で良質な製品を世界に送り出しています。そしてスマイルカーブの議論にも見られた通り、モノづくりという活動それ自体の付加価値も著しく下がってしまいました。世界同一賃金の時代が迫っています。日本の製造業者の強み（コアコンピタンス）は何であるべきかということが改めて問われています。

　世界の資源は枯渇しつつあり、為替は変動し、材料費率は上昇する一方

です。製造原価に占める直接労務費の割合は驚くほど小さくなりました。当然、製造業者の在り方も変わっていかなければなりません。もはや直接労務費など社内の活動の効率化だけでは生き残れないのです。これからは商品やサービスを積極的に企画し社会に向かって発信していく時代です。固定費の配賦やモノのつくり方ありきの発想を脱するためには、「製造業」という名前そのものを捨て去ってしまうべきときなのかもしれません。製造業から創業業への脱皮が必要になっています。そしてその創造的活動をリードすべきなのが研究開発活動です。

温故知新
伝統的あるモノづくりの会社の社是や経営理念は、常に社会貢献を大切にしてきました。

> パナソニック・グループ　綱領
> 産業人たるの本分に徹し社会生活の改善と向上を図り　世界文化の進展に寄与せんことを期す。
>
> トヨタグループ豊田綱領（抜粋）
> 上下一致、至誠業務に服し、産業報国の実を挙ぐべし。
>
> 三菱重工　社是（抜粋）
> 顧客第一の信念に徹し社業を通じて社会の進歩に貢献する。
>
> 京セラ　経営理念
> 全従業員の物心両面の幸福を追求すると同時に、人類、社会の進歩発展に貢献すること。
>
> 日立グループ・ビジョン（抜粋）
> 日立は、社会が直面する課題にイノベーションで応えます。

STEP2. 研究開発に関するポリシーの見直し

　モノづくりという活動の重要性が低下したとはいえ、製造業者が製造業者であり続けようとする限り、まずはその存立基盤であるモノづくりを確固たるものとして維持しなければなりません。そのための1つのポイントとなるのが研究開発という"ビジネス・プロジェクト"を企画・推進していかなければならない技術者の意識の改革です。

- **研究開発プロジェクトの適切な管理**

　同じ製品を単純に作り続ければよかった時代に比べて、昨今では商品企画や販売企画が特に重要になって来ました。ですから研究開発に従事する技術者の皆さんにも、収益性の評価、設備投資の判断、損益分岐点分析などの会計知識を正しく使いこなして良い企画をして頂きたいと思います。

　またこれからは新製品の事前の原価企画の重要性が増してくるものと思われます。世に送り出そうとしているものが独自性の高い新規商品やサービスであればある程、慎重な原価の検証が必要です。原価を考慮せずに行う機能アップはガラパゴス化の危険があります。製品の大幅な機能アップを小さなコスト増で実現することのみならず、大幅なコストダウンを小さな機能後退で実現することもまたイノベーションであることを忘れないで下さい。

　仮に会計的な収支予測の困難な研究開発プロジェクトであっても、常に金額的な目標を持つ努力をする必要があります。目標値があって実績との比較が行われるからこそ、反省があり次の進歩があります。更にはプロジェクトの自己評価が過度に甘くなってしまう弊害を回避するために、社内に第三者による会計的な収益性チェックの仕組みを設ける必要性を強く感じます。

　また、画期的なヒット商品を渇望する傾向が常に製造業にはありますが、モノとしてのヒット商品の成功というものは、次第に難しくなってきているように思います。むしろ、どんなモノをどんな場面とタイミングでお客様に供給するかといったサプライチェーン全体を意識した企画力が重要性を増していると言えるでしょう。

　外食産業をイメージするなら、例えば画期的な単一の"標準ラーメン"が全国を制覇するといったことはまず起きないでしょう。地域には地域の嗜好に合ったラーメンがあり、同じ地域でも趣向の異なるお店が併存していたりします。似たような価格で類似の「製品」を作っているにも関わらず、あるお店は繁盛し、別のお店は消えていきます。製品の差というより

は演出方法の工夫が重要な場合もありますし、規模やシェアの大きいお店が常に有利だという訳でもありません。その場その場のお客様のニーズに応えながら地域のコミュニティに溶け込み共存していくという外食産業の在り方には、製造業が目指すべき新しいビジネスモデルの１つのヒントがあるように思います。

製造業にもサービス産業的な新たな視点が必要になっています。技術者の皆さん（！）、ひたすら研究室や工場に籠って過重労働に喘いでいても社会やお客様のニーズを感じ取ることはできません。たまには外へ出て美味いものでも食べにいきましょう。きっとこれからは皆さん自身の生活者としての視点が大きな役割を果たすことになるのだと思います。

STEP3. 固定資産に関するポリシーの見直し

研究開発費と並んで製造業を特徴づける会計的特徴が固定資産（特に生産設備）でした。製造業者は今後どのように固定資産に向き合い、競争力を確保していけばよいのでしょうか？

• **固定資産の管理**

一般に製造業に固定資産はつき物ですが、今後の不確実な事業環境の中、生産設備等への投資は慎重の上にも慎重を期す必要があります。事後的なカイゼンの余地がすっかり小さくなってしまった昨今、研究開発型ではなく、生産設備の高効率オペレーションをこれから新たに目指していく場合、

投資の規模とタイミングを競う金融ゲームに陥ってしまうリスクがあることに注意する必要があります。このとき、間接費の見積りに失敗すれば、致命傷になるかもしれません。また、新規に工場を建てる場合であれば、以下の点にも留意すべきだと思われます。

1. 一時的な地域の低賃金や政策的優遇策に過剰に反応するのではなく、販売活動を含めた事業全体をどこでどのように実施していくのかというミッションのイメージをしっかり話し合い関係者で共有する。

2. 慎重を期すべきだとはいえミッションを踏まえた速度のある決断をする。どんなに精密なシミュレーションを実施しても予測しきれない要素は無限にある一方で、速さと意志の力が解決する問題も多いと考えられる。

3. 固定資産を起点とする発想(第8講参照)や埋没原価(第11講参照)に引きずられた意思決定に陥らないためにも、設備投資はなるべく軽くし、万が一の場合の撤退方法を事前によく考慮しておく。人件費の高騰や税制の変更、重大な気象災害、市況や治安の悪化などがあれば迅速に撤収を行う。その意味では、経済的にも物理的にも負担の重い自動化工場はあまり有利ではないケースがある。自動化技術への過度の傾斜は、しばしば会社の生産性を低下させる。

4. ひとたび実行してしまった以上は、生産設備への投資は埋没原価となる。その後の意思決定に誤った影響を及ぼさないよう十分注意する。工場を維持するために事業を行っているのではなく、事業を維持するために工場を運営しているのだということを常に忘れない。経済的に不合理な活動では結果的に工場を守れなくなる。

- **やるべきことは自動化で良いのか?**
「利益が出なくなった→コストダウンしなければ→労務費削減しよう→

アジアへ進出」

「利益が出なくなった→コストダウンしなければ→労務費削減しよう→自動化しよう」

　どうしても、製造業者はこうした発想パターンに陥りがちです。しかし繰り返し見てきましたように、一部の製造業者では労務費比率は著しく低下しました。無理な自動化投資をすれば固定比率が上昇して資金繰りは悪化し、損益分岐点も上昇してしまうことがあります。自動化設備は究極の固定資産なのです。更に、自動化で直接労務費が減っても間接費が増えてしまう可能性があることにも常に注意を払わなければなりません。自動化投資の判断には慎重の上にも慎重を期す必要があるのです。

　そもそも自動化で実現しようとしている付加価値とは一体何でしょう？自動化に関わる様々な問題の中で最も憂慮すべきことは、しばしば自動化の推進という業務がイノベーションの重圧から逃げる口実となってしまうことです。技術者の力を、より魅力ある豊かなフィールドへと勇気をもって振り向けていかなければなりません。

> 過度の自動化は
> イノベーションを妨げる!!

STEP4. 新しい業績管理指標の整備

　法律などで厳しく制限されている制度会計は、昨今その複雑さを増し、がんじがらめになってしまいました。時代の流れから取り残された会計指標が誤った方向に会社を引っ張ってしまう場面があることも見てきました。しかし会社が内部の意思決定に使う管理会計は、会社が必要性に応じ自由な発想で工夫し運用していくことが可能なものです。

・内部管理における期間在庫面積の導入

　ジャストインタイム生産方式では在庫を持つなと厳しく指導しますが、購買力のそれほど大きくない事業者にあっては、材料を１個１個買っていたのでは不利な価格条件を強いられるなど思い通りにいかない局面も多々あります。製造原価に占める材料費率が極端に高くなってきている今、材料費対策は焦眉の急です。計画購買やまとめ買い、相場への考慮等による材料費節減策を再度、真剣に検討するべき時期にきているのではないかと思います。そもそも在庫を持ってはいけない理由は、金利の管理と廃棄損の回避にありました。しかし材料在庫に関しては、陳腐化による廃棄損を懸念する必要性は相対的に低いと考えられます。材料在庫は適正に維持しなければなりません。また金利の管理という目的のためには、毎日末の在庫を積算した期間在庫面積を用いることを提唱します（第10講参照）。ピンポイントの期末日在庫高では情報が不十分だからです。「在庫金利を減らせ！」という掛け声を発するだけではなく、ぜひ在庫を維持すること／しないことの得失を数値的に評価してみて下さい。

・標準モジュール化への対応

　製造業者が製造業者である以上、保有している生産設備の能力を最大限に引き出さなければなりません。材料費対策も急務です。そのためには計画的な平準化生産による一定の作り溜めを容認すべき場面も少なからずあるものと思われます。ジャストインタイムは強力なツールですが常に万能な訳ではありません。その力が及ばないとき、作りすぎによる廃棄損を回避するためには、共通部品化や標準モジュール化が有効です。デジタル技術の発展で従来の「擦り合わせ技術」の重要性が薄れたことがモジュール化を容易にしました。

①高騰する材料や部品を少しでも有利な条件とタイミングで購買すること
②生産設備の能力を無駄にしないこと
③お客様の要求には迅速に対応して販売機会を逸失しないこと

④かつ材料在庫を陳腐化させたり劣化させたりしないこと

などの相反する要求事項を両立させるためには、作るべき製品モデルが変わっても影響を受けにくい標準モジュール化を積極的に推進する必要があります。

　標準モジュール化が進展すれば、新製品の開発速度がアップする反面、製品に個性が無くなりモノづくりという活動の付加価値は更に低下することにもなるでしょう。しかし最早この潮流は止めようもなく、既存の製造業者は覚悟を決めて企画やデリバリーの工夫など、サプライチェーンの上流や下流に視点を拡げ活動全体の付加価値を高めていかなければなりません。それができなければ会社は市場から淘汰されてしまうのです。

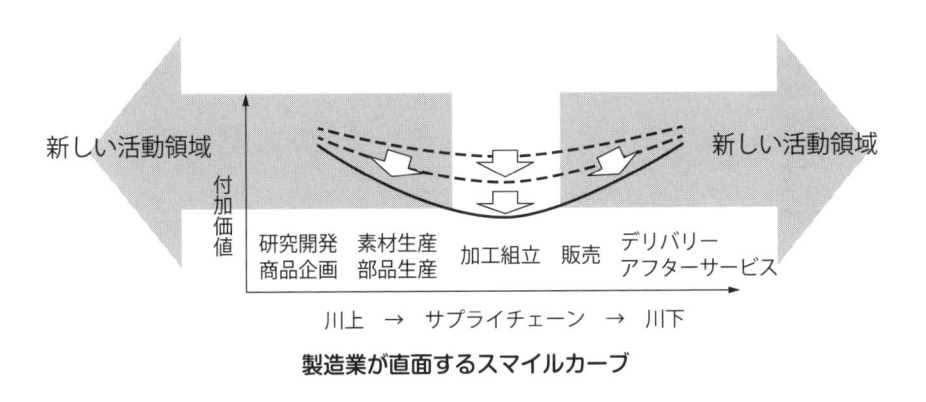

製造業が直面するスマイルカーブ

　他方、容易に陳腐化しやすい（腐りやすい）製品在庫については、今後も見込み生産と在庫蓄積を厳しく抑制しなければなりません。標準モジュール化を前提とした上で、お客様の要望に応じて最短時間で製品化できる工程と生産管理体制を構築する必要があります。これこそまさにジャストインタイム方式が本領を発揮すべき場面です。会計的には固定費配賦を行わない直接原価計算や付加価値ベースの原価計算（第19講参照）の導入が望ましいでしょう。

メリハリある在庫管理を！

		不良在庫化リスク (在庫の腐り易さ)	在庫管理の方針
材料在庫	①都度発注品	◎腐りにくい	ジャストインタイム納入を徹底し、在庫を持たないことを基本とする。
	②定常発注品	◎腐りにくい	
	③超長納期品や特注品	△やや腐り易い	実際に納品される時の使用量の変動リスクを考慮し、安全な発注量を決める。製品設計上、なるべく特注部品を減らす。
	④まとめ発注品	◎腐りにくい	材料単価の低減を最優先し、計画購買やまとめ買い、相場買い、共同購入等を検討する。金利や在庫の保管費用は期間在庫面積の考え方で管理する。
標準モジュール在庫		○腐りにくい	設備能力を最大限に引き出すため計画的な平準化生産を検討する。金利や在庫の保管費用は期間在庫面積の考え方により管理する。
仕掛品在庫 製品在庫		×腐り易い	お客様の都合を最優先し、ジャストインタイムの徹底と、超短縮リードタイムの実現を目指す。余剰在庫を持たない。社内の事情で在庫を積み上げないようにするため、固定費の配賦を行わない。

※全ての在庫について一律にジャストインタイムとゼロ在庫を実施するのではなく、持つべき在庫／持つべきでない在庫をメリハリ良く使い分けて管理していく必要があります。

- **付加価値ベースの原価計算**

　昨今、厳しい価格競争に晒されている製造業においてコストダウンは避けて通れませんが、コストダウンには一定の限界があることもまた事実です。しかし適切な社会的ミッションに向かう付加価値の実現であるならば、可能性は無限に広がるものと思われます。

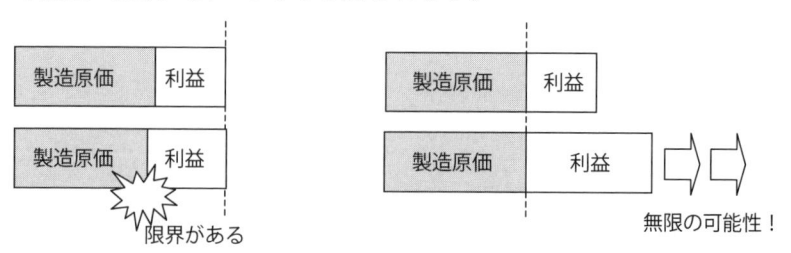

コストダウンの視点の限界　　　無限の可能性を秘めた付加価値の視点

そこで関係者の視点を付加価値に向け、社内の一体感を回復して困難を乗り切るために、付加価値ベースの管理を提唱します（第19講参照）。正しい指標が人の意識と行動を変え、正しい行動が製造業を復活させると信じるからです。

付加価値ベースの原価計算を踏まえた製造業復活のための5つのポイント

	対処すべき課題	対処の方法
1	会社の社会的ミッションの明確化	＊コストダウンから付加価値への意識のシフト →付加価値が見やすい損益管理を行う
2	材料費・エネルギー費を重点管理する体制への速やかな移行	＊「作り方」から「買い方」への意識のシフト ＊省エネ意識の更なる徹底 →材料費やエネルギー費を中心とした原価計算を行う
3	社内の一体感の回復とカイゼン活動の蘇生	＊間接部門を含めた会社全体の生産性向上への意識のシフト →直接／間接、正規／非正規などの労務費を同じ土俵で一体的に管理する
4	研究開発のビジネス・プロジェクトとしての位置づけの明確化	＊技術者の事業企画者としての意識へのシフト →研究開発費を一般管理費等に含めず明示して、実現付加価値とのバランスに注意を払う
5	会計的に合理的な優先順位の判断	＊定性的議論から定量的議論への意識のシフト →在庫金利相当額等を注記する　など

正しい指標　正しい行動　強い製造業

正しい指標が人の意識と行動を変え、
正しい行動が製造業を復活させます！

STEP5. 製造業の新しいビジネスモデル

製造業を取り巻く環境はますます厳しさを増すばかりですが、今後の新しいビジネスモデルの在り方を考える上で1つのヒントになると思われるのが、下記の損益データです。

製造業と非製造業の付加価値の計算例

	粗利率		付加価値率	
	（連結）	（単体）		
トヨタ自動車	16%	13%	28%	
日産自動車	17%	10%	28%	
東芝	24%	16%	33%	
ソニー	22%	6%	23%	
東レ	20%	21%	44%	
住友化学	26%	14%	40%	（単体）
村田製作所	30%	21%	48%	
京セラ	26%	16%	67%	
神戸製鋼所	10%	3%	30%	
鹿島建設	7%	5%	27%	
武田薬品工業	71%	66%	80%	
伊藤園	48%	46%	55%	
三菱商事	17%	2%	17%	
三井物産	16%	2%	16%	（連結）
セブン＆アイ・H	36%	－	36%	

＊付加価値＝売上高－（想定材料費＋想定外注加工費）
　付加価値率＝付加価値÷売上高
＊製造原価明細書（単体）によって製造原価に占める材料費（＋外注加工費）の割合を求め、その割合が売上原価に占める材料費（＋外注加工費）の割合とほぼ等しいとの仮定に立って、想定材料費および想定外注加工費を算出している。

　ここでは製造業各社の付加価値は「売上高－（想定材料費＋想定外注加工費）」で求めました（エネルギー費を控除していないのは、現状の公表データからでは光熱費やその他の外部購入費用が読み取れないケースがあるためです）。更に少々手荒な比較ではありますが、流通業者である三菱商事、三井物産、セブン＆アイの付加価値は「売上高－売上原価」（＝粗利）に等しいとしています。

　粗利で見れば厳しいようでも、付加価値で見れば日本の製造業はまだまだ健闘しています。しかしながら製造業者の立場から見れば、生産設備を保有せず重要な額の研究開発費も計上せずに、単に品物を仕入れて売っているだけ（！）の流通業者が実現している付加価値が製造業者に迫っていることにも驚かされます。こうした流通業者の活動に見倣うなら、今後モ

ノづくりという活動そのものの付加価値が更に下がっても、適切な商品企画で社会のニーズに適切に答えられるなら会社全体の付加価値を維持できる可能性があります。ましてや研究開発やモノづくりという活動を内部に抱えモノの原価に精通した製造業なのですから、関係者の視点をきちんとお客様に向けるなら、並みの商社等とは一味も二味も違った製品企画やサービスを実現できるに違いありません!!

　モノづくりというコアを持ったサービス業を目指し、「生産設備は機動的に、研究開発費は効率良く。そして管理・間接部門は常にお客様視点で良い企画を考え続ける…。」それが新しい製造業の会計的な1つの目標であるように思われます。

（図：見せかけのJIT、見せかけのコストダウン、見せかけの研究開発、見せかけのカイゼン、見せかけの在庫削減、国際競争、会社のミッションの再確認、不適切な自動化、真の付加価値の増大、非正規社員化／吹き出し：どうせやるなら、本気でやろう！）

・内向的な製造業

　このテキストでも繰り返し検討してきましたが、製造業には研究開発費と生産設備の償却負担という2つの特徴がありました。更に第3の特徴を挙げるとするならば、それは製造業者が際立って内向的な存在であり続けてきたことかもしれません。製造業で新たな事業企画や製品企画の成否を

左右するのは実質的には研究開発活動ですが、これは一般に「研究室」という密室内部で行われるものです。そこで働く多くの技術者の皆さんは社会から切り離され、大概は十分な原価知識も与えられていません。

他方で、生産設備の償却負担もまた内向きな行動に向かう動機を会社に与えます。取得してしまった設備をいかにフル稼働させるか？　作りすぎによる在庫の積み上がりや金利負担を回避するにはどうするか？　カイゼンや自動化で如何に現場の労務費を節減するか？　いかに素早く部品を補充するか…。

そこに出てくるのは社内の事情ばかりです。製造業の付加価値に疑念がなかった時代には「付加価値」に真正面から向き合う必要はなかったのでしょう。しかし「モノづくり」という活動そのものの付加価値がすっかり小さくなってしまった今日、「良い製品なんだから売れて当然」だと、密室で生み出された製品を店頭に山積みにしておけばすむ時代は終わってしまったように思います。むしろ、商社や流通業のように常に社会やお客様の目線に立った事業企画を行い、「誰」に「何」をどのような方法とタイミングで「届けるか」（どのような方法とタイミングで作るかだけではなく！）ということにまで細かく気を配った事業活動にシフトして行く必要があります。ぜひスマイルカーブの議論を思い出して下さい。もちろんそこに利益が生み出せるかどうかは、会計的に合理的なコストでそれらの活動を実現できるか否かにかかっている訳ですが。

即ち製造業者は、小さな付加価値を社内の関係者間で奪い合うのではなく、社会における会社の活動全体の付加価値自体を高めていかなければなりません。今日の社会は問題山積ですから、やるべきこと（ニーズ）は幾らでもあります。少ない材料（資源やエネルギー）でより大きな社会（お客様）のニーズに正しく応えることこそ真の付加価値増大であり、新しい製造業が全力で目指すべきゴールであると信じます。そしてこの重要なミッションを担い得るのは、全ての産業で唯一、まとまった金額の研究開発費を有する製造業だけなのです。技術者の皆さん、ぜひ目線を研究所の外に向け、原価を学んで世界の難問と闘って下さい。

製造業者（メーカー）の社会的ミッションの再確認

1. 会社は、社会のどんな問題を解決しようとしているのか？
2. 誰にどのような製品やサービスを届けようとしているのか？
3. それを「会計的」に如何なる方法で実現しようとしているのか？

※社会的視点を踏まえ、ここでは敢えてこれらをマーケティングと呼びません。

やるべきことは、きっと会社の外にあります！

研究開発等の成果により、少ない資源(材料・エネルギー)でより大きな会社(お客様)のニーズに応えることこそ、真の付加価値増大であり、

新しい製造業が全力で目指すべきゴールです！

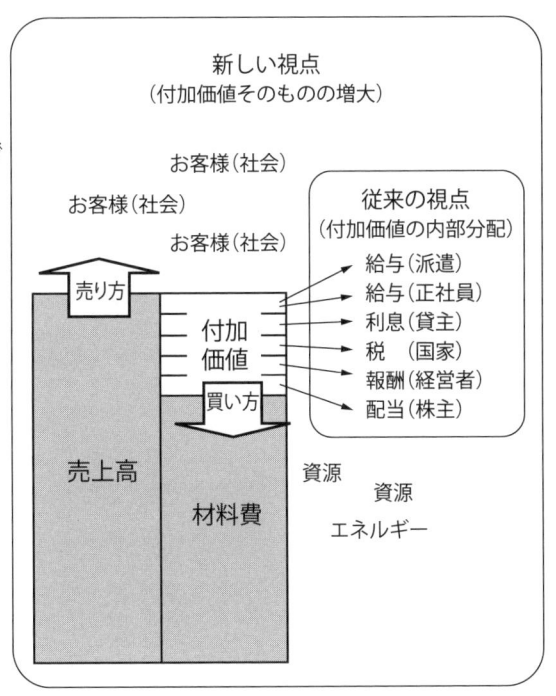

新しい視点
（付加価値そのものの増大）

お客様（社会）
お客様（社会）
お客様（社会）

従来の視点
（付加価値の内部分配）
→ 給与（派遣）
→ 給与（正社員）
→ 利息（貸主）
→ 税　（国家）
→ 報酬（経営者）
→ 配当（株主）

売り方
付加価値
買い方

売上高　　材料費
　　　資源　資源
　　　　　エネルギー

見えて来た、「製造業」というビジネスモデルの新しい形

第20講　ニーズは会社の外にある

さて、これから私達は「モノづくり＋会計」の力で日本の製造業者の新しいミッションを確立し、なんとしても厳しい時代を生き残っていかなければなりません。そしてその道標となるのが会計数値です。製造業において明日の会社をデザインしていくのは技術者の責務ですが、皆さんは、お金の話ばかりをするのは夢がないと感じられましたでしょうか？

　いえ、決してそうではないのです！　ぜひ冒頭の工場閉鎖の話を思い出して下さい。技術の夢を実現するためにこそ会計は絶対に必要なものです。会計とは夢を実現する力です。正しい会計指標が正しい事業目標を作り、正しい事業目標が明るい未来を拓きます。

> 会計は、技術の夢を実現する力！

　今回の一連のお話が、昨今の製造業の行き詰まりを打破し、新しいビジネスモデルと明るい社会構築のヒントになることを願ってやみません。

補　遺

　このテキスト中、自動化やカイゼンについて少々厳しいコメントも致しましたが、実は私自身が自動化やカイゼンのエキスパートでした。概ね20年間、それなりの成果も上げてきたと自負しても居ります。しかしながら、そんな努力にも拘わらず事業が次々と滅んでいく様を目の当たりにして、「このまま技術だけをやっていてよいのだろうか？」という疑問が萌しました。会計的なビジョンがしっかりしていなければ、技術者の如何なる努力も成果も水の泡と化してしまいます。機械系の生産技術者だった私は40歳を目前にして、会計知識の重要性を痛感し勉強を始めたのでした。

　ところが、会計もまた厳しい道程でした。簿記の試験には何度も何度も落第しました。今、あの当時を振り返ってみると、会計のテキストには「こうしなさい」ばかりがならんでいて、「なぜ、そうしなければならないのか？」がほとんど説明されていなかったという事実に思い当たります。おそらくそれが私の会計の勉強の苦戦の原因でしたし、そしてまさにその「なぜ？」こそが、私が最も知りたいと願い続けてきたことでもあったのです。

　「なぜ？、なぜ？、なぜ？」を発し続けてとうとう公認会計士になってしまった今でも、私は「なぜ？」に答えるテキストをなかなか見つけることができません。

　「なぜ、在庫を持ってはいけないのか？」「なぜ、カイゼンや自動化で勝てるのか？」「関係者の努力にも拘らず、次々と事業が滅んでいくはなぜなのか…？」それでも、数万時間に及んだ苦闘の末、会計知識を携えて生産現場に戻った私は、遂に長年の疑問の答えを見出しつつあるように感じてもおります。

　冒頭の繰り返しになりますが、このテキストは制度会計の専門書ではありません。しかしながら技術者の方々がこのテキストに目を通してから簿

記を学ばれるなら、きっと注意すべき論点がどこにあるかが明確になり、随分とスムーズに会計の世界に入って頂けるのではないかと信じております。

　会計の裏づけのない技術的努力は、目を閉じて車を運転することに等しいと常々感じます。しかし正しい目標を持てば、日本の製造業はもっともっとがんばれます。一人でも多くの技術者の方が会計を学ばれて、日本の力強い製造業の復活を目指し、共に歩んで下さることを念じております。

2014年1月

公認会計士・吉川武文

〈著者略歴〉

吉川　武文　（よしかわ　たけふみ）：公認会計士

東京工業大学工学部修士卒。エンジニアとして三菱化学株式会社、太陽誘電株式会社に勤務。新製品や生産技術の開発に従事。数十億円規模のコストダウンや自動化の成果により三菱化学プレジデント表彰などを受賞。特許出願多数。1級保全技能士、エネルギー管理士など。原価計算を研究し業務の傍ら公認会計士試験に合格した後、有限責任監査法人トーマツにて勤務。財務監査、内部統制監査、国連の排出権審査(CDM)などに従事。日本公認会計士協会の経営研究調査会サステナビリティ保証専門部会に参加。公認会計士登録の後、大手電機メーカーの生産技術部部長を経て、現在は横河ソリューションサービス株式会社にてコンサルタントとして活動中。

モノづくりを支える「管理会計」の強化書
技術者こそ読んで欲しい「お金」と「原価計算」の基礎知識　　　　　　　　　　NDC 336.84

2014年3月20日　初版1刷発行　　　　　　　　　　　（定価はカバーに表示してあります）
2021年6月18日　初版14刷発行

　　　ⓒ著　者　　吉川　武文
　　　　発行者　　井水　治博
　　　　発行所　　日刊工業新聞社
　　　　　　　　　〒103-8548　東京都中央区日本橋小網町14-1
　　　　電　話　　書籍編集部　03(5644)7490
　　　　　　　　　販売管理部　03(5644)7410
　　　　ＦＡＸ　　03(5644)7400
　　　　振替口座　00190-2-186076
　　　　ＵＲＬ　　https://pub.nikkan.co.jp/
　　　　e-mail　　info@media.nikkan.co.jp
　　　　本文デザイン・DTP――新日本印刷(株)
　　　　印刷・製本――新日本印刷(株)

落丁・乱丁本はお取り替えいたします。
2014 Printed in Japan
ISBN　978-4-526-07235-2　C3034

本書の無断複写は、著作権法上の例外を除き、禁じられています。

日刊工業新聞社の好評図書

英語で働け！サラリーマン読本
英文契約・交渉・プレゼン、ナンでもコイ！

鮫島活雄・沢渡あまね　著
A5判216頁　定価（本体1400円＋税）

<目次>
序　章　海外ビジネスに飛び込もう―大事なのはストーリーを伝える心とビジネスの流れをつかむこと
第1章　海外でのファーストコンタクト
第2章　「ストーリーテラーであれ！」
第3章　キーワーディング（造語）とタギングでプレゼンテーションの浸透力をアップさせよ！
第4章　すぐ使える！　グローバルビジネス現場で役立つ、会議・質問・交渉のポイント
第5章　「契約書」と「クレーム対策」
付　録　今日から使えるフォーマット

「明日から上司が外国人？」「午後の会議はこれから英語‼」突如仕事が英語だらけになってしまったあなたに贈る、英語でのプレゼン・交渉・英文契約のコツが詰まった「普通のサラリーマンが英語で戦うための本」。著者はいずれも国内企業に勤務するサラリーマン（ビジネスパーソン）。ゼロからのスタートだった二人が実体験に基づいた英語でのプレゼン・交渉・英文契約のコツをわかりやすく教えます。

調達・購買の教科書

坂口　孝則　著
A5判254頁　定価（本体2400円＋税）

「調達・購買業務に必要なすべてのスキルがこの本にある！」
ついに登場した『これ一冊で調達・購買がすべてわかる！』本。調達・購買関係本の集大成として、調達・購買人員に必要なすべてのスキルを一冊に集約した「教科書」が本書。調達・購買人員に必要なスキル・知識を5分割し、さらに5レベルとした合計25のカテゴリーをそれぞれカリキュラム方式で授業のように解説。よみやすく、わかりやすく、しかも読んでいて楽しい！ぐんぐんスキルアップするおすすめ本。
「調達・購買人材スキル／知識一覧」つき。

<目次>
第1章　調達・購買 業務基礎〈スキル1～5〉
第2章　コスト削減・見積り査定〈スキル6～10〉
第3章　海外調達・輸入推進〈スキル11～15〉
第4章　サプライヤマネジメント〈スキル16～20〉
第5章　生産・モノづくり・工場の見方〈スキル21～25〉